Maria Anna Kreienbaum/Tamina Urbaniak

Jungen und Mädchen in der Schule
Konzepte der Koedukation

W0083860

Maria Anna Kreienbaum ist Professorin für Schulpädagogik (mit dem Schwerpunkt Geschlechterdifferenz) an der Universität Paderborn. Dieses Buch widmet sie ihrem Sohn, Jonas Kreienbaum.

Tamina Urbaniak, M. A., ist Journalistin und derzeit als wissenschaftliche Mitarbeiterin am Institut für Erziehungswissenschaft an der Universität Paderborn im EU-Projekt „LinE – Lehrerin in Europa" tätig.

MARIA ANNA KREIENBAUM
TAMINA URBANIAK

Jungen und Mädchen in der Schule

Konzepte der Koedukation

studium
kompakt

Cornelsen
SCRIPTOR

Die in diesem Werk angegebenen Internetadressen haben wir überprüft
(Redaktionsschluss 31. 12. 2005). Dennoch können wir nicht ausschließen, dass unter
einer solchen Adresse inzwischen ein ganz anderer Inhalt angeboten wird.

Quellenverzeichnis:
S. 74–78: siehe dort
S. 120–122: mit freundl. Genehmigung des Friedrich Verlag, Seelze

 http://www.cornelsen.de

Bibliografische Information
Die Deutsche Bibliothek verzeichnet diese Publikation in der
Deutschen Nationalbibliografie; detaillierte bibliografische Daten
sind im Internet über http://dnb.ddb.de abrufbar.

Dieses Werk berücksichtigt die Regeln der reformierten Rechtschreibung und
Zeichensetzung.

4.	3.	2.	1.	Die letzten Ziffern bezeichnen
09	08	07	06	Zahl und Jahr der Auflage.

Redaktion: lüra – Klemt & Mues GbR, Wuppertal
Umschlaggestaltung: Bauer + Möhring, Berlin
Satz: stallmeister publishing, Wuppertal
Druck und Bindearbeiten: Clausen & Bosse, Leck
Printed in Germany
ISBN-13: 978-3-589-22141-7
ISBN-10:   3-589-22141-0

 Gedruckt auf chlorfrei gebleichtem Papier
ohne Dioxinbelastung der Gewässer.

Inhalt

Einführung

„100 Jahre Koedukation – und kein Ende[1]" – dieser wie so mancher andere Titel wissenschaftlicher Veröffentlichungen aus den letzten zwei Jahrzehnten zum Thema Schule und Geschlechterverhältnis zeugt von der Aktualität einer sperrigen Debatte. Es ist Zeit, Bilanz zu ziehen: Ist (k)ein Ende abzusehen? Sind denn nicht längst alle Argumente für und wider den gemeinsamen Unterricht von Mädchen und Jungen gesammelt und ausgetauscht worden? Besteht nicht inzwischen Einigkeit darüber, welche Vorteile getrenntgeschlechtlicher Unterricht haben könnte und wo die Stärken gemeinsamen Unterrichts liegen? „Jungen und Mädchen in der Schule. Konzepte der Koedukation" fügt als Studienbuch die zentralen Fassetten des Themas zu einem Gesamtbild zusammen. Es hilft zu verstehen, warum die Koedukationsdebatte so faszinierend und langlebig ist. Der Band richtet sich an Studierende und Lehramtsanwärter, aber auch an Lehrerinnen und Lehrer. Wer eine Schule möglich machen möchte, die allen gerecht wird, muss unter immer wieder veränderten Bedingungen prüfen, worauf zu achten ist und warum. Dann wird das hohe Ziel ein erreichbares.

Annäherung: eine historische Einordnung

Ohne Hintergrundwissen über die Entstehung der „Frauenfrage" im 19. Jahrhundert lässt sich die aktuelle Diskussion nicht verstehen. Wer in einer weitgehend egalitären Gesellschaft aufgewachsen ist, übersieht leicht, dass die eigene Realität auf Grundannahmen beruht, die nicht selbstverständlich sind und eine oder zwei Generationen früher noch ganz andere waren. Wir beginnen darum den **ersten Teil** des Buches mit einem historischen Rückblick auf die Wahrnehmung von Geschlechterfragen in den letzten zweihundert Jahren. Prägnante Ereignisse und Zusammenhänge werden knapp geschildert. Wo es uns geboten erscheint, wird die Chronologie der Darstellung durch inhaltliche Exkurse unterbrochen.

Komplexität als Anspruch

Weil das Thema „Koedukation" sehr vielschichtig ist, kommen in diesem Buch vielfältige Aspekte zur Sprache. Manche können hier nur angerissen werden, einige hätten ein Vielfaches an Raum verdient. Wir hoffen, durch den Fokus auf

---

1 FAULSTICH-WIELAND, HANNELORE/HORSTKEMPER, MARIANNE: Titel von Heft 4, 1996, der Zeitschrift „Erwägen – Wissen – Ethik" (ewe; hg. v. BEUSELER/BLANCK/KEIL-SLAWIK/LOH)

wichtige Stationen und Gedanken Neugierde zu wecken und die Wegweiser für ein vertiefendes Quellenstudium zu setzen.

Vom Mädchen- zum Gesellschaftsthema

Die Debatte um gemeinsamen und/oder getrennten Unterricht wurde über viele Jahrzehnte hinweg von der Frauenbewegung und von der feministischen Schulforschung getragen und vorangebracht. Eine gewisse „Mädchenlastigkeit" ist nicht von ungefähr bis heute zu beobachten: Die formale Ungleichheit im Bildungswesen betraf bis vor wenigen Jahrzehnten vor allem Mädchen und Frauen. Zwar wurde schrittweise die rechtliche Gleichheit erreicht, „diskrete Diskriminierungen" und innere Barrieren hemmten aber noch lange die Bildungswege der Mädchen und die Karriereschritte ihrer Lehrerinnen.

Zunehmend schärft sich das Bewusstsein, dass es auch Jungen in der Schule nicht a priori blendend geht. Sie galten lange als „Gewinner" und wurden sogar kühn für die Benachteiligungen der Mädchen verantwortlich gemacht. Aktuelle Statistiken zeigen jedoch, dass gerade Jungen eher gefährdet sind, in der Schule zu scheitern.

Jüngere Studien wie PISA oder TIMSS haben das Interesse an den Ursachen von Bildungsnachteilen neu belebt, bei denen das Geschlecht sich als ein wahrnehmbarer Faktor herauskristallisiert.

Wer sind die Fachleute?

Als „Koedukationsdebatte" bezeichnet man einen öffentlichen Diskurs von Fachleuten, die Beobachtungen anstellen, Meinungen vertreten, Vorstellungen zur Veränderung entwickeln, Ursachen und Wechselwirkungen erforschen und die diese über Publikationen, bei Tagungen oder in den Medien verbreiten. Der Begriff „Fachleute" ist, wenn man Bildungsfragen in den Blick nimmt, weit zu fassen: Den wissenschaftlichen und pädagogischen Stimmen gesellen sich zahlreiche selbsternannte „Experten" hinzu. Sie haben schließlich einst die Schulbank gedrückt und das qualifiziert sie hinreichend – so meinen sie. Allzu oft wird dabei die Erfahrungsebene mit der abstrakteren Theorieebene vermischt. Es hat aber auch sein Gutes, wenn viele mitdenken. Die Befunde der Schulforschung sollten der eigenen Lebenserfahrung entsprechen oder zumindest plausibel sein, sonst wird widersprochen. Dieser Streit kann in zwei Richtungen aufgelöst werden. Die „Laien" erkennen beim zweiten Nachdenken, dass die zunächst abgelehnten Thesen doch ihre Berechtigung haben, und Expertinnen und Experten überdenken ihre Theorien, versachlichen, schauen zweimal hin und revidieren ggf. Beide Phänomene hat es in diesem Diskurs gegeben. Ein Beispiel: Im „Handbuch Sozialisationsforschung" von Dieter U. Ulich und Klaus H. Hurrelmann findet sich ein Artikel zur geschlechtsspezifischen Sozialisation von Helga Bilden. Der Text der Erstauflage von 1980 ging noch von der Unterschiedlichkeit der Geschlechter aus. In der Neuauflage (1991) wurde deutlich verändert: Nun formuliert die Autorin, dass es keinen männlichen und weiblichen Sozialcharakter gibt. Das Denken über Männer und Frauen hatte sich zwischenzeitlich gewandelt – nicht zuletzt, weil die idealisierten Bilder von Frauen und Männern der Lebenswirklichkeit nicht entsprachen.

Geschlechterkonstruktionen

Der **zweite Teil** des Buches ist der Theorie gewidmet: Welche Vorstellung eines „Geschlechtercharakters" hatten wann Konjunktur? Wie schlugen sie sich in Gesetzen nieder? Welche Vorstellungen herrschten in Bezug auf die Erziehung?

In der Auseinandersetzung wird eines immer wieder deutlich: Bildungs- und Geschlechterfragen sind hochkomplex. Wenn dieses Feld mit einem starren Maßstab vermessen wird, bilden die Ergebnisse die Realität nicht ab. Im Abschnitt „Wellenbewegungen im Entwicklungsprozess" versuchen wir die Amplituden der zielgerichteten Fördermaßnahmen zu erfassen: Um die Fragen „Ist Mädchenförderung noch zeitgemäß?" und „Kann Jungenförderung auf gleiche Weise gelingen?" zu beantworten, reflektieren wir Beobachtungen und Entwicklungen, die die Wechselwirkungen deutlich machen und die Ambivalenzen illustrieren.

Forschung eröffnet Denkräume: die wichtigsten Studien

Aus der Fülle an veröffentlichten Studien stellen wir im **dritten Teil** des Buches zehn vor, die wir als repräsentativ für die Koedukationsforschung, aber auch für die Schulpraxis erachten. Sie unterscheiden sich in Ansatz und Methode. Dank der chronologischen Gliederung lässt sich ein Fortschritt der Erkenntnis ablesen, wenngleich natürlich Forschungsfragen und Vorgehensweisen immer auch zeithistorischen Trends unterliegen. Die Ergebnisse sind jeweils vorläufig, schrittweise klären sich einzelne Sachverhalte und tragen zur Weiterentwicklung der Theorie bei.

Die Geschlechterforschung hat ein Theorem entwickelt, das die Sozialforschung insgesamt und damit auch die Schulforschung deutlich verändert hat: Geht eine Fragestellung von der Unterschiedlichkeit der Geschlechter aus, so wird sie auch Unterschiedlichkeit entdecken. Folgende Prämissen bestimmten die Auswahl der hier vorgestellten Studien:

- sie waren zukunftsweisende Meilensteine;
- sie haben neue Impulse in der Methodenwahl gegeben und

- sie öffneten neue Einsichten bezüglich der Fragen, wie Jungen und wie Mädchen lernen und wie sich das Geschlechterverhältnis auf den Schullalltag auswirkt.

Erträge für die Pädagogik

Der **vierte Teil** versucht, die wissenschaftlichen Erkenntnisse für die pädagogische Praxis fruchtbar zu machen. Wie können einzelne Lehrpersonen in ihrem Unterricht dazu beitragen,
- jeglicher Art von Benachteiligung entgegenzuwirken,
- das Lernen für *alle* Individuen gleichermaßen und
- unabhängig von Diskriminierungsfallen zu ermöglichen?

Abschließend werten wir die Theorie für die Praxis aus und geben Anregungen für die konkrete Umsetzung. Wir möchten die Erträge der Forschung für Unterrichtskonzepte greif- und nutzbar machen, weisen aber auch darauf hin, wo dieses Vorhaben an seine Grenzen stoßen kann. Dabei werden Umsetzungsvorschläge zum einen auf die Institution Schule zugeschnitten, zum anderen beziehen sie sich auf die Ebene der einzelnen Klasse.

Dass individuelle Unterschiede bereichern und mehr Chancen bereithalten als Risiken, ist eine Erkenntnis, die sich in der Schulpraxis durchsetzen wird. Dieses Buch will einen Beitrag dazu leisten.

im Januar 2006

Maria Anna Kreienbaum
Tamina Urbaniak

Eine historische Annäherung

Wer den Diskurs um das Thema Koedukation verstehen will, muss sich die Genese der gegebenen Bildungssituation vor Augen führen. Zunächst soll hier die Schulbildung ab dem 19. Jahrhundert in den Blick genommen werden. Dabei liegt der Schwerpunkt auf der Entwicklung der Mädchenbildung, die von Benachteiligungen gekennzeichnet war.

Die Frauenbewegung kämpfte seit Ende des 19. Jahrhunderts um gleiche Rechte für Frauen und hatte einen großen Anteil daran, dass Jahrzehnte später weitgehend gleiche Bildungschancen für beide Geschlechter erreicht wurden. Die Frage, ob dieses Ziel eher durch Koedukation oder durch getrennte Schulen erreicht werden konnte, wurde von Anfang an mit diskutiert.

Die Entwicklung des allgemeinen Schulwesens wie auch der Mädchenschulen wird über die Phasen Erster Weltkrieg, NS-Zeit, Nachkriegsdeutschland und 1960er-Jahre nachgezeichnet. Zudem wird auf die Einführung der schulischen Koedukation eingegangen, die in zwei Etappen (um 1950 und 1970) erfolgte.

Mädchen- und Frauenbildung seit Beginn des 19. Jahrhunderts

Die Geschichte der Mädchen- und Frauenbildung kann man nicht erklären, ohne einen Blick auf die Lebensumstände und den Stellenwert von (Schul-) Bildung im Allgemeinen zu werfen. Wichtig war vor allem anderen, erst einmal eine allgemeine Schulpflicht durchzusetzen. Während für viele Jungen bereits im 18. Jahrhundert die Schulpflicht galt, waren Mädchen weit länger von elementarer und insbesondere höherer Schulbildung ausgeschlossen. Der Kampf um gleiche Bildungschancen war von Beginn an mit der Fragestellung verknüpft, ob Jungen und Mädchen gemeinsam erzogen und unterrichtet werden dürfen oder sollen.

Die Auseinandersetzungen über gemeinsamen oder getrenntgeschlechtlichen Unterricht erschließen sich erst vor dem Hintergrund zeitgeschichtlicher und gesellschaftlicher Fragestellungen. Historische Schilderungen zur Bildungssituation lassen die Beweggründe für die Forderung nach Koedukation erkennen. Sie veranschaulichen, warum im 18. und 19. Jahrhundert die Diskussion um die Gestaltung von Schulunterricht für Jungen und Mädchen an Bedeutung gewann.

Unsere Darstellungen folgen zwei Prinzipien: Weitgehend gehen wir chronologisch vor, wo es angeraten erscheint, sind Exkurse eingeschoben.

Der Epochenumbruch vom 18. zum 19. Jahrhundert

Der Beginn der Debatte um die Koedukation wird in der Fachliteratur für den deutschsprachigen Raum gemeinhin mit der Wende vom 18. zum 19. Jahrhundert terminiert. Zwar wurde die Frage, inwiefern Mädchen – analog zu den Jungen – (höhere) Bildung zuteil werden solle, vereinzelt auch in früheren Jahren thematisiert. HERRLITZ/HOPF/TITZE (2001) führen hier eine Streitschrift von Anna Maria Schurmann aus dem Jahre 1648 an, in der gefragt wird „Num foeminae christinae conveniat studium litterarum?" – ob einer christlichen Frau das gelehrte Studium geziemt (vgl. WEIMER/JACOBI 1992, S. 70). Im Jahr 1754 macht Dorothea Christiane Leporin, die als Dorothea Erxleben als erste Doktorin der Medizin in Deutschland bekannt wird, mit ihrem Buch „Gründliche Untersuchung der Ursachen, die das weibliche Geschlecht vom Studieren abhalten" (ERXLEBEN 1742, neu veröffentlicht 1993) vertiefend auf die weiblichen Bildungsrestriktionen aufmerksam. Aber auf breiterer Ebene wurde die Diskussion erst im Kontext der Aufklärung virulent. Mit Beginn des 19. Jahrhunderts fand die Idee des Menschen als Individuum und als Staatsbürger Eingang in die Vorstellungen von Gesellschaftsordnungen, die ideologischen Grundlagen für die Forderung nach Gleichbehandlung waren gelegt (vgl. HORSTKEMPER/KRAUL 1999, S. 23).

In **Frankreich** hatte die Revolution am Ende des 18. Jahrhunderts enorme Freiheitsbestrebungen hervorgebracht, die bis ins Deutsche Reich hinein spürbar waren: Man erstrebte nicht nur die persönliche Freiheit sowie die Meinungs- und Pressefreiheit, auch die Gleichheit aller Bürger vor dem Gesetz, die Freiheit der Berufswahl und das Selbstbestimmungsrecht des Volkes. Adel und Ständeordnung verloren zusehends an Macht und Einfluss, das neu erstarkte Bürgertum hingegen pochte auf mehr Rechte; Abhängigkeiten der Bauern verblassten, wenn auch nur langsam, da ihr wirtschaftliches Vorankommen nicht gelang: Viele verarmten, verkauften ihr Land an die Junker oder belasteten ihren Grund mit Hypotheken. Aus freien Bauern wurden lohnabhängige Landarbeiter ohne Land, denen es wirtschaftlich eher schlechter ging.

Im Deutschen Reich wie anderswo in Europa griff die Industrialisierung langsam Raum und veränderte die Gesellschaftsstrukturen maßgeblich. Unter anderem wurden Arbeitsstätte und Haushalt nun immer öfter räumlich getrennt, sodass Kinder nicht mehr, wie zuvor geschehen, einfach in Arbeitsprozesse hineinwuchsen und Wissen, (Arbeits-)Normen und Aufgaben gewissermaßen en passant übernahmen oder erlernten. Zudem reichte derart erlangtes Wissen in einer sich verändernden Umwelt nicht mehr aus. Bildung musste institutionalisiert, schulische Angebote für breitere Bevölkerungsschichten zugänglich gemacht werden. Sozialisationsprozesse, die vormals in häuslicher Umgebung abliefen, wurden nun in die Schule verlagert.

Im 19. Jahrhundert war vordringlich die Standeszugehörigkeit ausschlaggebend für die soziale Stellung und die damit verbundenen Ausbildungschancen. Das bedeutete, dass Bauernkindern kaum Schulbildung zuteil wurde (weil „die schulpflichtigen Kinder in der Landwirtschaft unentbehrlich waren" HERRLITZ u. a. 2001[3], S. 53), während Adel, Militär und Großbürgertum über eigene Bildungs- und Erziehungsinstitutionen verfügten. Erst als der Staat begann, für seine Beamten ein gewisses Grundwissen festzuschreiben, weichten diese Strukturen allmählich auf. Eine neue soziale Schicht bildete sich heraus: das Bildungsbürgertum. Das parallel entstehende Schulwesen spiegelt diese drei Schichten bis in unsere Tage in der Dreigliedrigkeit des Schulsystems wider.

Die Stellung der Frau zu Beginn des 19. Jahrhunderts

Mit der Idee von der Gleichheit aller Menschen ging ein weit reichendes Nachdenken über hierarchische Beziehungen und Abhängigkeiten einher, das auch die Frage nach der Gleichheit von Mann und Frau einbezog. Die Industrialisierung erforderte eine starke Organisation der Arbeit, sei es in Manufakturen oder den zunehmend größer und zahlreicher werdenden Fabriken. Der Faktor

„Zeit" wurde zum Maßstab des Lebens, Arbeit und Privatleben wurden räumlich auseinander gerissen. Die Tendenz, dass die Erwerbsarbeit dem Mann zugewiesen wurde, während die Frau im Haushalt verblieb (vgl. PFISTER 1988, S.12), verschärfte sich: „Die unterschiedliche Position beider Geschlechter, genauer die Unterordnung der Frau, die durch die Egalisierungstendenzen gefährdet war, wurde jetzt verstärkt mit biologisch bedingten unterschiedlichen Wesensmerkmalen begründet" (ebd.). Frauen wurden Eigenschaften wie Weichheit, Emotionalität und Passivität zugeschrieben, Männern geistige Überlegenheit und Stärke – Frauen waren a priori defizitäre Wesen. Zwar waren – und dies stellt gewissermaßen ein Paradoxon dar – die Familien der unteren Schichten (im Proletariat, im Bauerntum und in kleinbürgerlichen Umgebungen) existenziell auch von der Arbeitskraft der Frauen und auch Kinder abhängig, mehr Rechte und Möglichkeiten erwuchsen für sie daraus jedoch keineswegs. Die polare Vorstellung vom Wesen der Geschlechter, die wiederum die patriarchalischen Strukturen der Gesellschaft zementierte, schlug sich auch in der unterschiedlichen Erziehung und Bildung von Jungen und Mädchen nieder. Die Stellung und Rolle der Frau in der Gesamtgesellschaft spiegelt sich in der Situation ihrer Bildung: Die ökonomische, politische und rechtliche Benachteiligung der Frauen schrieb sich im Bildungsbereich fort.

Allgemeine Schulpflicht – von ersten Ideen bis zur Durchsetzung

Die geschilderten weitgreifenden Änderungen der gesellschaftlichen, ökonomischen und auch politischen Verhältnisse – Modernisierung, Verbürgerlichung und Industrialisierung – brachten es mit sich, dass nach und nach eine Unterrichtspflicht durchgesetzt wurde.

Schon im Jahr 1717 hatte der preußische König Friedrich Wilhelm I. erstmals den Versuch unternommen, die allgemeine Schulpflicht gesetzlich zu verordnen. In der Praxis scheiterte die Umsetzung jedoch daran, dass nicht überall Schulen vorhanden waren. Zudem gab es große Unterschiede zwischen den Schulen, die den Kindern des Bürgertums offen standen, und denen, die dem Volk zugänglich waren (Volksschulen). Klaus Klemm schreibt in der „Einführung in die deutsche Schulgeschichte" (2001): „Diese Schulpflicht wurde im 18. Jahrhundert in Preußen wiederholt proklamiert (1717 General Edict, 1763 Generalschulreglement, 1794 Allgemeines Landrecht), aber erst im 19. Jahrhundert tatsächlich realisiert (1816 besuchten etwa 60 %, 1846 etwa 80 % und 1871 etwa 90 % aller Heranwachsenden Schulen)."

Mädchen profitierten in sehr viel geringerem Maße von der Verbreitung und Umsetzung der Schulpflicht als Jungen: „Bis weit ins 19. Jahrhundert hinein zeigte sich der preußische Staat an der Mädchenbildung ausgesprochen desinteressiert, da das zentrale Motiv [...] – die Ausbildung von geeigneten Staatsbeamten – im Fall der Mädchenschulen entfiel" (KLEINAU 1997, S. 28) Zudem blieb Schulbildung trotz aller Gleichheitsbestrebungen lange ein soziales Privileg für die höheren Schichten; niedrigere Bevölkerungsgruppen gelangten weit schleppender zu entsprechenden Bildungsangeboten.

Volksschulbildung um 1860

Die Schulbildung, die Kindern in der Zeit nach der Französischen Revolution und des Vormärz zuteil wurde, wurde wesentlich von Widerständen aus unterschiedlichen Quellen beeinflusst: Die Kirche fürchtete um ihre mächtige Stellung, die Gemeinden scheuten Kosten (vgl. PFISTER 1988, S. 14). Unter anderem unter Einwirkung der **Stiehl'schen Regulative** kristallisierte sich eine Schulbildung heraus, die vor allem darauf zielte, den Schülerinnen und Schülern lebenspraktische Kenntnisse mitzugeben und einen Schwerpunkt auf religiöse Erziehung zu setzen. Der Ministerialbeamte Anton Wilhelm Ferdinand Stiehl forderte im Oktober 1854: Die Lehrerausbildung solle auf niedrigem Niveau belassen werden, weil pädagogische, didaktische und psychologische Fähigkeiten hier überflüssig seien. Abstraktes Denken und Reflexionen waren verpönt. Der Ehrgeiz des Lehrpersonals richtete sich darauf, den Schützlingen Gehorsam, Patriotismus und Gläubigkeit zu vermitteln. Die Stundentafel umfasste Stiehls Vorstellungen folgend lediglich die Fächer Religion (sechs Stunden), Lesen und Schreiben (zwölf Stunden), Rechnen (fünf Stunden) und Gesang (drei Stunden). Die Stiehl'schen Regulative galten für die Schulen, die dem Volk zugänglich waren, die so genannten Volksschulen. Schulen, die den Kindern des Bürgertums offen standen, waren davon nicht betroffen.

Die Tatsache, dass Mitte des 19. Jahrhunderts lediglich elementare Bildungsinhalte auf dem Lehrplan standen, erübrigte zunächst eine Trennung nach Jungen und Mädchen oder gar getrenntgeschlechtliche Lehrpläne. Dennoch wurden unterschiedliche **Bildungsziele** verfolgt. Für Mädchen war Handarbeitsunterricht vorgesehen, für Jungen Deutsch- oder Rechen-Unterricht, Turnen wurde getrennt unterrichtet. Die Mädchen wurden auf ihre spätere Tätigkeit als Hausfrau und Mutter vorbereitet, die Jungen wurden mit – wenn auch wenig in die Tiefe gehendem – Wissen ausgestattet, das sie auf eine spätere Berufstätigkeit hin schulte. „Die Schule trug so zu einer Fixierung der Geschlechterrollen bei, die nicht nur durch die Lerninhalte, sondern auch durch die Art der Vermittlung und die benutzten Materialien, z. B. die Schulbücher, verstärkt wurde." (PFISTER 1988, S. 16)

In Volksschulen wurden Jungen und Mädchen meist zusammen unterrichtet – aus pragmatischen Gründen, um die Kosten so gering wie möglich zu halten, und nicht zuletzt, weil vor allem in ländlicheren Gebieten Volksschulen oft nur aus einer Klasse bestanden.

Die Anfänge der höheren Mädchenbildung

Was die Unterrichtsinhalte und die ideologischen Zielsetzungen anging, unterschieden sich die Vorstellungen von höherer Bildung für Mädchen im 19. Jahrhundert nicht von dem, was man mit der Volksschulbildung erreichen wollte. Auch an höheren Mädchenschulen orientierte man sich an den Pflichten und Aufgaben, die eine Frau später in Haushalt, Familien- und Eheleben würde übernehmen müssen. Freilich war es ungleich schwerer, diese anspruchsvollere Stufe der Ausbildung auszuformen und flächendeckend zu verwirklichen. Die Abschlüsse höherer Mädchenschulen ermöglichten weiterhin weder ein Studium noch eine andere berufliche Karriere. Auch war der Mädchen-Unterrichtsstoff „seichter": Sie lernten als Fremdsprache z. B. eher Französisch, während die Jungen Latein oder Griechisch büffelten. Fächer wie Deutsch, Geschichte, Geografie und Mathematik wurden eher am Rande behandelt. Physik fehlte ganz im Lehrplan, während Handarbeiten weiterhin als wichtig erachtet wurden.

Herrlitz/Hopf/Titze nennen vier markante Merkmale, die die Mädchenschulen, die seit Mitte des 18. Jahrhunderts in den deutschen Staaten gegründet wurden, doch erst in der Mitte des 19. Jahrhunderts weite Verbreitung fanden, kennzeichneten (vgl. HERRLITZ/HOPF/TITZE 2001, S. 91):

> Mädchenschulen werden zunächst fast gänzlich privat finanziert; erst gegen Ende des 19. Jahrhunderts beteiligen sich Kommunen und Staat am Betrieb der Schulen. Den Mädchenschulen, die ganz unterschiedliche Schülerinnen- und Klassenzahlen aufweisen, ist meist ein Pensionat angeschlossen. Hohes Schulgeld bildet eine enorme Zugangsschwelle. Zumindest zu Beginn des 19. Jahrhunderts besteht das Lehrpersonal überwiegend aus Männern; Frauen sind höchstens als Gouvernanten tätig.

Anzumerken bleibt, dass sich das „höher" in den Bezeichnungen „höhere Mädchenbildung" oder „höhere Töchterschulen" eher auf die Herkunft der Schülerinnen als auf den Anspruch des Lehrstoffs bezog. Mädchen der niedrigeren Bevölkerungsschichten blieb der Besuch höherer Schulen verwehrt. Sie mussten in Volksschulen verharren, wo sie bisweilen in Klassen mit bis zu 120 Schülerinnen und Schülern lernten. Den Lehrenden an diesen Schulen ging es nicht viel besser – sie arbeiteten für wenig mehr als einen Hungerlohn.

> „Während in den Städten die Lehrer-Schüler-Relation zwischen 1886 und 1911 von 1:67 auf 1:49 sank, verbesserte sich dieser Wert auf dem Lande lediglich von 1:79 auf durchschnittlich 1:61, wobei es immer noch Schulen gab, in denen ein Lehrer bis zu 200 Kinder unterrichtete." (Herrlitz 2001[3], S. 109)

Schulchroniken berichten von ähnlichen Zuständen:

> „Es grenzt an Utopie, zu erfahren, daß in Berg bis ins 19. Jahrhundert immer nur ein Lehrer die gesamte Schule betreute, wie zum Beispiel der Lehrer Johannes Herrmann bis 1820 rund 150 Kinder" (STEHLE 1985)
>
> „Die durchschnittliche Klassenstärke beträgt 110 bis 115 Schüler. Die Schulanfänger werden vierteljährlich aufgenommen; Entlassungen finden Ostern und Michaelis statt." (RAGNITZ O. J.)

Anfänge der Frauenbewegung

In der zweiten Hälfte des 19. Jahrhunderts begann der Kampf um gleiche Bildungschancen für Mädchen. Frauen aus dem Bürgertum meldeten Interesse an, selbst erwerbstätig zu werden – dies freilich nur in engem Rahmen und nicht zuletzt infolge der Bevölkerungsentwicklung, denn viele Männer waren in den deutsch-französischen Kriegen gestorben. Eine (wenn auch geringe) Anzahl von Frauen blieb (zunächst) unverheiratet und strebte aus diesem Grund danach, Zugang zu höherer Schulbildung und zu anerkannten Berufen – auch zu akademischen – zu erlangen.

Diese Forderungen wurden vor allem von der erstarkenden Frauenbewegung publik gemacht. Diese machte sich vordergründig die Argumente der „Gegner" zu Eigen, wendete sie jedoch geschlechtertheoretisch und löste sie vom „Defizit" zugunsten der „Differenz". Während bislang die Auffassung verbreitet war, dass Frauen bis zu einem gewissen Grade unbildbar seien, machte die Frauenbewegung gerade den weiblichen Geschlechtscharakter zur Grundlage dessen, was sie an Ausbildung für Frauen forderte. Der Exkurs über die „Gruppierungen und Protagonistinnen der Frauenbewegung" auf S. 20 – 26 beschreibt deren unterschiedliche Positionen im ausgehenden 19. Jahrhundert.

Tätigkeiten, die Frauen seit Generationen ausübten, wurden nun zu Berufen erklärt – sie wurden also Erzieherinnen, Kindergärtnerinnen und Lehrerinnen. Wie sehr weibliche Berufs- oder Erwerbstätigkeit in höheren gesellschaftlichen Schichten dennoch verpönt war, zeigte sich z. B., als die aus einer wohlhabenden und gebildeten Familie stammende Britin Florence Nightingale (1820 – 1910) die gesellschaftlichen Konventionen ihrer Zeit durchbrach und den Beruf der Krankenpflegerin ergriff. Dieser wurde vornehmlich von Frauen der unteren Bevölkerungsschichten ausgeübt und war nicht eben angesehen, und so schockierte dieser Berufswunsch ihre Familie und ihre Umgebung in höchstem Maße. Bekanntlich setzte Nightingale ihren Willen durch und leitete später sogar ein Hospital in London.

Frauenberufstätigkeit blieb hausarbeitsnah, hielt Frauen weiterhin im engen Rahmen der Familie und entsprach den ihnen zugedachten Charaktermerkmalen von Weiblichkeit, Mütterlichkeit und Fürsorglichkeit. Das Geschlechtermodell von „männlicher Norm" und „weiblichem Defizit" wurde allmählich von einem Geschlechtermodell der Differenz abgelöst. An der bestehenden hierarchischen und männerdominierten Gesellschaftsordnung änderte sich vorerst wenig.

Die Frauenbewegung organisiert sich

Das ausgehende 19. Jahrhundert war von einer regelrechten Aufbruchstimmung in sozialen Fragen geprägt. Zunehmend forderten die Frauen, auch an gesellschaftlich relevanten Ausbildungsqualifikationen teilhaben zu dürfen. Noch immer durften Frauen nicht studieren: An den Universitäten blieben die Männer unter sich und bildeten einen fest geschlossenen Zirkel (vgl. HORST-KEMPER/KRAUL 1999, S. 26; KLEINAU/OPITZ 1996). Gleichzeitig zogen auch die Frauen, die im Allgemeinen Deutschen Frauenverein immer vehementer verbesserte Bildungschancen für Mädchen und Frauen forderten, ihre eigenen Kreise. Grund dafür war, dass Lehrerinnen nur an Mädchen- und höheren Töchterschulen unterrichten durften.

Zwei Wege sah die Frauenbewegung zu gleichen Bildungschancen:

1. **Jungengymnasien für Mädchen zu öffnen**: Man hoffte, bessere berufsqualifizierende Ausbildungsgänge für Jungen und Mädchen zu schaffen. Vorbild waren hier die Niederlande.
2. **parallel zu den Jungengymnasien entsprechende Einrichtungen für Mädchen** zu schaffen. Beispiel gaben die USA, wo Frauen und Männern jeweils eigene Bildungseinrichtungen mit gleichwertigen Abschlüssen offenstanden.

Beide Varianten fanden hierzulande Befürworterinnen. Auf der einen Seite standen – mit Vertreterinnen aus dem Kreis um **Helene Lange** – diejenigen, die eine höhere Töchterschule beibehalten wollten, da sich hier ihrer Ansicht nach die Möglichkeit bot, eine am weiblichen Charakter und dessen Besonderheiten orientierte Bildung zu verwirklichen. Aufsehen erregte die im Wesentlichen von Helene Lange verfasste „**Gelbe Broschüre**", in der mit dem Prinzip der „**Geistigen Mütterlichkeit**" für mehr Einfluss von Frauen in Bildungsfragen argumentiert wurde (vgl. dazu S. 21).

Frauen, die andere Positionen vertraten und die größtenteils dem **Frauenverein „Reform"** mit **Clara Zetkin** an der Spitze angehörten (dieser wurde später zum Verein **Frauenbildung – Frauenstudium**), forderten absolute Gleichwertigkeit der Bildungsangebote für Männer und Frauen und setzten schließlich die Gründung der ersten koedukativen Schulen (z. B. in Baden und in Karlsruhe) durch.

Ungeachtet der unterschiedlichen Positionen in der Frauenbewegung suchte man nach gangbaren Wegen, Frauen den Zugang zu akademischer Ausbildung zu ebnen. Zweifellos brachten Frauenvereine und -vereinigungen – motiviert durch ihren Wunsch, an höherwertigen Berufsausbildungen teilhaben zu dürfen – selbst einige Bewegung ins Spiel und bewirkten tatsächlich hier und da Veränderungen. Dies täuschte aber nicht darüber hinweg, dass Regierung und Kultusministerium sich lange weiter dagegen wehrten, auch Frauen zum Abitur und zum Hochschulstudium zuzulassen.

Weiterentwicklung der höheren Mädchenbildung

Im Jahr 1908 wurde das höhere weibliche Bildungswesen durch die „Bestimmungen über die Neuordnung des höheren Mädchenschulwesens" des preußischen Kultusministeriums umfassend neu geordnet und den Frauen der Einstieg in universitäre Ausbildung erleichtert.

Die Reform bedeutete im Einzelnen, dass Mädchen von nun an mit dem sechsten Lebensjahr eingeschult wurden und insgesamt zehn Jahre auf die Höhere Mädchenschule gingen (vgl. HERRLITZ/HOPF/TITZE 2001, S. 101). Im vierten Schuljahr begannen die Schülerinnen mit Französisch als erster Fremdsprache, im siebten mit der zweiten: Englisch. Die Fächer Deutsch und Religion behielten einen hohen Stellenwert, man wollte aber vermeiden, „daß die ästhetische und die Gefühlsbildung zu sehr überwiegen, daß hauptsächlich die Phantasie angeregt und das Gedächtnis in Anspruch genommen wird, während die Verstandesbildung sowie die Erziehung zu selbsttätiger und selbständiger Beurteilung der Wirklichkeit zurücktreten", so der Wortlaut des Ministererlasses von 1908 (zitiert nach ebd.). In der Praxis wurde den Fächern Mathematik und Naturkunde also mehr Raum zugestanden.

Nach der höheren Mädchenschule besuchten die jungen Frauen entweder das Lyzeum, eine zweijährige „Frauenschule" oder das Lehrerinnenseminar. Das Lyzeum ergänzte die Höhere Mädchenschule, hier wurden „Hauswirtschaft, Bürgerkunde und soziale Hilfstätigkeit" gelehrt (KRAUL 1989, S. 34).

Das vierjährige höhere Lehrerinnenseminar war das Pendant zur „männlichen Oberlehrerausbildung". Zu Beginn des 20. Jahrhunderts durchliefen Männer bereits eine zweiphasige Lehrerausbildung. Auch die Ausbildung der Frauen wurde zunehmend in eine wissenschaftliche und eine praktische Phase der Ausbildung getrennt (vgl. HERRLITZ/HOPF/TITZE 2001, 102). Damit wurde die Grundlage für eine gemeinsame Lehrerausbildung gelegt.

Auch wenn den Frauen seit dem Erlass von 1908 die Hochschule formal offen stand, so gab es zahlreiche Hindernisse und Widerstände, die sie überwinden mussten, um auch tatsächlich ein Studium antreten zu können. Zum Beispiel behielten es sich die Professoren bis 1920 vor, Frauen von bestimmten Vorlesungen auszuschließen, und wiesen zudem darauf hin, dass zur Examenszulassung die bisher formulierten Prüfungsordnungen allein maßgeblich seien (vgl. HERRLITZ/ HOPF/TITZE 2001, S. 104) – darin waren ausschließlich Männer zum Examen zugelassen.

Fazit: Zu Beginn des 20. Jahrhunderts hatten Mädchen die formal Chance auf Bildung, doch zu einer echten Gleichberechtigung war der Weg noch lang.

Exkurs: Gruppierungen und Protagonistinnen der Frauenbewegung

Gegen Ende des 19. Jahrhunderts kämpften unterschiedliche Gruppierungen für die Rechte der Frauen und somit auch um Bildungsmöglichkeiten. Es gab – wie in der Gesellschaft allgemein, so auch hier – einen gemäßigten, bürgerlichen Flügel und einen radikalen. Dabei mag erstaunlich erscheinen, in welch großer Zahl diese Gruppierungen aus dem Boden schossen. Das lag sicher nicht zuletzt daran, dass die Mächtigen und die Regierenden das Engagement der Frauenbewegung für unheimlich und potenziell gefährlich (für ihre eigene Machtposition) hielten und sie daher wiederholt Frauengruppierungen verboten. Dies betraf besonders die sozialistischen Gruppierungen der Frauenbewegung.

Die wichtigsten Gruppierungen:

Der **Allgemeine Deutsche Frauenverein** (ADF) wurde 1865 von bürgerlichen Frauen gegründet und setzte sich für Selbstständigkeit und Mündigkeit von Frauen, ausdrücklich aber auch für ein Recht auf höhere Bildung und Arbeit ein. Der Verein unter Führung von **Louise Otto-Peters** forderte Industrie- und Handelsschulen für Mädchen, Arbeiterinnenschutz, Mutterschutz, Chancengleichheit im Beruf und das Frauenwahlrecht. Die Befreiung der Frau wurde dabei nicht als Selbstzweck gesehen, sondern sollte der Gesellschaft als Ganzes und dem Fortschritt der Menschheit dienen. Der Verein hielt dennoch an einem Frauenbild fest, das das „Weibliche" betonte und dies für ein ausschlaggebendes Merkmal der Berufstätigkeit von Frauen ansah. Der Begriff der „geistigen Mütterlichkeit" (s. S. 21) war dabei von prägender Bedeutung.

1905 erfolgte ein Richtungswechsel, der große Aufmerksamkeit erregte. Im Rahmen eines Bildungskongresses verabschiedete der ADF eine Resolution, in der eine grundlegende Reform der Mädchenbildung und die Einführung der Koedukation gefordert werden.

Die **Gelbe Broschüre:** Der „Kreis Berliner Frauen und Mütter" **unter Federführung von Helene Lange** legte im Oktober 1887 dem preußischen Abgeordnetenhaus eine Petitionsschrift vor, die gegen die Vorrangstellung der Lehrer in der höheren Mädchenbildung anging.

Helene Lange und ihre Mitstreiterinnen argumentierten entschieden gegen die „Ziele weiblicher Bildung", die die Weimarer Versammlung der Mädchenschulpädagogen 1872 wie folgt formuliert hatte:

„Es gilt, dem Weibe eine der Geistesbildung des Mannes in der Allgemeinheit der Art und der Interessen ebenbürtige Bildung zu ermöglichen, damit der deutsche Mann nicht durch die geistige Kurzsichtigkeit und Engherzigkeit an dem häuslichen Herd gelangweilt und in seiner Hingabe an höhere Interessen gelähmt werde, daß ihn vielmehr das Weib mit Verständnis dieser Interessen und der Wärme des Gefühles für dieselben zur Seite stehe." (LANGE 1887, S. 9)

Helene Lange argumentiert vor dem Hintergrund der Vorstellung der polaren Geschlechtergegensätze.

Geistige Mütterlichkeit: Vor allem Helene Lange und der gemäßigte Flügel der Frauenbewegung machten sich in ihrer Wirkungszeit das Konzept der geistigen Mütterlichkeit zu Eigen.

Der Diskurs über Mütterlichkeit ist in der zweiten Hälfte des 18. Jahrhunderts entstanden und ist maßgeblich von den Aufklärungspädagogen mitformuliert worden. Das Konzept der geistigen Mütterlichkeit lehnt sich daran an. Helene Lange fordert sowohl eine Verbesserung der Mädchenerziehung als auch, Frauen gleichwertige Bildungsmöglichkeiten einzuräumen.

Ausgangspunkt der Lange'schen Überlegungen war die Kritik an den bestehenden Mädchenbildungseinrichtungen: „Aber wir können unsere Augen nicht davor verschließen, dass die wesentliche Aufgabe einer Mädchenschule, zu bilden, zu innerer Ruhe zu bilden, wie Pestalozzi sagt, nicht erfüllt wird. Unsere Schulen bilden nicht, sie erziehen nicht maßvolle Frauen von edler Sitte, sie lehren nur." (LANGE 1928, S. 14) Diese Kritik führt die Autorin zurück auf den männlichen Einfluss in den höheren Mädchenschulen: „Die lehrenden Männer sind viel zu unbekannt mit den Gedanken- und Pflichtkreis der vor ihnen sitzenden jungen Mädchen, um all die schönen Sprüche und Sentenzen, in denen so unendliche Lebensweisheit aufgespeichert liegt, für sie nutzbar zu machen [...]." (Ebd. S. 16) Unterschiedliche Bildungsziele für Mädchen und Jungen stellt Lange allerdings nicht in Frage. Die Ungeeignetheit von Männern in der Mädchenerziehung begründet sie wie folgt: „Der Mann glaubt, durch den Unterricht allein schon die Erziehung zu geistiger und sittlicher Selbstständigkeit bewirken zu können. Diese Ansicht ist irrig; es bedarf eines ganz besonderen Agens, um die im Unterricht liegenden, latenten Kräfte zu entbinden."

(Ebd. S. 25) Die Kräfte könnten Frauen durch ihre Liebe entwickeln. Sie hätten das feinere Verständnis für heranwachsende Mädchen.

1890 wurde der **Allgemeine Deutsche Lehrerinnenverein (ADLV)** von **Helene Lange** gegründet, der später rund 16.000 Mitglieder zählte. Dessen Ansichten galten als eher gemäßigt; das von Mütterlichkeit geprägte Bild der Frau herrschte vor, und man hatte es sich auf die Fahnen geschrieben, durch weiblichen Einfluss die Fehlentwicklungen der männlich geprägten Welt zu korrigieren. Ab 1901 gehörte auch die Frauenrechtlerin **Gertrud Bäumer** zum Vorstand des ADLV. Sie gehörte zu denen, die dem „weiblichen Prinzip" die Aufgabe zuschrieben, zur Humanisierung des Lebens beizutragen.

Der Verein **Frauenbildung – Frauenstudium** ging aus dem Verein „Reform" hervor und wurde 1888 gegründet. **Hedwig Kettler, Clara Zetkin, Anita Augspurg** und **Hedwig Dohm** zählten zu seinen führenden Köpfen. Der Verein gehörte zum radikalen Flügel der Frauenbewegung und kämpfte für Gleichberechtigung. Er forderte eine beiden Geschlechtern gleichermaßen zugängliche gymnasiale Bildung. „Frauenbildung – Frauenstudium" setzte sich zudem generell für das Frauenstudium, aber auch für die Zulassung von Frauen zu allen Studienfächern ein. 1893 wurde auf Bestreben des Vereins das erste deutsche Mädchengymnasium in Karlsruhe/Baden gegründet.

1894 sammelten sich unterschiedliche Vereine unter einem Dach, dem **Bund deutscher Frauenvereine (BDF)**. Dieser kämpfte unter dem Vorsitz von **Gertrud Bäumer** für das Recht auf Bildung, für freie Berufswahl und die Zulassung von Frauen zum Universitätsstudium, wobei das Bündnis ein breites Spektrum an Meinungen zuließ und so auch verschiedene Flügel der Frauenbewegung untergebracht werden und gedeihen konnten. Während die eine Richtung gleichberechtigte Berufschancen für Frauen erkämpfen wollte, setzte sich der rechte Flügel (konfessionelle Gruppen, Haus- und Landfrauenvereine) eher für die Aufwertung des Berufs der Hausfrau ein und engagierte sich in der Wohlfahrtsarbeit.

Die proletarische Richtung der Frauenbewegung schloss sich diesem Bündnis wegen politischer Meinungsverschiedenheiten nicht an. Sie forderte radikal die volle rechtliche und politische Gleichstellung von Mann und Frau.

Erschwert wurde die Arbeit der Vereinigungen dadurch, dass es ein **Versammlungsverbot für Frauen** gab, das erst 1908 durch die Reichsregierung aufgehoben wurde – zeitgleich mit der Abschaffung des Verbots für Frauen, Mitglied politischer Parteien zu werden. Im Südwesten des Landes war das Versammlungsverbot schon vorher eher liberal gehandhabt worden, im „übrigen Reichsgebiet aber nahmen Frauenrechtlerinnen bis dato in Männerkleidung und mit tief in die Stirn gezogenen Mützen an politischen Versammlungen teil" (STUTZER 2004, S.4).

Die „treibenden Kräfte"

Nicht dem Prinzip der Lückenlosigkeit verpflichtet, sondern mit dem Streben, exemplarisch Leben und Engagement für ihre Sache darzustellen, sollen hier **Gertrud Bäumer, Clara Zetkin** und **Helene Lange** vorgestellt werden. Diese Porträts beleuchten ausgewählte Aspekte und geben Einblick in den Lebens- und Wirkungskontext dieser wichtigen Frauen.

Clara Zetkin gilt als prägende Figur der proletarischen Frauenbewegung in Deutschland. Sie wurde im Jahr **1857** in Wiederau geboren und starb **1933** in Archangelskoje bei Moskau. Ihr Vater war Dorfschullehrer, ihre Mutter Hausfrau, und Clara Zetkin besuchte nach dem Gymnasium das Lehrerinnenseminar in Leipzig, an dem die Frauenrechtlerin Auguste Schmidt unterrichtete. Sie war einige Jahre als Hauslehrerin tätig, eckte aber mit ihren schon früh entwickelten sozialistischen Ideen an. Die Verbindung mit dem russischen Revolutionär Ossip Zetkin bestärkte sie in dieser Haltung, und Clara Zetkin trat der Sozialistischen Partei Deutschlands (SPD) bei. Nach dem Tod ihres Mannes zog sie nach Paris, wo sie sich mit marxistischen Ideen vertraut machte. Während der Zusammenkunft der Zweiten Internationalen, einem Zusammenschluss verschiedener sozialistischer Parteien, hielt Clara Zetkin **1889** in Paris ein viel beachtetes Referat, in dem sie die Einbeziehung von Frauen und Mädchen in die sozialistische Bewegung forderte. Diese Rede wurde später als Buch veröffentlicht („Die Arbeiterinnen- und Frauenfrage der Gegenwart 1889"). Auf dieses wiederum gründete sich die „Frauenemanzipationstheorie" (WESEMANN 2005) der sozialistischen Partei. Clara Zetkin warb hierin für das Recht der Frau auf Arbeit und forderte, die Frauen von der Vormachtstellung der Männer zu befreien.
1907 fand die erste internationale sozialistische Frauenkonferenz statt, die maßgeblich auf ihre Initiative zurückging und auf der das Wahlrecht für Frauen vehement gefordert wurde.

Im März **1910** wurde der erste internationale Frauentag gefeiert – auch dies geschah auf Zetkins Initiative.
In der Arbeiterinnenzeitung „Die Gleichheit" (1892 bis 1917) und in der Frauenbeilage der Leipziger Volkszeitung verbreitete Zetkin die Ideen der wachsenden proletarischen Frauenbewegung. Ökonomische Unabhängigkeit und als konkrete Forderung „Gleicher Lohn für gleiche Arbeit" waren ihre wichtigsten Ziele. Um Frauen eine ungehinderte Berufstätigkeit zu ermöglichen, forderte sie staatliche Kinderbetreuungseinrichtungen. Zudem setzte sie sich für gewerkschaftliche Organisiertheit und politische Rechte für Frauen ein.

Auch als Pazifistin machte Zetkin von sich reden, obwohl ihre Partei den Ersten Weltkrieg befürwortete. Aus dem unvermeidlichen parteiinternen Richtungsstreit ergab sich schließlich die Spaltung der Sozialdemokraten. Zetkin schloss sich der radikal linken Gruppierung an, der Unabhängigen Sozialdemokratischen Partei (1917). Deren linker Flügel ging 1920 in die KPD über. In der KPD war sie Mitglied des Zentralkomitees und saß von 1920 bis 1933 als Abgeordnete im Deutschen Reichstag.

Ihre letzten Lebensjahre verbrachte Clara Zetkin in der Gegend von Moskau, bis zum letzten Tag politisch und publizistisch aktiv.

Helene Lange: Die vielerorts als Pionierin der deutschen Frauenbewegung bezeichnete Helene Lange wurde **1848** in Oldenburg geboren und kämpfte zeit ihres Lebens für die Verbesserung der Mädchen- und Lehrerinnenbildung. Sie ging zunächst als Au-pair-Mädchen an ein elsässisches Internat und durfte dort an Lehrveranstaltungen teilnehmen. **1872** legte sie in Berlin das Lehrerinnen-Examen ab und war zunächst an einer höheren Mädchenschule und an einem Lehrerinnenseminar tätig. Hier erkannte sie, dass Gleichberechtigung und Selbstständigkeit von Frauen nur durch ein besseres Mädchenschulwesen zu gewährleisten waren.

Sie schloss sich dem gemäßigten Flügel der deutschen Frauenbewegung an. Lange entwickelte sich bald zu einem ihrer führenden Köpfe und verschrieb sich der Idee, die männlich geprägte Welt zu verbessern, einfach dadurch, dass die weibliche Kultur, die zur Mütterlichkeit bestimmt sei, mehr Einfluss gewann. Ihre Aktivitäten und ihre Energie galten als schier unerschöpflich.

1887 forderte Lange in einer Petition an das Berliner Kulturministerium eine Reform der höheren Mädchenbildung. Im Zusammenhang damit veröffentlichte Helene Lange auch die berühmt gewordene **Gelbe Broschüre** mit dem Titel „Die höhere Mädchenschule und ihre Bestimmung", in der sie ihre Positionen darlegt und begründet.

Lange kämpfte für die Studienberechtigung von Frauen. Sie richtete **1889** die ersten **Realkurse** (später Gymnasialkurse genannt) ein, in denen Mädchen erstmals auch Mathematik, Naturwissenschaften, Latein und Volkswirtschaft lernen konnten und die den Bildungsstand der Mädchen und Frauen vertiefen sowie für höhere wissenschaftliche oder gewerbliche Berufstätigkeit vorbereiten sollten.

1890 gründete sie den Allgemeinen Deutschen Lehrerinnenverein (ADLV). Hier wie im Bund Deutscher Frauenvereine, deren Vorsitzende sie von 1894 bis 1905 war, kämpfte Helene Lange für Bildungs- und Berufsfreiheit der Frauen und warb unermüdlich für ihre Ideen. **1893** gründete sie die Zeitschrift „Die Frau", die als *die* Zeitschrift der deutschen Frauenbewegung galt.

Helene Lange starb im Mai 1930 in Berlin.

Gertrud Bäumer wurde am 12. September **1873** in Hohenlimburg geboren und wuchs als Tochter eines Pfarrers auf, der auch im Schulaufsichtsdienst tätig war. Sie besuchte zunächst eine höhere Töchterschule, an die sich die Lehrerinnenausbildung anschloss. Ab **1892** war Gertrud Bäumer für einige Jahre als Lehrerin an einer Landschule in Kamen und später an einer Mädchen-Volksschule in Magdeburg tätig. Ihr wurde bewusst, wie unvollständig ihre Lehrerausbildung gewesen war. Sie knüpfte Kontakte zur Frauenbewegung, besonders zum Allgemeinen Deutschen Lehrerinnenverband, und lernte Helene Langes Umfeld und Gedanken kennen. Angetrieben von dem unbedingten Willen zu studieren, begab sich Gertrud Bäumer auf neue Wege. Im Alter von 25 Jahren nahm sie ihr Studium in Berlin auf und genoss dort ihre Situation als „Pionierin" – denn Frauen waren offiziell noch nicht zum Studium zugelassen.

Später engagierte sich Bäumer in der Frauenbewegung, auch sie zählte zum gemäßigten Flügel. Sie arbeitete an der Seite von Helene Lange. Beide veröffentlichten gemeinsam und waren auch freundschaftlich eng verbunden. Ab 1910 war Bäumer Vorsitzende des Bundes deutscher Frauenvereine (BDF) und war auch am Aufbau des Nationalen Frauendienstes beteiligt. Diese Gruppe kümmerte sich während der Zeit des Ersten Weltkrieges um die Nahrungsmittelversorgung und die Koordination des freiwilligen Kriegseinsatzes von Frauen.

Auch als Politikerin wurde Gertrud Bäumer bekannt – sie wurde **1920** Ministerialrätin im Reichsinnenministerium und war dort für Jugendwohlfahrt und Schulwesen zuständig. 1919 gründete sie zusammen mit Friedrich Naumann die Deutsche Demokratische Partei (DDP). 1933 musste sie ihre politischen Ämter aufgeben und ihre Stellung im Ministerium verlassen. Sie zog sich zurück und widmete sich der schriftstellerischen Arbeit, schrieb ihre Autobiografie. Zudem arbeitete sie für die Zeitschrift „Die Hilfe", die eng mit den Zielen der DDP verbunden war, u. a. als deren zeitweilige Herausgeberin.

Gertrud Bäumer starb 1954 in den Bodelschwingh'schen Anstalten in Bethel.

Schulgeschichte im 20. Jahrhundert

Der nachfolgende Abschnitt gibt eine kurze Zusammenfassung der Etappen der deutschen Schulgeschichte im Allgemeinen und der Koedukation im Besonderen nach 1918.

Schulgeschichte nach dem Ersten Weltkrieg

In den Anfangsjahren des 20. Jahrhunderts gab es zunächst Hoffnungszeichen für eine gleichberechtigte Schulbildung von Mädchen und Jungen. Denn während die Männer im Ersten Weltkrieg an der Front ihren Dienst taten, hatten die zurückgelassenen Frauen vielfach deren Aufgaben übernommen und sich darin auch bewährt (vgl. PFISTER 1988, S. 30). Die Frauenbewegung hatte Forderungen nach Gleichberechtigung und nach besseren Bildungsmöglichkeiten mindestens lautstark vorgebracht und zum Teil durchgesetzt (Hochschulzulassung). Machtvolle, einflussreiche oder angesehene Positionen in Politik, Berufsleben und Forschung waren immer noch fast ausschließlich von Männern besetzt. Die Frage, ob Mädchenbildung der Jungenbildung ebenbürtig sein sollte, schien zwar geklärt, nicht jedoch, ob sie auch genauso ausgestaltet sein sollte.

Die Weimarer Verfassung von 1919 griff die Idee der Chancengleichheit auf und legte eine für alle Kinder **gemeinsame, vierjährige Grundschule** fest. Bildung wurde als harmonische Entfaltung von Anlagen und Begabungen gesehen.

Die Einführung der Grundschule führte zu einer Neuorganisation der höheren Mädchenschule. Die Lyzeen waren nun formal wie die höheren Jungenschulen strukturiert, verliehen Studienberechtigungen und vermittelten allgemeine Bildung. Damit wurde der Forderung nach Gleichheit in der Ausbildung entsprochen.

Pfister weist auf dennoch bestehende Unterschiede hin. Die Variante, die für Mädchen vorgesehen war – Lyzeum plus Oberlyzeum – hatte gegenüber den Vollanstalten für Jungen den entscheidenden Nachteil, dass ihr ein verkürztes Verständnis von Allgemeinbildung zugrunde lag. Naturwissenschaften und

Mathematik wurden erst allmählich eingeführt. Eine Spezialisierung war erst spät möglich (vgl. PFISTER 1988, S. 30).

Die Zeit des Nationalsozialismus

In der Zeit des Nationalsozialismus diente die Schule dazu, die Kinder im Sinne der politischen Ideologie des Landes zu formen. Demokratische Lehrpläne, die in der Weimarer Republik entwickelt wurden und zum Teil bis 1937 galten, wurden außer Kraft gesetzt und durch nationalsozialistische ersetzt. Es erfolgte eine Rückbesinnung auf Ziele, die man im vorherigen Jahrhundert schon einmal der Schulbildung für Mädchen auf die Fahnen geschrieben hatte: Ihre Erziehung sollte allein auf die spätere Rolle als Mutter vorbereiten. Unterricht war vor allem am projektierten „Geschlechtscharakter" orientiert. Unter Adolf Hitler ging die Bildungspolitik davon aus, dass Mädchen und Jungen grundlegend andere Funktionen zu erfüllen hätten und ihre Erziehung daran ausgerichtet werden sollte. Mädchen sei höhere Schulbildung nicht zuträglich, da sie zu sehr von praktischen Betätigungsfeldern, wie sie für Frauen vorgesehen waren, ablenkten.

Hatte die Weimarer Republik über Bildung Demokratie erreichen wollen, so wurde ihr Stellenwert nun bewusst herabgesetzt (vgl. HERRLITZ/HOPF/TITZE 1993, S. 146). Eine der vorgeschobenen Begründungen war, dass die Nationalsozialisten ein „geistiges Proletariat" voraussahen, für das man keine Verwendung habe. Der Zugang zu höherer Bildung wurde zunehmend erschwert.

Während höhere Bildung enorm eingeschränkt wurde, erlebten Volks- und Mittelschulen eine Aufwertung (HERRLITZ/HOPF/TITZE 1993, S. 147). Die Umstrukturierung des Schulsystems brachte es mit sich, dass die erst vor einiger Zeit eingeführten Grundschulen wieder abgeschafft wurden. Die vier unteren Jahrgänge wurden der achtjährigen Volksschule zugeschlagen. Den Körper zu stählen und den Charakter im Sinne der nationalsozialistischen Vorstellungen zu prägen bildete den Kern des Unterrichtsauftrags. Wissensvermittlung rückte an den Rand, wie in den „Reichsrichtlinien zu Erziehung und Unterricht in der Volksschule" deutlich wird:

> „Die Aufgabe der deutschen Schule ist es, [...] die Jugend [...] zu körperlich, seelisch und geistig gesunden und starken deutschen Männern und Frauen zu erziehen, die, in Heimat und Volkstum fest verwurzelt, ein jeder an seiner Stelle zum vollen Einsatz für Führer und Volk bereit sind. Im Rahmen dieser Aufgabe trägt die Volksschule die Verantwortung dafür, daß die Jugend mit dem grundlegenden Kenntnissen und Fertigkeiten ausgerüstet wird, die für den Einsatz ihrer Kräfte in der Volksgemeinschaft und zur Teilnahme am Kulturleben unseres Volkes erforderlich sind." (Zitiert nach: NYSSEN 1979, S. 88).

Sofern Mädchen überhaupt nach der vierten Klasse der Volksschule die Möglichkeit hatten, eine höhere Schulbildung zu erlangen, besuchten sie Oberschulen für Mädchen, die über einen sprachlichen wie über einen hauswirtschaftlichen Zweig verfügten. In diesem Fall betrug die maximale Schulzeit zwölf Jahre. Erwähnenswert ist, dass hauswirtschaftliche Fähigkeiten – Handarbeit, Pflege etc. – nicht nur im speziellen Hauswirtschaftszweig auf dem Lehrplan standen, sondern auch fester Bestandteil des sprachlichen waren. Im sprachlichen Zweig konnten Mädchen zwar einen Abschluss erwerben, der dem der Jungen auf den höheren Knabenschulen entsprach, naturwissenschaftliche Bildung jedoch blieb ihnen völlig verwehrt. Etwa 40 Prozent der Mädchen besuchten den hauswirtschaftlichen Zweig, der nur eine Fremdsprache vorsah. Latein als Fremdsprache konnte erst ab Klasse 10 gewählt werden, und Schulen, die dies anboten, waren überdies rar (vgl. KRAUL 1989, S. 35). Der Abschluss dieses Schulzweiges wurde erst 1939 als Abitur anerkannt – dies vor allem vor dem Hintergrund, dass man die Absolventinnen als besonders gut ausgebildet ansah, was ihre Aufgaben in Haushalt, Familie und der Volksgemeinschaft anbetraf. Pfister weist zudem darauf hin, dass Frauen unter den derzeitigen gesellschaftlichen Voraussetzungen in akademischen Berufen gebraucht wurden (vgl. PFISTER 1988, S. 32).

Noch während des Nationalsozialismus veränderte sich die Situation. Im Krieg wurden Jungen und Männer an der Front gebraucht. So entstanden Vakanzen, weil die gut ausgebildete Elite wegbrach. Höhere Bildung wurde Mädchen wieder leichter zugänglich, wenn auch nicht davon die Rede sein kann, dass Mädchen in einem den Jungen vergleichbaren Maße an Bildung teilhaben konnten. Als „Puddingabitur" bezeichnete man bis etwa 1945 den Abschluss, den Mädchen erwarben, wenn sie die Frauenoberstufe des Lyzeums abschlossen. Dieser Abitur-Abschluss galt nur eingeschränkt, denn er ermöglichte den Frauen lediglich den Zugang zum Lehramtsstudium. Vom Vollabitur, wie es an Jungenschulen erlangt werden konnte, unterschied sich das Puddingabitur dadurch, dass es auf Latein als Fremdsprache verzichtete. Auch die Tatsache, dass Mädchen hauswirtschaftliche anstelle von naturwissenschaftlichen Fächern belegen konnten, unterschied dieses Abitur der Mädchen vom „eigentlichen Abitur" und war lange Zeit verantwortlich für den minderwertigen Ruf.

Schulentwicklung nach 1945

Nach dem Ende des Zweiten Weltkrieges wurde das öffentliche Leben in Deutschland durch die Maßgaben und Vorstellungen der Siegermächte geprägt. Auch das Schulsystem blieb nicht außen vor.

Für das Gebiet der sowjetischen Besatzungsmächte galt von Beginn an das Prinzip der Koedukation. In der vereinheitlichten Schule, die für alle Kinder offen war, galt zudem eine strenge Trennung von Schule und Kirche. Der gemeinsame Unterricht von Jungen und Mädchen hatte eher pragmatische Gründe und war nicht so sehr durch einen bestimmten pädagogischen Anspruch motiviert (vgl. FAULSTICH-WIELAND/HORSTKEMPER 1996, S. 6).

Im übrigen Gebiet der Bundesrepublik Deutschland blieb das Bildungssystem auf dem durch traditionelle Denkweisen geprägten Weg. Die so genannten „wesenhaft weiblichen Anlagen, Kräfte und Aufgaben" (vgl. PFISTER 1988, S. 33) standen im Vordergrund. Das dreigliedrige Schulsystem wurde wieder belebt. Damit einher ging die Trennung von Mädchen und Jungen in vielen Realschulen und Gymnasien. Nur ein Drittel der Gymnasien war Mädchen zugänglich, die Hälfte davon war in kirchlicher Hand, sodass für sie weiterhin schlechtere Zugangsmöglichkeiten zu (höherer) Bildung bestanden.

Die Kirche setzte verstärkt auf konservative Zielrichtungen der Mädchenschul-Bildung. Die Vorstellung von einer hierarchischen Ordnung der Geschlechter war also noch lange nicht überwunden. Die katholische Kirche hielt fest an einer Geschlechterideologie, die neben Sittlichkeit, Ordnung und Harmonie auch Sorgen, Beschützen und Dienen als die Frauenaufgaben begriff (vgl. ebd.). Gemeinsamer Unterricht beider Geschlechter wurde abgelehnt und sogar mit Hinweis auf die Gefährdung moralischer Tugenden bekämpft.

Nach und nach änderten sich einhergehend mit tiefgreifenden politischen, gesellschaftlichen und wirtschaftlichen Wandlungen auch die Strukturen des Schulsystems und andere Stimmen setzten sich durch. In Berlin, Hamburg, Bremen und Hessen sowie in der DDR wurden koedukative Schulen schon in den 1950er-Jahren per Gesetz eingeführt, in den übrigen Bundesländern gingen Jungen und Mädchen nach Geschlechtern getrennt zur Schule.

Im Laufe der 1960er-Jahre setzte aber auch hier im Zuge der Demokratisierung ein Umdenken ein; gleiche Bildungschancen für Mädchen und Jungen standen nun hoch oben auf der Agenda. Die Gesamtschulen, die zu dieser Zeit konzipiert wurden, hatten sich den Anspruch auf die Fahnen geschrieben, Schulen für alle Kinder zu sein, und das hieß in diesem Falle, Schulen für alle Schichten und zugleich für beide Geschlechter zu sein.

Die 1960er-Jahre

In den 60er-Jahren des vergangenen Jahrhunderts rückten Bildungsfragen in den Mittelpunkt des öffentlichen Interesses, nachdem die Schülerzahlen in der Nachkriegszeit wieder gestiegen waren und bildungspolitische Konsequenzen aufgrund der veränderten wirtschaftlichen und gesellschaftlichen Rahmenbedingungen immer drängender wurden. Reformbewegungen kamen in Gang. Geschlechteraspekte blieben zu dieser Zeit noch ausgeblendet; die Bildungspolitik war zunächst damit beschäftigt, andere Probleme zu lösen: Der so genannte **Bildungsnotstand** beherrschte die Diskussion. Angesichts der wachsenden Kinderzahlen wurde die Frage vordringlich, ob die bestehenden

Bildungsangebote ausreichten. Volkswissenschaftler pochten auf den Zusammenhang zwischen Investitionen in Bildung und daraus folgendem Wirtschaftswachstum. Es drohte ein enormer Lehrermangel (vgl. HERRLITZ/HOPF/ TITZE 2001, S. 204).

Infolgedessen setzte man sich zum Ziel, das Bildungsniveau zu erhöhen, also vor allem mehr Schüler und Schülerinnen zum Abitur zu führen, um so den Bestand an genügend gut ausgebildeten späteren Akademikern auszubauen und zu sichern.

Der Deutsche Bildungsrat

Der „Deutsche Bildungsrat" wurde 1965 von Bund und Ländern gegründet und konstituierte sich 1966. Er trat die Nachfolge des „Deutschen Ausschusses für das Erziehungs- und Bildungswesen" an, der 1959 mit dem Rahmenplan zur Umgestaltung und Vereinheitlichung des allgemeinbildenden öffentlichen Schulwesens" eine Neuordnung des Bildungssystems in Gang gebracht hatte.

Im Januar 1970 legte er mit dem „Strukturplan für das Bildungswesen" Empfehlungen und Reformvorschläge für die Zukunft des deutschen Bildungswesens vor, die das Ziel verfolgten, bestehende Ausgrenzungen und Diskriminierungen abzuschaffen. Finanzierungsprobleme, Uneinigkeiten zwischen den politischen Parteien und Unklarheiten bezüglich der Details verhinderten, dass der Plan in Gänze umgesetzt werden konnte. Dennoch gingen unzählige Impulse vom Strukturplan aus.

Der Deutsche Bildungsrat verfasste umfangreiche Konzeptionen, die dem Ziel verpflichtet waren, „Begabungsreserven" zu erkennen und auszuschöpfen (vgl. ebd., S. 205). In der Zeit von 1961 bis 1970 wurde zudem eine groß angelegte **Bedarfsfeststellung** vollzogen. Diese bezog sich auf Schulwesen, Lehrerbildung, Forschung, Wissenschaft, aber auch Erwachsenenbildung und den Bereich Kunst und Kultur. Die Befunde der Kultusministerkonferenz legten nahe, dass es bis 1970 geboten war, die Ausgaben für diese gesellschaftlichen Aufgaben mindestens zu verdoppeln. Schon zwischen 1957 und 1962 waren die Ausgaben um 50 Prozent gestiegen. Die Bedarfsfeststellung ergab unter anderem, dass im deutschen Schulsystem Schieflagen verschiedener Art zu finden waren. Diese galt es abzuschaffen, wenn man die „Bildungskatastrophe", wie Georg Picht die Situation zutreffend beschrieb, in ihren Auswirkungen abmildern oder – besser noch – ihren endgültigen Ausbruch verhindern wollte.

Der Religionsphilosoph und Pädagoge **Georg Picht** (1913 – 1982) machte im Zusammenhang mit der Bildungsdiskussion in Deutschland auf sich aufmerksam. 1953 bis 1963 ist Picht als Gutachter im Deutschen Ausschuss für das Erziehungs- und Bildungswesen und im württembergischen Beirat für Bildungsplanung tätig. 1964 veröffentlicht er eine Aufsatzreihe in der Wochenzeitung „Christ und Welt", die die Konzeptlosigkeit der deutschen Bildungsplanung anklagt und die Öffentlichkeit alarmiert. Die Reihe erscheint 1965 in Buchform, und im Laufe der nächsten Monate und Jahre entwickelt sich – vor allem auf Initiative von Picht – eine umfangreiche Bildungsdebatte. Der Kreis um Georg Picht wies immer wieder darauf hin, dass, wenn das deutsche Bildungssystem nicht genug qualifizierten Nachwuchs hervorbringe, es bald auch um die Wettbewerbsfähigkeit der Wirtschaft schlecht bestellt sein würde.

Chancengleichheit für alle zu sichern, war das erklärte Ziel der Bildungspolitik der 1960er- und 1970er-Jahre. Sie verfolgte mehrere Zielrichtungen. In Stadt und Land waren Bildungsmöglichkeiten ungleich verteilt: Die Landbevölkerung sollte gegenüber der Stadtbevölkerung keine Nachteile (mehr) in Kauf nehmen müssen. Katholiken hatten weit weniger Anteil an Bildung als Protestanten. Die Religion sollte für die Qualität der Schulausbildung keine Rolle mehr spielen. Kinder der unteren Schichten – etwa von ungelernten Arbeitern – erreichten selten das Abitur. Die Zugehörigkeit zu einer bestimmten sozialen Schicht sollte zukünftig möglichst unerheblich für den Schulbesuch sein. Natürlich sollten auch Mädchen und Jungen gleichgestellt sein, denn Mädchen waren, sobald es um höhere Schulbildung bis hin zur universitären Ausbildung ging, in der Praxis noch immer nicht im gleichen Maße beteiligt wie Jungen. Ralf Dahrendorf (1965) sprach in dem Zusammenhang vom „Traditionalismus der Unmündigkeit" derjenigen Bevölkerungsschichten, deren Eigenschaften im beinahe sprichwörtlich verwendeten „katholischen Arbeitermädchen vom Lande" zusammenkamen.

Ralf Dahrendorf, geboren 1929, ist ein deutsch-englischer Soziologe, Politiker und Publizist und war in den 1960er-Jahren einer der vehementesten Kämpfer für Chancengleichheit. Nach dem Krieg wandte er sich politisch zunächst den Sozialdemokraten zu, bevor er 1967 ins liberale Lager wechselte. Er bezeichnete Bildung als „allgemeines Bürgerrecht". Dabei kritisierte Dahrendorf weniger die Leistungsfähigkeit deutscher Bildungsinstitutionen, sondern nahm das bürgerrechtliche Defizit, das Bildungssystemen innewohnt, ins Visier. Es ist seiner Ansicht nach dafür verantwortlich, dass höhere Bildung nicht gleich und gerecht in der Gesellschaft verteilt ist. Dahrendorf sieht Bildung als unbedingte Voraussetzung für eine demokratische Gesellschaft an.

Über Koedukation diskutierte der deutsche Bildungsrat nur am Rande. Sie wurde nicht in Frage gestellt, sondern als selbstverständlich zugrunde gelegt. Es standen andere Aufgaben auf der Agenda: Das deutsche Schulsystem sollte generell modernisiert werden, Benachteiligungen der genannten Gruppen (Mädchen, Landbevölkerung, Katholiken, Arbeiter) wollte man über Kompensation ausgleichen. Auf diesem Weg sollten auf Dauer Benachteiligungen vermieden und eine Chancengleichheit an Schulen und Hochschulen sowie in der Berufsbildung verwirklicht werden, um so auf Dauer zufriedenstellende Lebensverhältnisse für alle Menschen zu schaffen.

Im Zuge der Bedarfsfeststellung (KMK 1963) wurde erkannt, dass es mehr Abiturientinnen und Abiturienten geben müsste. Mitte der 1960er-Jahre waren es nur etwa sechs Prozent eines Jahrgangs. Es galt, der gewandelten Lebenssituation und den neuen ökonomischen Umständen Rechnung zu tragen und zu verhindern, dass der Bildungskatastrophe eine Wirtschaftskatastrophe folgte. Dies sollte u. a. durch erleichterte Übergänge zu weiterführenden oder höherqualifizierenden Schulen und eine größere Durchlässigkeit des dreigliedrigen Schulsystems geschehen. Zudem sollte sich im Regierungsauftrag ein eigener Stab um die Bildungsplanung kümmern und Vorschläge erarbeiten, um im Grundgesetz die Verantwortung für Schule und Bildung beim Bund zu verankern (Bund-Länder-Kommission).

Die Ergebnisse der Schulreform von 1965 waren vielfältig und durchgreifend:

- Die Volksschule wurde aufgelöst und überführt in eine vierjährige Grundschule und eine Hauptschule.
- Die Hauptschule wurde zu den weiterführenden Schulen geordnet und erhielt nun ein neuntes und ein fakultatives zehntes Schuljahr.
- Ab Klasse 5 sollte Fremdsprachenunterricht erteilt werden (meist Englisch).
- Das neunte Pflichtschuljahr wurde eingeführt.
- Der Schuljahresbeginn wurde vom Frühjahr auf den Sommer verschoben; formal galt der 1. August als erster Tag eines Schuljahres. Damit passte man sich an das europäische Ausland an.
- Pflichtfächer an Gymnasien wurden bundesländerübergreifend vereinheitlicht.
- Gesamtschulen wurden als Ganztagsschulen konzipiert. Der Deutsche Bildungsrat empfahl die Erprobung von Ganztagsschulen in Schulversuchen.

In diesem Zusammenhang diskutierte man vor allem die gymnasiale Oberstufe. Erste Weichen für eine **Oberstufenreform** wurden schon im Jahre 1960 durch die so genannte Saarbrücker Rahmenvereinbarung gestellt. Es ging nun darum, Schülerinnen und Schülern mehr Selbstständigkeit und Wahlfreiheit zuzugestehen. Unterrichtsstoffe sollten konzentriert werden, anstelle eines verbindlichen Kanons sollten die Lernenden ihren Fächerplan selbstständig zusammenstellen.

Im Zuge der Oberstufenreform von 1972 wurde die Aufteilung der Schulen nach „Zweigen" – altsprachlich, neusprachlich, mathematisch – aufgehoben. Zudem bedeutete sie mehr Freiheit in Auswahl und Gewichtung der Fächer. Sie wirkte sich auf Mädchenschulen insofern aus, als nun der umfassende Fächerkanon zur Verfügung stand und das Bildungsniveau an das der Jungenschulen angeglichen wurde. Hatten bisher nur sehr wenige Mädchengymnasien naturwissenschaftliche – in Nordrhein-Westfalen waren es zehn – und humanistische (altsprachliche) Zweige (NRW: drei; KREIENBAUM 1992, S. 20), so konnten Mädchen nun von den Angeboten, die bisher nur Jungen offen gestanden hatten, ebenfalls profitieren. Mädchen verfügten nun genau wie Jungen über verbesserte Wahlmöglichkeiten, die sie auch nutzten. Nach der Einführung der Koedukation änderte sich das Wahlverhalten bei Mädchen und Jungen. Es entstanden „**Geschlechterreviere des Wissens**". Mädchen zogen sich aus den naturwissenschaftlichen Fächern weitgehend zurück, Jungen mieden Französisch und die musischen Fächer (ebd., S. 48). Dieser Zustand sorgte für erheblichen Diskussionsstoff in der Koedukationsdebatte.

Mit diesem großflächigen Wandel der Schullandschaft, den die Schulreformen mit sich brachten, ergaben sich für die Mädchen Vorteile: Dadurch, dass nun verbreitet Schulen existierten, auf denen auch sie das Abitur erlangen konnten, und alle formalen Hindernisse ausgeräumt waren, unterschieden sich ihre Chancen auf Schulbildung bald nicht mehr von denen der Jungen. Ende der 1970er-Jahre machten schließlich etwa gleich viele Mädchen wie Jungen das Abitur (ebd., S. 19 f.); heute überwiegen die Anteile der Mädchen sogar. Das zeigen die Erhebungen der Statistischen Landesämter seit Jahren.

Das, was Frauenrechtlerinnen und -bewegung seit langem gefordert und wofür sie erbittert gekämpft hatten, was die Gemüter über Jahrhunderte immer wieder erhitzt hatte und worum an unterschiedlichsten Fronten und in diversen Zusammenhängen gestritten wurde, ist nun auf formaler Ebene verwirklicht.

In diese Zeit des großen Umbruchs im Bildungswesen fiel auch die Einführung der Koedukation in den weiterführenden Schulen. Wurde der gemeinsame Unterricht von Mädchen und Jungen zunächst vehement begrüßt, so wurden alsbald kritische Stimmen laut und es entspann sich eine Debatte, die sich im Laufe von drei Jahrzehnten in verschiedene Richtungen entwickeln sollte und von denen in diesem Buch noch ausführlich die Rede sein wird. Während man bis hierher abgewogen hatte, ob Mädchen und Jungen überhaupt gemeinsam unterrichtet werden dürfen oder sollen, wendeten sich Pädagogen, Frauenforschung, Politik, Wissenschaft und Öffentlichkeit in den kommenden Jahren und Jahrzehnten der Fragestellung zu, inwiefern koedukativer Unterricht von Vorteil oder von Nachteil für die Geschlechtergruppen ist, welche Ursachen hierfür festgemacht werden können und ob – und wenn ja, welche – Maßnahmen ergriffen werden sollten.

Als **Anfangspunkt der neueren Koedukationsdebatte** nennen Faulstich-Wieland und Horstkemper einen im September 1980 in der Zeitschrift „Courage" erschienen Artikel unter der Überschrift „Verführung zur Ohnmacht – Koedukation" (LENGERKE u. a. 1980), den eine Lehrerinnen-Gruppe verfasst hatte, die sich „Sexismus in der Schule" nannte. Darin wurde zur zeitweiligen Trennung aufgerufen, um dem „heimlichen Lehrplan" zu entgehen. Es folgten diverse Antworten in anderen Zeitschriften und Publikationen. Zahlreiche Protagonistinnen der neuen Frauenbewegung machten sich das Thema zu Eigen und heizten die Diskussion weiter an. Zahlreiche Studien entstanden und viele Forschungsarbeiten widmeten sich der Aufklärung der Geschlechterfrage in der Schule. Im Kapitel Geschlechterkonstruktionen (S. 35 ff.) dokumentieren wir den Fortgang der Debatte.

Teil B

Geschlechterkonstruktionen

Du denkst, du hättest den Gipfel erreicht,
aber es ist nur eine Stufe.
Seneca

„,Wie war in Köln es doch vordem, mit Heinzelmännchen so bequem […]' Wie war es doch einst so schön in den 1970er-Jahren, als wir Feministinnen noch eine einfache dichotome Weltsicht haben konnten: Es gab Frauen und Männer, Opfer und Täter, Gute und Böse […] Wir brachten die ,andere Stimme' zum Sprechen, repräsentierten den ,anderen Blick', beschrieben die Welt aus ,der Perspektive der Frauen', sprachen für Frauen und meinten ,die Frauen'." (BILDEN 2000, S. 2) Mit einer Märchenanleihe leitet Helga Bilden ihren Beitrag über feministische Theoriebildung ein, deren Grundannahmen sich über die Jahrzehnte geändert haben, und zwar so stark geändert, dass frühere Entwürfe aus der aufgeklärten heutigen Sicht wie Geschichten aus der guten alten Zeit anmuten.

Eine unbestimmte Sehnsucht nach Übersichtlichkeit spricht aus Helga Bildens Zeilen, wenngleich kein sentimentaler Wunsch nach Rückkehr in „geordnete Zeiten" in den Beschreibungen anklingt. Die späten Siebziger- und frühen Achtzigerjahre des 20. Jahrhunderts bildeten eine Aufbruch- und Umbruchphase. Der Diskurs um gleiche Teilhabe am gesellschaftlichen Leben, die Forderungen nach gleichen Rechten und Löhnen sowie Selbstbestimmung von Frauen und Männern hatte ein Plateau und zugleich einen weiteren Wendepunkt erreicht. Für die weiteren Auseinandersetzungen lassen sich deutlich unterscheidbare Diskursstränge und Argumentationsgänge herausarbeiten. Dazu wählen wir drei Zugriffe:

● Wie denkt eine Gesellschaft über Frauen und Männer? Welche Meinungen können weitgehend ohne Protest in der (wissenschaftlichen) Öffentlichkeit vertreten werden?

● Wie schlägt sich das Gesellschaftsbild in Gesetzen und Verordnungen nieder?

● Wie reagiert die Debatte um die Koedukation?

Im Anschluss daran erfolgt eine erste Bilanzierung, in der der aktuelle Stand wissenschaftlicher Erkenntnisse zusammengefasst ist. Mit der Darlegung des Konzepts der Vielfalt nach Annedore Prengel stellen wir eine differenzierte Definition vor, die Ansätze für eine zukunftsfähige Umsetzung beinhaltet.

Die Welt verstehen lernen

Wie Lernen und Denken funktionieren, darüber forschen Wissenschaftlerinnen und Wissenschaftler seit Generationen. Den derzeitigen Stand der Kenntnis markiert der **Konstruktivismus**. Die Grundannahmen dieser Theorie zeigen auf, wie vorläufig unser Denken als Mensch (und als Menschheit) ist. Auf Außenreize reagiert ein Mensch durch Befragen und Rückbezug auf die eigenen Erfahrungen und Wissensbestände. Das Gehirn, so die Konstruktivisten, arbeitet „selbstreferenziell" und reagiert immer im Rückbezug auf sich selbst. Es arbeitet mit Annahmen, die von ihm selbst als wahr angesehen werden, und sucht sich stets Beweise dafür, dass seine Grundannahmen „stimmen". Wenn sich die Grundannahmen schließlich als falsch erwiesen haben, versucht „die Menschheit" eine neue These zu finden, auf der ihr Weltbild aufliegt, bis auch dieses wieder ins Wanken gerät.

Über den Konstruktivismus

Dem radikalen Konstruktivismus als Wissenschafts- und Erkenntnistheorie folgend beruht alles, was der Mensch wahrnimmt, auf Konstruktion und Interpretation. Die pädagogische Psychologie engt die Fragestellung etwas ein: Sie interessiert sich nicht für die grundlegenden Prinzipien menschlicher Erkenntnis, sondern für die Prozesse des Denkens und Lernens handelnder Subjekte. Dieser konstruktivistische Ansatz versucht, Vorgänge von Wahrnehmung, Verarbeitung, Wissensaufbau und Gedächtnis zu klären und Konsequenzen für die Organisation von Lernprozessen daraus zu ziehen. Das gilt für individuelles Lernen wie für das Lernen in Gruppen.

Der Konstruktivismus stützt sich auf andere Theorien:
- auf die geisteswissenschaftliche **Anthropologie**, die sich mit der Erziehungsnotwendigkeit und -möglichkeit des Menschen beschäftigt;
- auf die **Neurobiologie**, die versucht, die physiologischen Grundlagen unseres Denkens und Lernens zu erklären. Lernprozesse werden in ihren grundlegenden Strukturen fassbar;
- auf die **Genetik** bzw. die **Evolutionstheorie**, die versuchen, die Wirkweisen der Vererbung im Verhältnis zwischen Anlage und Umwelt zu verstehen;
- auf die **Systemtheorie** als interdisziplinäres Erkenntnismodell, in dem Systeme zur Beschreibung und Erklärung unterschiedlich komplexer Phänomene herangezogen werden. Die Analyse von Strukturen und

Funktionen soll Vorhersagen über das Verhalten des Systems erlauben. (Die Funktionsweise der Systeme wird dabei durch Regelkreisschemata beschrieben.)

Die **Annahmen des Konstruktivismus** lassen sich mit folgenden **Kernaussagen** umreißen:

Erkennen

- Erkennen ist an die Perspektive des Beobachtens gebunden, eine objektive Realität ist unerreichbar, alles, was wir von ihr wissen, ist von Menschen erzeugt.

Erkenntnis

- Erkenntnis ist immer auch ein Instrument des Sich-zurecht-Findens, ja, des erfolgreichen Überlebens in der Welt (evolutionäre Komponente).
- Erkenntnis ist nie als solche, also unvermittelt, erkennbar. Insofern kann kein Wissen einen Anspruch auf Höherwertigkeit oder Privilegiertheit erheben: Es wird benutzt, solange es tauglich ist und „gelebt" werden kann.
- Wissen ist immer vorläufig: Es kann keinen sicheren Anfang und kein sicheres Ende von Erkenntnis geben. Dies ist eine Aufforderung zu Toleranz zwischen den Wissenssystemen und ihren Anhängern.

Selbstreferenzialität

- Unser Gehirn selbst ist unser wichtigstes **Sinnesorgan**. Es reagiert zum allergrößten Teil auf sich selbst, auf bereits aufgebaute Strukturen und Elemente.
- Die Wirklichkeit wird dabei als vollständig erlebt, ohne „Löcher" und „Leerstellen" wahrzunehmen, die **Perfektion der Konstruktion** dementiert diese.
- Die Welt scheint perfekt: Trotz der scheinbaren Vollständigkeit ist unsere wahrgenommene Welt voller Lücken, denn bei der Vielfalt der angebotenen Reize müssen wir selektieren. Für diese **Selektion** nutzen wir die selbst aufgebauten Schemata. Nachträglich stellen wir manchmal fest, dass wir „naiv" waren.

(nach TERHART 1999)

Wie ist nun unter dieser Prämisse „Geschlecht" zu verstehen?

Die Sichtweise auf die Geschlechter verändert sich

Ändert sich eine Gesellschaft, so ändert sich auch deren Denken über zentrale Fragen. Wie zum Beispiel über Frauen und Männer gedacht wird, ist eine interessante Frage. Wir möchten hier drei Phasen des Denkens über „Geschlecht" unterscheiden.

Fußend auf der Theorie des Konstruktivismus geht es darum, die selbstverständlichen, oft auch unbewussten Grundannahmen, auf denen unser Denken und Handeln beruhen, und unsere Mechanismen der Deutung der erfahrenen Wirklichkeit explizit zu machen. Dies kann gelingen, indem wir diese in Frage stellen:

- Wie fassen wir Dinge oder Fakten auf, die unsere alltägliche Kommunikation bestimmen?
- Wie gehen wir mit Ritualen, Symbolen und Zeichen um?
- Was ist für uns Wirklichkeit?

Theoretische Konstruktionen

Im Folgenden unterscheiden wir drei Theorien, die in verschiedenen historischen Phasen diskursbestimmend waren (und dies wahrscheinlich latent auch bleiben werden):

Der Defizitansatz

Vor gut hundert Jahren galt der Mann als Norm, die Frau als defizitäres Wesen. Die Rechtmäßigkeit der Geschlechterhierarchie wurde verteidigt – mit allen möglichen Mitteln. Der Neurologe Paul Möbius (1853–1907) etwa hat den Kopfumfang gemessen, um zu beweisen, dass das weibliche Denkvermögen beschränkter sei als das männliche – analog zum Volumen der Gehirnmasse. Weiblich und männlich galten als zwei Pole mit unterschiedlichen Eigenschaften und Fähigkeiten. Bildung gab es vorwiegend für Männer (privilegierter Schichten). Die Grundhaltung vieler Männer gegenüber Frauen war die der *Misogynie*: Alles, was mit Frauen verknüpft war oder mit „weiblich" assoziiert wurde, galt als minderwertig und wurde ignoriert oder als unwichtig oder unbedeutsam abgetan. Die Untersuchungen von Möbius, die er in dem in insgesamt zwölf Auflagen erschienenen Band „Über den physiologischen Schwachsinn des Weibes" publizierte, wurden später auch wissenschaftlich widerlegt:

Im Verhältnis zum Körpervolumen ist das Gehirn bei Frauen eher größer als bei Männern. An dieser Haltung der Misogynie und den vielen Beschränkungen, denen Frauen ausgesetzt waren, entzündete sich die Frauenbewegung des 19. Jahrhunderts (vgl. S. 20–26).

Die Differenztheorie

Ein Argument, das sich auf etwas beruft, was nur einem Geschlecht eigen sein soll, ordnen wir heute als differenztheoretisch ein. Dass es eine Geschlechterdifferenz gibt, die *keine* Hierarchie ausdrückt, war etwa um 1980 eine akzeptierte Vorstellung: Mädchen und Frauen sind anders als Jungen und Männer. Von **Gleichwertigkeit in der Verschiedenheit** wollte man nun ausgehen. Um das Geschlechterverhältnis aufzuklären, wurde begrifflich unterschieden: *Sex* für das biologische und *gender* für das soziale Geschlecht. Das ist die Zeit, von der Helga Bilden im Eingangszitat berichtet. Die Frauen, die zu jener Zeit politisch aktiv waren, glaubten zu wissen, wer oder was Frauen und Männer sind, welche Bedürfnisse und Ansprüche, welche Eigenschaften „die Frauen" haben, und setzten sich für sie ein.

Doing Gender

Menschen haben ein biologisches Geschlecht (engl. *sex*): Sie sind männlich oder weiblich. Das biologische Geschlecht begründet jedoch keineswegs die Vorstellungen, die mit beiden Geschlechtern verknüpft sind. Geschlecht ist eine soziale Konstruktion (engl. *gender*). Ein Mann oder eine Frau zu werden, ist ein sozialer Prozess (engl. *doing gender*).

Die Auffassung, dass wir Menschen selbst die Unterschiede zwischen den Geschlechtern herstellen, setzt sich seit etwa den 1990er-Jahren zunehmend durch. Wir nehmen als unterschiedlich wahr, was gar nicht unbedingt unterschiedlich ist. Das zu verstehen ist schwierig, denn unsere Denkgebäude, unsere Kultur, unser alltägliches Leben ist auf der meist unhinterfragt vorausgesetzten Tatsache der Unterschiedlichkeit der Geschlechter aufgebaut. Wir sprechen hier von der Kategorie (oder der Kultur) der Zweigeschlechtlichkeit. Durch alltägliches Kommunikationsverhalten sorgen wir selbst dafür, dass dies so ist und so bleibt. Unser Verhaltensrepertoire weist eigentlich eine größere Bandbreite auf, wir wählen in vielen Situationen – unbewusst – genau solche Verhaltensweisen aus, die der, dem oder den anderen zeigen, welches Geschlecht wir haben. Dies tun wir, weil wir ein Interesse daran haben, in unserem sozialen Umfeld als Frauen oder als Männer erkannt und anerkannt zu werden. Und wir signalisieren damit gleichzeitig, dass wir die Geschlechtlichkeit der anderen Person sehen und anerkennen.

„Genderismus" oder „heimlicher Lehrplan der Geschlechtererziehung" (s. S. 44) sind Konzepte, die versuchen, diesen komplexen Vorgang zu erklären. Der Begriff Genderismus wurde von dem Soziologen Irving Goffman (1994) geprägt. Er bezeichnet damit Strukturen, die willkürlich nach Geschlechtern unterscheiden, obwohl es dafür keine sachliche Begründung oder Notwendigkeit gibt: Klassenlisten nicht nach Alphabet, sondern nach Mädchen und Jungen zu führen, das Aufstellen in Zweierreihen getrennt nach Mädchen und Jungen auf dem Schulhof. Solche Ordnungsvorschriften prägen und lassen die Differenzlinien zwischen den Geschlechtern als bedeutsam erscheinen, einfach weil sie im Alltagshandeln unreflektiert betont werden.

Doing Gender nennt man das Herstellen, aber auch das Sichtbarmachen von Geschlechterunterschieden. In dem in der Fachwelt berühmten Aufsatz von West und Zimmerman (1987) wird folgendermaßen argumentiert (zitiert nach und übersetzt von WETTERER/GILDEMEISTER 1991, S. 212 f.):

> Das Herstellen von Geschlecht (*doing gender*) umfasst eine gebündelte Vielfalt sozial gesteuerter Tätigkeiten auf der Ebene der Wahrnehmung, der Interaktion und der Alltagspolitik, welche bestimmte Handlungen mit der Bedeutung versehen, Ausdruck weiblicher oder männlicher „Natur" zu sein. Wenn wir das Geschlecht (gender) als eine Leistung ansehen, als ein erworbenes Merkmal des Handelns in sozialen Situationen, wendet sich unsere Aufmerksamkeit von Faktoren ab, die im Individuum verankert sind, und konzentriert sich auf interaktive und letztlich institutionelle Bereiche. In gewissem Sinne sind es die Individuen, die das Geschlecht hervorbringen. Aber es ist ein Tun, das in der sozialen Situation verankert ist und das in der virtuellen oder realen Gegenwart anderer vollzogen wird, von denen wir annehmen, dass sie sich daran orientieren. Wir betrachten das Geschlecht weniger als Eigenschaft von Individuen, sondern vielmehr als ein Element, das in sozialen Situationen entsteht: Es ist sowohl das Ergebnis wie auch die Rechtfertigung verschiedener sozialer Arrangements sowie ein Mittel, eine der grundlegenden Teilungen der Gesellschaft zu legitimieren.

Diese Erkenntnis hat Konsequenzen: Was man selbst herstellt, kann man auch verändern. Man kann die Brille absetzen und lernen, genauer hinzusehen:

- Gibt es (wirklich) Eigenschaften, die bei einem Geschlecht immer, zumeist, öfter vorkommen?

Auf die Schule bezogen müssen sich Lehrerinnen und Lehrer fragen:

- Funktioniert das Lernen jeweils beim einen oder anderen Geschlecht nach bestimmten Mustern?

Selbsttest: Typisch Mädchen, typisch Junge?

Wie sind Mädchen und Jungen – unterscheiden sie sich (nicht)? Prüfen Sie Ihre Wahrnehmung: Gibt es geschlechtsspezifische Eigenschaften? Kreuzen Sie bei jeder Eigenschaft an, was Sie für typisch für ein Geschlecht halten.

Eigenschaft	Typisch Junge	Typisch Mädchen	Eigenschaft	Typisch Junge	Typisch Mädchen
abergläubisch	☐	☐	machohaft	☐	☐
an Äußerlichkeiten interessiert	☐	☐	miesepetrig	☐	☐
			monogam	☐	☐
angepasst	☐	☐	mutig	☐	☐
argumentationsfreudig	☐	☐	nervös	☐	☐
			neugierig	☐	☐
brav	☐	☐	oberflächlich	☐	☐
chaotisch	☐	☐	romantisch	☐	☐
draufgängerisch	☐	☐	sachlich	☐	☐
dröge	☐	☐	schön	☐	☐
eifersüchtig	☐	☐	schüchtern	☐	☐
einfühlsam	☐	☐	sozial	☐	☐
eloquent	☐	☐	souverän	☐	☐
faul	☐	☐	sprachbegabt	☐	☐
fleißig	☐	☐	spröde	☐	☐
frech	☐	☐	teamfähig	☐	☐
freundlich	☐	☐	technisch unbegabt	☐	☐
häuslich	☐	☐	technisch versiert	☐	☐
herausfordernd	☐	☐	umsichtig	☐	☐
hibbelig	☐	☐	unbequem	☐	☐
höflich	☐	☐	unkonzentriert	☐	☐
impulsiv	☐	☐	verspielt	☐	☐
intelligent	☐	☐	wichtigtuerisch	☐	☐
jähzornig	☐	☐	willkürlich	☐	☐
jammerig	☐	☐	zärtlich	☐	☐
klug	☐	☐	zaudernd	☐	☐
kreativ	☐	☐	zickig	☐	☐
lahm	☐	☐	zuvorkommend	☐	☐
langweilig	☐	☐			

Die Unterschiede, die Sie herausgearbeitet haben, charakterisieren Ihre Vorstellungen von „weiblich" und „männlich". Sie besagen nicht, wie Mädchen und Jungen *sind*.

Die amerikanischen Psychologinnen Eleanor Maccoby und Carol Jacklin werteten etwa 1.600 Studien zu Geschlechtereigenschaften aus (MACCOBY/JACKLIN 1974): In zahlreichen Untersuchungen wurden deutliche Geschlechterunterschiede festgestellt, andere Studien wiesen aber genau die gleichen Eigenschaften dem jeweils anderen Geschlecht zu. Die Forscherinnen bilanzieren deshalb: Die Unterschiede (zwischen den Geschlechtern), sind, falls vorhanden, im Verhältnis zu den Schwankungen unter den Angehörigen desselben Geschlechts so gering, dass es fast unmöglich ist, sie durchgängig oder statistisch nachzuweisen. Die Geschlechterunterschiede sind statistisch nicht signifikant.

Statistische Signifikanz

Statistisch ermittelte Unterschiede können rein zufällig sein, z. B. durch die zufällige Wahl einer Stichprobe. Man nennt einen Unterschied dann signifikant (bedeutsam, aussagekräftig), wenn er mit einer bestimmten Wahrscheinlichkeit und nicht durch Zufall zustande gekommen sind. Signifikant ist eine Wahrscheinlichkeit, wenn ihre Zufälligkeit bei fünf Prozent oder darunter liegt.

Aussagen die anhand einer Stichprobe formuliert werden, sind immer mit einer gewissen Unsicherheit behaftet. Schlüsse sind nur möglich, wenn die Stichprobe repräsentativ ist, d. h., wenn sie in all ihren Merkmalen so zusammengesetzt ist wie die Gesamtheit. Vor dem Hintergrund dieser Feststellung müssen die Fragen zum Geschlechterverhältnis neu gestellt werden. Die ersten Forschungen zum Geschlechterverhältnis in der Schule fragten danach, wie Mädchen und Jungen sich unterscheiden. Heute geht es nicht mehr darum, herauszufinden, wie Frauen oder Männer als solche sind, sondern wir untersuchen, was wir sagen, tun oder ausdrücken, um Frauen oder Männer zu sein. Wurde in den feministischen Diskursen der 1980er-Jahre Geschlecht als sexuelle Differenz angesprochen und analysiert, so wird heute die Tatsache, dass dies geschieht, schon als eine Bestätigung des Status quo eingestuft. Ein konsequentes Hinterfragen ist nicht mehr möglich, wenn die Unterschiedlichkeit der Geschlechter als Ausgangsthese vorausgesetzt wird. Die Repräsentation von Geschlecht *ist* seine Konstruktion, darauf macht Helga Bilden aufmerksam:

> Unsere Kultur repräsentiert Frauen vorrangig als „die FRAU", d. h. [als] eine Ideologie, eine Imagination. Sie hat die Funktion, konkrete Individuen zu konstituieren. Die FRAU ist nicht gleichbedeutend mit wirklichen Frauen als realen Wesen, aber die kulturelle Repräsentation und mit ihr die feministische schwankt zwischen beiden hin und her: Frauen werden weiterhin zu der FRAU gemacht, d. h., sie bleiben in der Imagination gefangen. Schwarze Frauen ha-

ben [...] darauf aufmerksam gemacht, dass es eine Komplizenschaft des Feminismus mit der Geschlechterideologie und mit Rassismus etc. gibt, die bearbeitet werden kann. (BILDEN 2000, S. 8)

Diese Gedanken schlagen sich zum Beispiel im Konzept des *Gender Mainstreaming* nieder. Statt zu prüfen, ob nur ein Geschlecht benachteiligt ist, werden die Strukturen und Bedingungen analysiert, die eine demokratische Teilhabe für alle möglich machen. Gesucht wird nach Diskriminierungen, wo immer sie sich zeigen. Lösungen müssen für alle akzeptabel sein.

Gesetzliche Veränderungen

Wie eine Gesellschaft über ihre Mitglieder denkt, das drückt sich auch in ihren Gesetzen aus. Im Verlaufe der letzten 120 Jahre wurden die gesetzlichen Regelungen zunehmend demokratisiert. Liberalisierungen und Akzentverschiebungen haben der gleichberechtigten gesellschaftlichen Teilhabe von Frauen und Männern den Weg geebnet.

Jedes Gesetz, das in Sachen gleicher Rechte in Kraft gesetzt wurde, markiert einen wichtigen Meilenstein. Gleichberechtigung heißt über die Gleichstellung von Frauen und Männern hinaus auch Partizipationsmöglichkeiten von Menschen aller sozialen Schichten:

- **1908** wurden Frauen auch in Preußen (als letztem deutschen Staat) zum **Studium** zugelassen.
- **1919** durften sie zum ersten Mal **wählen**.
- Zu **Beginn der Weimarer Republik** gelang eine beispielhafte **Schulreform**: Die gemeinsame vierjährige Grundschule für alle Kinder wurde eingeführt (vgl. HERRLITZ/HOPF/TITZE, S. 126). Zuvor hatten Privilegien vor allem für die Söhne von Adel und hohen Militärs gegolten, jetzt hieß der Slogan, mit dem der Zugang zu höherer Bildung für breitere Schichten gefeiert wurde: „Nicht nach dem Stand, sondern nach dem Verstand".
- Gleichzeitig wurde ein Gesetz aufgehoben, das unter dem Titel „**Zölibatserlass**" bekannt war. Bis zu diesem Zeitpunkt durfte eine Lehrerin nicht verheiratet sein und musste bei etwaiger Eheschließung die Schule verlassen. Dieses Gesetz wirkte in abgeschwächter Form als „**Doppelverdiener-Erlass**" bis in die 1950er-Jahre des 20. Jahrhunderts hinein. Es verlangte, dass von zwei miteinander verheirateten Menschen nur einer im öffentlichen Dienst tätig sein durfte. Mit der Abschaffung dieser Regelung wurden auch andere aufgehoben.
- Am 1.4.**1953** trat das **Gesetz über die Gleichberechtigung von Mann und Frau** in der neugegründeten Bundesrepublik Deutschland in Kraft. Bis dahin durften Frauen ohne Zustimmung ihres Ehemannes kein Konto eröff-

nen, keinen Kredit beantragen und keine Kaufverträge abschließen. Noch galten aber viele einschränkende Gesetze.

- Erst mit der **Neuregelung des Familien- und Scheidungsrechts** im Jahre **1977** (Eherechtsreformgesetz, in Kraft getreten am 1.7.1977), war der Artikel 3.2 des Grundgesetzes annähernd umgesetzt: „Männer und Frauen sind gleichberechtigt." Fortan wurde nicht mehr „schuldig" geschieden, sondern mit der Begründung, dass eine Ehe zerrüttet war. Auch mussten Arbeitgeber, wenn sie verheiratete Frauen beschäftigen wollten, nicht mehr das Plazet des Ehemanns einholen.

Weitere Meilensteine, die das gleichberechtigte Zusammenleben von Frauen und Männern fördern, sind die **Neuregelungen des Namensrechts bei Eheschließungen**, die Aufhebung von Beschäftigungsverboten von Frauen in bestimmten Berufsfeldern (oder bei der Bundeswehr), Gesetze zur Frauenförderung oder zur Gleichstellung, die Einrichtung von Frauen- und später Gleichstellungsbeauftragten sowie die **1994** neu im Grundgesetz verankerte Klausel, dass Gleichberechtigung nicht nur abstraktes Ziel ist, sondern der Staat Maßnahmen durchführen muss, die die Gleichstellung fördern: „Der Staat fördert die tatsächliche Durchsetzung der Gleichberechtigung von Frauen und Männern und wirkt auf die Beseitigung bestehender Nachteile hin."

Kurze Chronologie der Koedukationsdebatte

Auf die geschichtliche Entwicklung und die historischen Hintergründe, die zur Umsetzung der Koedukation geführt hatten, ist bereits ausführlich eingegangen worden. Im Folgenden konzentrieren wir uns auf die aktuelle Koedukationsdebatte, die etwa in den 1970er-Jahren aufkam. Der Umgang mit der Koedukation und die Einstellung hierzu veränderten sich im Laufe der Jahre merklich.

Die Einführung der gemeinsamen Erziehung von Jungen und Mädchen in Zeiten von Bildungsexpansion und Aufbruch Ende der 1960er-/Anfang der 1970er-Jahre lässt sich als Phase der **Koedukationseuphorie** bezeichnen. Die gemeinsame Erziehung wurde als Errungenschaft gefeiert. Einmal durchgesetzt, galt sie als längst überfälliges sichtbares Zeichen einer auf Gleichberechtigung ausgerichteten Gesellschaft.

Die als Überwindung der Geschlechtertrennung gefeierte Reform geriet schon Ende der 1970er und Anfang der 1980er Jahre in die Kritik. Diese richtete sich vornehmlich auf sexistische Schulbücher, patriarchale Strukturen in Kollegien, schlechtere Chancen von Abiturientinnen in Studium und Beruf sowie die eingeschränkte Berufswahl von Haupt- und Realschülerinnen und -schülern. Die benachteiligenden Aspekte wurden in dem Begriff „**heimlicher Lehrplan der Geschlechtererziehung**" zusammengefasst. In dieser Phase der **Koedukationskritik** wurden Überlegungen über eine Rückkehr zu geschlechtergetrennten Schulen laut und die Wiedereinrichtung von Mädchenschulen (allerdings unter feministischen Vorzeichen) erwogen.

Parallel hierzu entwickelten engagierte Lehrerinnen (vereinzelt auch Lehrer) **Konzepte zur Mädchenförderung** und Unterrichtsformen, die dem Gleichheitsgedanken zur Durchsetzung verhelfen wollten. Insbesondere an Gesamtschulen entstanden vielfältige Angebote für Mädchen-AGs, Zeitungsprojekte wurden ins Leben gerufen, Mädchenräume und -cafés eingerichtet, Selbstbehauptungskurse und Mädchen-Computer-Angebote realisiert. Viele Initiativen zur Förderung der Technikkompetenz von Mädchen entstanden (vgl. dazu S. 118 ff.).

Standen zunächst Mädchen im Zentrum der Aufmerksamkeit, so waren es vornehmlich zwei Publikationen, die die besonderen Probleme der Jungen in den Blick rückten: Die Expertise zur „Jungensozialisation" von ENDERS-DRAGÄSSER/FUCHS (1989) sowie der Band „Kleine Helden in Not" (1990) von SCHNACK/NEUTZLING. Besonders Letzteren ist es zu verdanken, dass seit Ende der 1980er-/Anfang der 1990er-Jahre Jungen in differenzierter Weise wahrgenommen werden. Ihr Verdienst ist es, dass ihre frühkindliche wie schulische Sozialisation mit typischen Prägungen und Einschränkungen sichtbar wurde. Seither gelten Jungen nicht mehr automatisch als Machos, Gegenspieler der Mädchen oder als Lieblinge der Lehrpersonen. Die potenzielle Brüchigkeit der Lebensentwürfe und der Erwartungsdruck, dem Jungen ausgesetzt sind, wurden erkannt und als mögliche Ursache von Unterrichtsstörungen ausgemacht. Zunächst waren es sozialpädagogische Einrichtungen, die **Konzepte zur Jungenförderung** entwickelten und erprobten (GLÜCKS u.a. 1996). In Schulen setzte sich Schritt für Schritt die Erkenntnis durch, dass es – salopp formuliert – nicht ausreicht, Mädchen gezielt zu fördern und Jungen derweil mit Fußball oder Videokonsum abzuspeisen.

Die Denkschrift der Bildungskommission NRW „Zukunft der Bildung – Schule der Zukunft" nahm 1995 den programmatischen Begriff der „**Reflexiven Koedukation**" von Faulstich-Wieland (1991) auf und verhalf ihm damit zum Durchbruch. Er zielt auf eine wichtige Erkenntnis und zentrale Kritik an der schulischen Praxis: Bislang ist Koedukation meist rein organisatorisch umgesetzt worden, ein pädagogisches, didaktisches oder methodisches Konzept war damit nicht oder zu selten verbunden. Ohne diese Rückbezüglichkeit stellen sich bei formaler Gleichheit Ungleichheiten ein, die häufig zur Verstetigung der Geschlechterhierarchie führen. Um die gemeinsame Erziehung fruchtbar werden zu lassen, muss man reflektieren, was man tut, und für das Ziel eines gelingenden Miteinanders der Geschlechter nötigenfalls geeignete Maßnahmen ergreifen.

Erste Bilanzierung

Bisher haben wir die gesellschaftlichen Entwicklungen seit dem 19. Jahrhundert nachgezeichnet und dabei Bildungsgeschichte und -konzepte sowie den gesetzgeberischen Rahmen ausgeleuchtet. Wir haben Defizitansatz, Differenztheorie und *Doing Gender* als Konzepte der Geschlechtsrollenkonstruktion herausgearbeitet. Allmählich hat sich die Erkenntnis durchgesetzt, dass die dem Geschlecht zugemessene Bedeutung differenziert zu betrachten ist. Einerseits ist das Geschlecht nur ein Merkmal neben anderen wie Alter, regionale und ethnische Herkunft, andererseits ist es „omnipräsent".

Folgende Thesen geben den Stand der Geschlechterforschung wieder:

Es gibt keinen weiblichen oder männlichen Sozialcharakter.

Das heißt nicht, dass (alle) Mädchen und Jungen gleich sind:
- Unterschiede sind individuell.
- Biologische und soziale Faktoren sind relevant.

Zum „gesunden" Aufwachsen gehört das Ausbilden einer Geschlechtsidentität. Dabei werden drei Kategorien unterschieden:

1. **stabile Selbstkategorisierung** des eigenen Geschlechts, das in der Regel bei der Geburt zugewiesen ist (im Sinne von *sex)*;
2. **Geschlechtsrollenidentität** (im Sinne von *gender*) Helga Bilden spricht hier von einer Identifizierung mit historisch-kulturellen Bildern von Weiblichkeit und Männlichkeit;
3. **sexuelle Präferenzen** (sexuelle Objektwahl; vgl. BILDEN 2001).

Diese drei Kategorien verschmelzen während der individuellen Entwicklung. Familiäre Dispositionen und Strukturen prägen Einstellungen und Verhaltensmuster, die sich auch z. B. im Umgang mit Konflikten und anderen Situationen zeigen. Ebenso prägend sind die Erwartungen der Umwelt und die gesellschaftlichen Konnotationsprozesse.

Die Einteilung in Mädchen und Jungen dient der Reduzierung von Komplexität.

Menschliches Leben vollzieht sich in hochkomplexen Umwelten, die wir nur sehr selektiv, also gefiltert, wahrnehmen. Hier muss in gewisser Weise pragmatisch vorgegangen werden. Die Einteilung in genau zwei Geschlechter hilft, wenn auch nur scheinbar, die Vielfalt an Informationen, die auf uns einstürmen, übersichtlich zu halten. Außerdem sind die Vorstellungen über das „Wesen" der Geschlechter gewachsen und tradiert und verändern sich nur langsam. Sucht man forschend nach Geschlechterunterschieden, so ist der Blick bereits „unterkomplex" (vgl. dazu KELLE 2004).

Geschlechterverhalten ist kontextabhängig.

Als Menschen verfügen wir über eine große Bandbreite an Verhaltensmöglichkeiten. Gleichzeitig haben wir ein Bedürfnis, als Frauen oder Männer erkannt und anerkannt zu werden. Deshalb wählen wir aus den uns zur Verfügung stehenden Verhaltensweisen in Kommunikationssituationen diejenigen aus, die unser Geschlecht zeigen. Besonders wenn wir mit Menschen des anderen Geschlechts kommunizieren, versichern wir uns gegenseitig über Körpersprache und andere Botschaften, dass wir das andere Geschlecht erkannt haben. Nicht das Geschlecht bedingt also, wie wir uns verhalten, sondern der Kontext.

Das Geschlecht ist (nur) eine von mehreren Strukturkategorien.

Alter, soziale Schicht, Ethnie, regionale Herkunft etc. sind ebenfalls bedeutsam. Wem es wie beim Lernen oder in der Schule ergeht, hängt nicht nur von der Geschlechterzugehörigkeit ab. Die soziale und die ethnische Herkunft sind mindestens ebenso bedeutsam. In Deutschland, das haben die internationalen Bildungsstudien gezeigt, werden Bildungschancen entsprechend diesen Kategorien verteilt. Manchmal heben andere Strukturkategorien die Effekte des Geschlechts auf, ebenso kann es dazu kommen, dass sich die Effekte gegenseitig verstärken. Für schulische Lehrprozesse bedeutet dies, dass sich Lehrerinnen und Lehrer in besonderem Maße möglicher Vorurteile bewusst werden und ihr Verhalten und ihre Einstellungen immer wieder auf eingefahrene Muster überprüfen müssen.

Ziel der familiären wie der schulischen Erziehung ist die Mündigkeit.

Mündigkeit meint das selbstständige Leben und die Fähigkeit, den eigenen Platz in der Gesellschaft zu finden und auszufüllen. Dabei sollen das Geschlecht und auch die anderen Strukturkategorien weder bestimmte Optionen ausschließen noch vorgeben. Selbstbewusstsein zu entwickeln, die eigenen Potenziale zu entdecken und auszubauen, sich zu erproben und enge (Geschlechter- oder Schichten-) Grenzen zu überwinden, sind also gemeinsame Ziele einer leistungsfördernden und geschlechtergerechten Schule.

Diese wissenschaftlichen Grundannahmen scheinen den Alltagserfahrungen zu widersprechen. Das hat etwas mit der Omnipräsenz der Geschlechterfrage in unserer Gesellschaft zu tun. Vor allem über die Medien werden unzählige Botschaften gesandt, die auf einer Matrix der Zweigeschlechtlichkeit aufbauen, die unsere Wahrnehmung steuert. Selbst- und Fremdbilder werden über diese Matrix gedeutet. Man versucht das eigene Handeln in die angebotenen Kategorien einzubinden. Das gelingt manchmal nur, indem mit den Geschlechtsattributen gespielt wird. Sie werden – wie Hüte – aufgesetzt und vorgezeigt. In den Kostümen des Geschlechts wird als Mädchen oder Junge agiert. Frauen wie Männer inszenieren Geschlechterbotschaften, Begegnungen werden choreografiert und nach bestimmten Regeln gespielt. Die sozialwissenschaftliche Forschung nennt das Markieren der Geschlechtszugehörigkeit „**Performanz**".

> Weiterlesen in: RUTH BECKER/BEATE KORTENDIEK (Hg.): Handbuch Frauen- und Geschlechterforschung. VS-Verlag, Wiesbaden 2004

Mit Heterogenität umgehen

Um den Fallen einseitiger Geschlechtsrollenzuschreibungen zu entgehen, präzisiert die Potsdamer Erziehungswissenschaftlerin Annedore Prengel (2005) den Vielfaltsbegriff. Sie unterscheidet drei Dimensionen, nämlich **Verschiedenheit**, **Veränderlichkeit** und **Unbestimmtheit:**
Prengel konkretisiert von diesen Dimensionen ausgehend jeweils einen Forschungs- und einen Handlungsaspekt. Diese neue Denkrichtung erscheint uns als komplex genug, um die Probleme der Schule anzugehen und neue Impulse zu geben**:**

Verschiedenheit (anders sein, plural, inkommensurabel)
- *Aufgabe der Forschung* ist es, die Vielfalt der Kinder zu untersuchen, zu beschreiben und damit erfahrbar zu machen (diachrone Ebene).
- *Aufgabe der Pädagogik* ist es, der vorhandenen Verschiedenheit gerecht zu werden.

Veränderlichkeit (das Prozesshafte, in Bewegung sein, dynamisch sich entwickelnd)
- *Aufgabe der Forschung*: Kinder bzw. Kindheit im Rahmen dynamischer Veränderungen erkunden (synchrone Ebene).
- *Aufgabe der Pädagogik*: Veränderlichkeit anerkennen, Lernstände entwicklungsbezogen analysieren und sich darüber klar sein, wie vorläufig die getroffenen Änderungen sind. Über Unterricht Kinder für Entwicklungsprozesse öffnen.

Unbestimmtheit (unbegreiflich, unvorhersehbar, unsagbar)
- *Aufgabe der Forschung*: Diese Deutung stellt heraus, dass Begriffe, Definitionen, Daten und Forschungsergebnisse Realität nicht abbilden können.

Schon während Forschende Menschen in einem Forschungsfeld auf- und untersuchen, verändern sie sich. Diese Begrenztheit wissenschaftlicher Aussagen gilt es zu reflektieren.

- *Aufgabe der Pädagogik*: Offenheit, Spontaneität, Eigenlogik, Kreativität der Kinder zulassen und fördern und etikettierenden Zuschreibungen vehement begegnen.

Prengel folgert, dass alle an Bildung beteiligten Personen auch in hierarchischen Beziehungen aufeinander bezogen sind. Heterogenität wertschätzen sollte also nicht mit einem naiven Postulieren des Verschiedenen, sondern mit einer Sensibilität für die Paradoxien von Bildung in der Moderne, die auch die Schule durchdringen, einhergehen.

Was immer wir sind, wir sind es nicht immer und nicht alle zugleich.

Weil es unmöglich ist, die kindliche Mannigfaltigkeit zu erfassen (nur einen Hauch davon nehmen wir wahr), müssen wir anerkennen, dass wir einer perspektivischen Begrenztheit unterliegen. Prengel fordert deshalb eine **„aufgeklärte Heterogenität"** und versteht darunter u. a. folgende Kompetenzen: „Es geht darum, Beziehungsmöglichkeiten zwischen den in ihrer Heterogenität wahrgenommenen Personen auszuloten." Auch hier unterscheidet sie die Forschungs- und die pädagogische Handlungsebene. Für die Forschung folgt: „Die Potentiale und die Grenzen des gewählten Forschungszugangs erwägen, aufmerksam sein für die historische und kulturelle Bedingtheit von Forschungskonzeptionen und dabei die Pluralität der Ansätze wertschätzen. Auf Klassifikationssysteme nicht verzichten, sie als Orientierungs- und Verständigungsmittel nutzen, aber auch: Um die Gefahren identifizierenden Denkens wissen und sie reflektieren." (PRENGEL 2005, S. 27)

Aufgeklärte Heterogenität führt zu differenzierten pädagogischen Handlungsperspektiven: Freiräume für Individualität, Vielfalt, Kreativität, Entwicklungsdynamik und für selbst gewählte Bindungen der Kinder werden verlässlich eröffnet; im Interesse von Chancengleichheit wird u. a. die Leistung in traditionellen kulturellen Bereichen gefördert.

ANNEDORE PRENGEL: Heterogenität in der Bildung – Rückblick und Ausblick. In: BRÄU/SCHWERDT (Hg.): Heterogenität als Chance. Münster 2005, S. 19–35

Wellenbewegungen im Prozess: Wann gelingen pädagogische Maßnahmen?

Gender Mainstreaming heißt, die Interessen und Lebenslagen beider Geschlechter von vornherein angemessen zu berücksichtigen. An den diesbezüglichen politischen Initiativen ist neu, dass man statt einer defizitorientierten Gleichstellungspolitik Frauen und Männer, Jungen und Mädchen in ihrer jeweiligen Verschiedenheit in den Blick nimmt. Bis dies gelingen kann, ist noch einiges an pädagogischer Alltagsarbeit zu leisten. Nehmen wir in den Blick, was in der Vergangenheit bereits versucht und erreicht wurde, um dann im weiteren Verlauf der Darstellung herauszuarbeiten, wie Gleichbehandlung gelingen kann und warum dennoch nicht alles umgesetzt wird, was als richtig erkannt wurde.

Mädchenförderung hat(te) Konjunktur

Die Koedukationsdebatte der 1980er-Jahre des 20. Jahrhunderts brachte Initiativen zur Mädchenförderung mit sich. Auch im politischen Bereich wurden Maßnahmen ergriffen, die sich unter dem Begriff „Frauenförderung" subsumieren lassen.

Das **Konzept Förderung** war stets umstritten: Es erinnere an *„Kohleförderung"*, intendiere eine unzulässige Mechanisierung. Die zweite Kritik ist subtiler und weit wirkungsvoller: „Wer gefördert wird, hat's nötig." Förderung sei eigentlich „Nachhilfe" oder Kompensation von geschlechtsbedingten Defiziten: Ohne Förderung gäbe es für den oder die Geförderten keine Chance, gleich gut zu sein (wie Männer …).

Trotz dieser Kritik war die Mädchenförderung in den 1980er- und 1990er-Jahren erfolgreich. Wie dies geschehen konnte und warum es nach unserer Meinung heute so nicht mehr funktioniert, das möchten wir erklären.

Als sich, motiviert durch Studien, die ungleiche Lernchancen der Geschlechter belegten (s. S. 87–98), die ersten Lehrerinnen der Mädchenförderung zuwandten, hatten sie eine Art „Marktlücke" entdeckt. Sie boten homosoziale Welten an, in denen es Raum für Entdeckungen und Lernfelder vielfältiger Art gab. Schreibwerkstätten und Zeitungsprojekte, Selbstverteidigung und Selbsterfahrung, Computerkurse und Werken – zusammen mit den Schülerinnen entdeckten auch die Lehrerinnen neue Perspektiven. Horizonte weiteten sich, Talente und Hobbys konnten in den Schulalltag eingebracht werden. Weil auch von Regierungsseite solche Aktivitäten gewollt waren, wurden sie hoch angesehen und alimentiert.

In recht rasantem Tempo führten nicht zuletzt diese besonderen Angebote zu einem erhöhten Schulerfolg der Mädchen. Wie lässt sich das erklären? Lassen sich solche Konzepte auf Jungen übertragen, um ähnliche Erfolge zu erzielen?

Schülerinnen und Lehrerinnen betreten Neuland

Mädchen profitierten von Emanzipationsprozessen ihrer Lehrerinnen. In Wissenschaft und Forschung begannen sich um 1980 allerorts Initiativen zu gründen, die neue Fragen nach den historischen Einflüssen und Positionierungen der Frauen aufwarfen.

Welchen Anteil hatten eigentlich Frauen an den naturwissenschaftlichen Entdeckungen? Naturwissenschaftlerinnen erforschten die weiblichen Spuren in der Geschichte ihrer Disziplinen. Und siehe da: Es gab sie, zwar nicht in großer Zahl, aber doch in nennenswerter. Insbesondere die Nobelpreisträgerinnen des 20. Jahrhunderts (Curie, Juliot, Göppert-Mayer, Cori, Nüßlein-Volhart etc.) waren plötzlich in aller Munde, es wurden Gebäude und Straßen nach ihnen benannt.

Historikerinnen entdeckten Göttinnen, matrilineare Strukturen und siegreiche Amazonen. Das Wissen um die Leistungen von Frauen in Politik und Philosophie, in Kunst, Musik und Literatur, Mathematik und Naturwissenschaften, Sport und Medien stärkte zunächst das Selbstbewusstsein der erwachsenen Frauen. Es ließ sie mutiger werden, beflügelte sie und gab ihrem privaten und beruflichen Alltag mehr Schwung. Sie bildeten Gruppen und erlebten Gemeinschaft, besuchten Fortbildungen und Kurse und erlebten eine stärkere Integration unterschiedlicher Interessen und Fähigkeiten in ihren beruflichen Alltag: erlebte Ganzheitlichkeit. Von diesem Innovationsschub profitierten die Mädchen und auch die Lehrerinnen, die nun zunehmend ein Interesse an ihrem eigenen beruflichen Fortkommen entwickelten.

Aufmerksamkeit beflügelt

Die Aufmerksamkeit, die viele Mädchen durch die Fördermaßnahmen erhielten, ließ sie persönlich wachsen. Die feministische Schulforschung hatte zuvor beobachtet, dass Lehrpersonen die Schülerinnen und Schüler eher als „gesichtslose Masse" (STANWORTH 1983) wahrnahmen und weniger als Individuen, dass sie verwechselt und nicht in ihrer Einzigartigkeit gesehen wurden, dass von ihnen vor allem Unauffälligkeit und Funktionieren in der Schülerrolle erwartet wurde. Die geschärfte Aufmerksamkeit tat insbesondere den Schülerinnen gut. Sie nahmen die Angebote auf und erwiesen sich den Lehrerinnen (und auch Lehrern) gegenüber, die sich ihnen deutlicher zuwandten, dankbar. Sie lernten dazu, und ihre gestiegenen Leistungen bestärkten die Lehrkräfte wiederum in ihren Ambitionen, Mädchen zu fördern: ein positiver Wirkungskreislauf.

Pädagogische Konzepte der Mädchenförderung

Mädchengruppen und -räume, die an vielen Schulen etabliert wurden, nutzten bewährte Konzepte außerschulischer sozialpädagogischer Angebote. Sie fanden in besonders gestalteten Räumen statt, die auf Wohlbefinden hin (engl. *cosy*) konzipiert und eingerichtet wurden. Kerzenschein, Musik und Gastlichkeit, also eine adressatenorientierte Bewirtung und Kommunikation, taten ihr Übriges, dass die Räume und Gelegenheiten genutzt wurden.

In der pädagogischen Literatur sind Projekte beschrieben wie das von Katrin Seybold (SEYBOLD 1990). Sie drehte einen Film mit einer Mädchengruppe, der die Gruppe porträtierte. Sein programmatischer Titel lautete „Wir sind stark und zärtlich". Die Filmemacherin verschweigt nicht, dass die Jungen sich gegen ihre Vernachlässigung wehrten: Sie randalierten im Jugendzentrum und machten so darauf aufmerksam, dass sie besondere Angebote mindestens ebenso nötig hatten. Ähnliches berichten auch Lehrerinnen einer Hamburger Gesamtschule. Bei den jährlichen Mädchenprojekttagen geschah es, dass die Jungen mit Aggressionen auf die vermeintliche Bevorzugung der Mädchen reagierten.

Der innovative Schwung ebbt ab

Keine Projektidee – und sei sie noch so überzeugend – lässt sich unendlich fortschreiben. Den Lehrerinnen ging zum Teil der Schwung des Neuen verloren, die „Mühen der Ebenen" standen an. Lust und Energie nahmen ab – und damit auch der Erfolg der Maßnahmen. Die Mädchen reagierten auf manchmal eher halbherzige Angebote mit deutlicher Zurückhaltung und stellten die Intentionen in Frage. Manche Schulen wagten den nächsten Schritt. Statt im außerunterrichtlichen Bereich wurden getrenntgeschlechtliche Angebote nun im Fachunterricht angeboten. Viele Mädchen, aber auch Jungen reagierten ausgesprochen positiv auf diese Veränderungen.

Gelten für Ansätze zur Jungenarbeit in der Schule gleiche Wirkzusammenhänge?

Jungenarbeit, von der das folgende Kapitel handelt, braucht Männer – so lautet einer der Grundsätze. Daran könnte es schon scheitern, denn so eine intensive und dynamische soziale Bewegung wie die Frauenbewegung der 1970er- und 1980er-Jahre ist die „Männerbewegung" nicht. Müsste sie es sein, um mit Schwung Jungenprojekte anzugehen? Die Männerbewegung hat andere Voraussetzungen: Frauen kämpften dagegen, unterschätzt und benachteiligt zu werden, sie wehrten sich gegen Misogynie und entdeckten dabei, wie wohltuend Frauenräume sein konnten.

Männer brauchen Männerfeindlichkeit nicht oder kaum zu fürchten. Zwar wird immer noch differenztheoretisch argumentiert und an dichotomen Vorstellungen von Geschlechtern „gearbeitet", ein Kampf gegen Unterdrückung ist aber nicht wirklich zu führen.

Wenn also Jungenarbeit in der Schule nicht durch eine soziale Bewegung angestoßen wird, so sollte sie zumindest aus pädagogischen Erwägungen heraus initiiert werden. Laut PISA-Studie (2002) zählen mehr Jungen als Mädchen zu den so genannten Risikogruppen (vgl. STANAT/KUNTER 2002, S. 28 f.). Anlässe für Jungenarbeit gibt es demnach mehr als genug. Dass sie zu selten aufgegriffen werden, hat weitere Gründe.

Belastungen im Lehrberuf

Gefordert sind im schulischen Umfeld natürlich auch die Lehrerinnen und Lehrer. Doch Lehrer zu sein ist heute eine hochkomplexe, körperlich wie psychisch anstrengende Profession. Die Tätigkeitsfelder haben sich seit 1990 ausgeweitet und verschoben. Elternhaus und Schule ziehen in Erziehungsfragen lange schon nicht mehr an einem Strang. Wo Fernsehgeräte in Kinderzimmern stehen, hat die Schule oft schon verloren. Es gibt aber auch Anzeichen für Reaktionen und Akzentverschiebungen, die sich auf längere Sicht durchaus positiv auswirken können: Leistungsbereitschaft soll wieder stärker gefördert werden, Schule und Lernen beanspruchen so mehr Aufmerksamkeit.

Doch auch diese Entwicklung hat „Nebenwirkungen": Zahlreiche Reformen wurden angestoßen, die sich in Lernstandserhebungen und Vergleichsarbeiten, zentralen Prüfungen oder Initiativen für mehr Ganztagsschulen im Schulalltag niederschlagen. Allerdings werden Lehrerinnen und Lehrern so (noch) mehr Aufgaben aufgebürdet. Ebenso erwächst Mehrarbeit aus einer Erhöhung des Stundenvolumens und der Klassenfrequenzen.

Soll nun – zusätzlich und freiwillig – Jungenarbeit geleistet werden, dann hat fast niemand mehr Kapazitäten frei oder „ein wenig Kraft drüber", um hier erfolgreich und dauerhaft einzusteigen.

Dynamik von unterrichtlicher Interaktion und Aufschnappen der „Generationenfalle"

Da, wo Männer und Frauen Projekte zur Jungen- und Mädchenförderung in Angriff genommen haben, zeigt sich, dass auch hier „der Teufel im Detail" steckt. Notwendige, wenn auch lange nicht hinreichende Bedingung ist, dass die außerunterrichtliche Jungen- und Mädchenarbeit innerhalb der Schule beachtet und gewünscht wird. Das Kollegium und insbesondere die Schulleitung müssen um die Aktivitäten wissen, die Ziele teilen und, wo es möglich ist, die Gruppe unterstützen.

Emanzipation gehört wie Demokratie oder Mündigkeit zu den Gütern, die man nicht verordnen kann. Aus Forschungsrunden mit „Jungenarbeitern" in Schulen wissen wir, dass die Lehrer erst einmal lernen müssen, den Jungen in einer Arbeitsgemeinschaft angemessen zu begegnen. Treten sie in der überkommenen Lehrerrolle, also mit Autorität, Allzuständigkeit und Wissensmonopol, auf und machen Angebote, zum Beispiel auf Traumreise zu gehen, so stellen sie fest, dass ihr Angebot nicht angenommen wird. Viele Lehrer müssen diese Ent-Täuschungen erst einmal mühsam verarbeiten. Nicht wenige geben rasch wieder auf. Es ist leicht zu sagen, „wir holen die Jungen da ab, wo sie stehen". Das setzt aber voraus, dass der Standort für alle der gleiche ist und dass die postulierten Ziele der Jungenarbeit von den Adressaten geteilt werden. Oft deuten Lehrer das Verhalten der Jungen einseitig. Werden auf der verbalen Ebene die Angebote abgelehnt, heißt das nicht zwangsläufig, dass die Jungen sie wirklich nicht wollen. Vielleicht sind sie erst dabei, herauszufinden, ob der Lehrer es wohl ernst meint und ob er einen langen Atem hat. Oder sie erkunden, was als Gruppenmeinung gelten kann (vgl. Kreienbaum/Oechsle 2004).

Wenn die Lehrer (oder Lehrerinnen) scheinbar wissen, was den Jungen (oder den Mädchen) gut tut, und sie dabei von eigenen Erfahrungen zehren, lauert zudem die **Generationenfalle** (s. auch S. 137). Die Heranwachsenden spüren, dass sie nicht wirklich gemeint sind, sondern die Lehrenden Bilder von ihnen haben, in denen sie sich nicht wiedererkennen. Dann blocken sie zumeist die Versuche ab – und die wohlgemeinte Jungen- oder Mädchenarbeit scheitert. Im sich anschließenden Kapitel über Jungen werden diese Gedanken weitergeführt.

Geeignete Konzepte

Lehrerinnen und Lehrer müssen lernen, die Individualität und Vielfalt der Kinder und Heranwachsenden zu erkennen. Pädagogische Konzepte helfen, dieser Vielfältigkeit gerecht zu werden, Entwicklungen und Veränderungen anzustoßen und zu begleiten. Dazu müssen sie einerseits Impulse aus den Gruppen aufnehmen und andererseits spannende und herausfordernde Angebote machen. Mit Engagement und Gelassenheit, mit Aufmerksamkeit und Empathie, mit Unterstützung und über feste Regeln – Annedore Prengel (1999) nennt sie „Gute Ordnungen" – stellen Lehrkräfte gute Bedingungen für die individuelle Entwicklung von Mädchen und Jungen bereit. Darauf aufbauend kann man hoffen, dass diese Angebote auch angenommen und genutzt werden.

Und die Jungen?

Männer haben's schwer, nehmen's leicht,
außen hart und innen ganz weich,
werden als Kind schon auf Mann geeicht.
Wann ist ein Mann ein Mann?
Herbert Grönemeyer, „Männer"

Mannsein ist [...] eine ambivalente
Angelegenheit geworden, die ein hohes
Maß an Balance zwischen diskrepanten
Erwartungen erfordert.
Michael Meuser, 2004

Dass Jungen und Mädchen seit Einführung der Koedukation zumindest prinzipiell gleiche Bildungschancen haben, ist etwa seit den 1970er-Jahren unumstritten. Während zunächst die Benachteiligung der Mädchen im Bildungssystem Gegenstand breit angelegter pädagogischer Bemühungen war, wurden Jungen und ihre Bedürfnisse in der Vergangenheit meist nur am Rande thematisiert. Matthias Buschmann stellte im Jahr 1994 fest: „Jungen [haben] keine Forschungslobby" (BUSCHMANN 1994, S. 103). Er beobachtet, dass vielerorts – fälschlicherweise – angenommen wird, dass Benachteiligung von Mädchen automatisch mit einer Privilegierung von Jungen einhergeht. Vielmehr gelte aber: „Die *Polarisierung von Geschlechterrollen* als unerwünschter Effekt der Koedukation ist eben nicht gleichbedeutend mit einer Diskriminierung von Mädchen, sondern sie belastet auch Jungen." (BUSCHMANN 1994, S. 103; Hervorhebung im Original.) Bis solche Erkenntnisse Raum greifen konnten und die Forschung Jungen vermehrt in den Blick nahm, gingen noch einige Jahre ins Land.

„Kleine Helden in Not"

Wo immer man über Jungen und Koedukation liest oder genereller über Jungen und ihr Verhältnis zu Mädchen, über Besonderheiten während ihres Aufwachsens oder Schwierigkeiten, denen sie während des Erwachsenwerdens in einer veränderten Gesellschaft begegnen, wird ein Buch zitiert: „Kleine Helden in Not" von Dieter Schnack und Rainer Neutzling, das im Jahr 1990 erstmals erschien. Mit Fug und Recht kann diese populärwissenschaftlich verfasste Publikation als Meilenstein oder vielleicht treffender als **Schleusenöffner** bezeichnet werden. Schnack und Neutzlich öffneten das bislang von der Frauenbewegung strukturierte Erfahrungs- und Forschungsfeld für neue Dimensionen und Perspektiven. Zum ersten Mal wurde die Forderung nach einem neuen, positiven Konzept der Jungenerziehung und der Jungensozialisation laut. In der Folge, so schien es, war der Bann gebrochen. Die Themen „Jungen und Schule" oder „Jungen und wie sie die Welt erleben" wurden in die Koedukationsdebatte eingeführt. Wurden bislang vielfältige Förderprogramme für Mädchen angeboten, so gelangten nun Jungen und deren Situation mehr und mehr in den Mittelpunkt des (wissenschaftlichen) Interesses. „Kleine Helden in Not", das Erkenntnisse aus Pädagogik, Psychologie und Medizin zusammenträgt, hatte den Status eines Wegbereiters, auch wenn es empirische Belege nur selten anführte bzw. anführen konnte.

Schnack und Neutzling widmen in ihrem Buch unter der Überschrift „Die eine Hälfte des Himmels" ein Kapitel dem Thema „Jungen in der Schule". Darin weisen sie darauf hin, dass in der Schulforschung der „Männerstandpunkt" weitgehend ausgeklammert bleibt. Sie konstatieren, dass es nicht damit getan ist, mehr Forschungskapazitäten zu schaffen, sondern dass vielmehr andere Schulforscher gebraucht würden. Zudem halten sie fest: „In der Schule braucht es Lehrerinnen, die sich [...] für die Belange der Mädchen einsetzen, aber es braucht auch Lehrer, die sich [...] engagiert um die besonderen Bedürfnisse und Probleme der Jungen kümmern." (SCHNACK/NEUTZLING 1990, S. 128) Schnack und Neutzling nehmen zur Kenntnis, dass es vorwiegend Jungen sind, die den Unterricht stören, dass sie mehr Aufmerksamkeit bekommen als Mädchen, dass sie sich immer wieder auch herablassend Mädchen gegenüber verhalten, dass sie vom sozial kompetenten Verhalten der Mädchen im Unterricht profitieren (ebd., S. 128 ff.). Diese Befunde nehmen die Autoren zum Anlass für die Forderung, das Augenmerk auf Jungen zu richten, obwohl Jungen immer wieder als „Nutznießer und Unterdrücker" (ebd., S. 131) bezeichnet werden. Sie fragen: „Ist es wirklich so ein Zuckerschlecken, ständig Aufmerksamkeit einfordern zu müssen?" (ebd., S. 137), und weisen darauf hin, dass es Selbstzweifel sein müssen, die ein Kind, einen Jungen, dazu bringen, auf sich aufmerksam zu machen „und sei es durch einen ausgekippten Schul-Tornister oder eine rüde Zänkerei" (ebd.). Überdies gebe es tatsächlich auch eine Reihe von stillen Jungen, die übersehen würden – freilich deswegen, weil „die Schule alle Hände voll damit zu tun hat, ihre Störenfriede zu besänftigen." (ebd.) Nach Einschätzung der Jungen-Forscher lässt die Schule Jungen mit ihren Selbstentwürfen allein „und wartet stumpf ab, bis wieder ein neuer Schwung Männer fertig gebacken ist: außen hart und innen pappig" (ebd., S. 138).

Die Autoren problematisieren außerdem das Missverhältnis zwischen von Jungen erzielten Noten und Ergebnissen und der Aufmerksamkeit, die man Jungen widmet. Logischer wäre für ihre Begriffe: „Bei all der Zuwendung und Förderung [...] müßten sie [die Jungen, d.Verf.] deutlich besser abschneiden als die Mädchen. [...] Doch seltsam: Das Gegenteil ist der Fall. (ebd., S. 142) Abschließend fordern sie: „Die Schule müßte [...] den Jungen beibringen, mit angstvollen Situationen, Schwächen und unangenehmen Gefühlen umzugehen [...], damit sie lernen, daß Angst zum Leben dazugehört." (Ebd., S. 147)

Ansätze der Jungenarbeit und ihre (personellen) Schwierigkeiten

Die 199er-Jahre waren fruchtbarer für die Jungenforschung, wobei es vornehmlich Projekte aus der Praxis waren, die in der einschlägigen Literatur vorgestellt und behandelt wurden. Bis zu diesem Zeitpunkt war die Beachtung von jungenpädagogischen Fragen erheblich gestiegen; unter anderem griffen „Frauen-und-Schule"-Kongresse nun vermehrt auch dieses Thema auf. Einen weiteren und mittlerweile viel zitierten Meilenstein stellte Astrid Kaisers Aufsatzsammlung „Koedukation und Jungen" aus dem Jahr 1997 dar, der die gesamte Problemlage darstellt und unterschiedliche Ansätze aufzeigt.

Vor allem Lehrer und Lehrerinnen in Fortbildungen äußerten ein großes Bedürfnis an Aufklärung, Weiterbildung und ganz generell mehr Wissen zu diesem Themenkomplex. In der Folge wurden auch in praktischen Handreichungen für Lehrerinnen und Lehrer Passagen integriert, die sich mit Jungenarbeit befassten – zum Beispiel das Kapitel „ ‚Reine Männersache' – Jungenarbeit" in den Handreichungen zur Koedukation, die vom Landesinstitut für Schule und Weiterbildung NRW herausgegebenen wurden.

Hierbei fällt auf, dass Ratschläge und Hinweise (noch) sehr an Grundlagen orientiert sind und dass es sich zumeist noch um unsichere Schritte auf einem wenig bestellten Feld im Bereich der Sozialarbeit handelt. Aussagen, die im Zusammenhang mit Mädchenarbeit längst als Tatsachen akzeptiert sind, sind mit Blick auf Jungen anscheinend noch notwendig zu betonen. „Es ist zu beachten, dass Jungen sehr unterschiedlich sind." (Landesinstitut für Schule und Weiterbildung NRW 2002, S. 166) und: „Die Arbeit in der geschlechtshomogenen Gruppe setzt eigentlich voraus, dass ein Mann diese Arbeit anleitet. Allerdings sollte dies ein Mann sein, der bereit ist, traditionelle Männlichkeit in Frage zu stellen. Bis sich ausreichend Männer dieser Aufgabe stellen, kann sie in begrenztem Maße auch von Frauen übernommen werden." (Landesinstitut für Schule und Weiterbildung NRW 2002, S. 167) Es fehlt auch nirgendwo der Verweis darauf, dass Jungenarbeit „noch nicht sehr verbreitet ist" und „besonderes Einfühlungsvermögen" braucht (Landesinstitut für Schule und Weiterbildung NRW 2002, S. 167), immer wieder – verstärkt in der Mitte des Jahres 2005, als sich das Thema Jungen, Jungen in der Schule und Jungenarbeit zu einem wahren Trendthema mauserte – wird die Forderung laut: „Mehr Jungenprojekte braucht das Land!" (BÜTTNER 2005, S. 10) Es bestehe „nach wie vor ein hoher Informations- und fachlicher Qualifizierungsbedarf", so Christoph Blomberg (BLOMBERG 2005, S. 5). Immer wieder findet sich der Hinweis, dass Jungenarbeit allen Erkenntnissen der Sozialisationsforschung zufolge von Männern selbst durchgeführt werden sollte. Es stelle sich jedoch die Frage, „wo es diese engagierten Männer gibt, die schon damit begonnen haben, sich mit der eigenen Biografie zu beschäftigen und sich die Arbeit mit Jungen zuzutrauen" (BOLDT 2005, S. 9).

Beobachter und Praktiker sind sich relativ einig, dass es für Jungen – und für deren gelingende und sie selbst zufrieden stellende Sozialisation und Erziehung – mehr männliche Bezugspersonen und Ansprechpartner geben muss. Diese Annahme wird zwar vielfach behauptet und scheinbar unter Jungenarbeitern geteilt – eine wissenschaftliche Begründung allerdings fehlt. In der Realität mangelt es an engagierten Männern *und* Frauen, die bereit sind, Jungen gezielt zu begleiten, zu fördern und zu unterstützen.

 Die Literatur zum Thema besteht zu einem hohen Prozentsatz aus Ratgebern und praktischen Anleitungen. In jüngerer Zeit erschienen zahlreiche Publikationen, zum Beispiel:

- BOLDT, ULI: Ich bin froh, dass ich ein Junge bin. Materialien zur Jungenarbeit in der Schule. Schneider, Hohengehren 2005
- SIELERT, UWE: Jungenarbeit – Praxishandbuch für die Jugendarbeit. Juventa, Weinheim 2002
- STURZENHECKER, BENEDIKT / WINTER, REINHARD: Praxis der Jungenarbeit. Juventa, Weinheim 2002

Praxisarbeit jenseits von Kicker- und Billard-AGs

Exemplarisch und mit dem Ziel, ein möglichst breites Spektrum abzubilden und dabei verschiedenartige Ansätze zu benennen, stellen wir im Folgenden einige Versuche, Untersuchungen, Experimente und Vorschläge aus der Jungenarbeit vor.

Es fällt auf, dass im Bereich der Jungenarbeit die meisten Ansätze, Beobachtungen und Projekte an der Praxis orientiert und dort verankert sind. Das mag daran liegen, dass zum einen die Zahl der sozialwissenschaftlich orientierten Jungenforscher noch recht begrenzt ist. Zudem hat für diejenigen, die in der Jungenarbeit aktiv sind, die pädagogische Arbeit Vorrang. Diese wird allenfalls in Sammelbänden dokumentiert, da für eine theoretische Fundierung und Reflexion kaum Zeit bleibt. Von derartigen Erfahrungen berichten u. a. Reinhard Winter und Horst Willems, die unter dem Titel „Was fehlt, sind Männer! Ansätze praktischer Jungen- und Männerarbeit" einen Sammelband veröffentlicht haben. Noch mehr Aufsätze hätten in dem Buch zusammengetragen werden können – ohnehin waren die Autoren überrascht ob der Fülle der verschiedenen Ideen –, allerdings sei das für die mit Jungen- und Männerarbeit Befassten zeitlich nicht machbar gewesen (WINTER/WILLEMS 1991, S. 1) – zu dringlich ist offenbar die Aufgabe, sich um Jungen zu kümmern.

Blick in die amtliche Statistik: Schulabschlüsse

Die Soziologin Heike Diefenbach (Leipzig) und ihr Mitarbeiter Michael Klein untersuchten amtliche Statistiken zu Schulabschlüssen von Mädchen und Jungen (DIEFENBACH/KLEIN 2002). Grundlage ist ihre Feststellung, dass soziale Ungleichheiten in der öffentlichen Meinung fast immer gleichgesetzt werden mit einer Benachteiligung von Mädchen. Diese Ungleichheiten könnten nur ausgemerzt werden, wenn sich die Bildungserfolge der Mädchen verbessern, so die allgemein verbreitete Sicht der Dinge, die Diefenbach und Klein als „habituell" bezeichnen. „Der Vorstellung, Jungen oder Männer könnten in bestimmten gesellschaftlichen Bereichen Deutschlands benachteiligt sein, scheint etwas Revolutionäres anzuhaften." (Diefenbach/Klein 2002, S. 939)

Diese einseitige Sichtweise stellen die Forschenden in Frage. Sie schauen darauf, welche Nachteile Jungen im Bereich der Sekundarschulbildung begegnen, und werten dazu Schulstatistiken aus. (Grundlage sind Daten der Schuljahre 1994/95 bis 1999/2000 in ganz Deutschland.)

- Mädchen erlangen in allen Bundesländern häufiger als Jungen die Hochschulreife,
- Jungen erlangen in allen Bundesländern häufiger als Mädchen nur einen Hauptschulabschluss oder bleiben ohne Schulabschluss (ebd., S. 943).

Darüber hinaus sind einige auffällige Unterschiede in der Ausprägung dieser Tendenzen zu bemerken, wenn man die Bundesländer einzeln betrachtet. Daher suchen die Autoren nach **strukturellen Unterschieden**, die eine Erklärung für die Gewichtungen liefern könnten, und greifen zwei heraus, die sie mit Hilfe ihres Datenmaterials belegen:

1. Es besteht ein Zusammenhang zwischen der Tatsache, ob eine Grundschulklasse von einem Lehrer oder einer Lehrerin geleitet wird (angeführt werden Leistungsmotivation, Leistungsfähigkeit und Empfehlung für eine weiterführende Schule als mögliche Einflussfaktoren durch das Geschlecht des Lehrenden), und dem Schulabschluss der Jungen. Heraus kam – stark verkürzt formuliert –, dass **dort, wo mehr Lehrer an den Grundschulen unterrichten, tendenziell mehr Jungen bessere Abschlüsse erzielen.**

2. Die Autoren weisen zudem einen Zusammenhang zwischen der **Arbeitslosenquote** eines Bundeslandes und dem **Schulabschluss** der Jungen nach. Sie stellen die Hypothese auf, dass bei wirtschaftlich schlechter Lage Jungen eher als Mädchen die Schule frühzeitig und entsprechend mit einem geringer qualifizierenden Abschluss verlassen, um „durch Erlernen eines vermeintlich sicheren Ausbildungsberufs Fuß in einem vermeintlich krisensicheren Gewerbe zu fassen" (ebd., S. 950). Auch diese Relation können

die Forscher/-innen belegen. Wiederum verkürzt gesagt, stellte sich heraus: Dort, wo die Arbeitslosenquote höher ist, sind auch die Ausprägungen der Verteilung von Schulabschlüssen deutlicher (mehr Mädchen mit besseren Abschlüssen). Diese Relation erachten die Autoren insofern als wichtig, als der männliche Lebenslauf (noch immer) stärker von Schul-, Bildungs- und Berufserfolg abhängt als der weibliche (ebd., S. 955) und somit aus einem schlechteren Schulabschluss für Jungen gravierende und für ihren Stand in der Gesellschaft prägende Nachteile entstehen.

In dieser Studie werden nur zwei mögliche Erklärungen für die Verteilung von Schulabschlüssen zwischen den Geschlechtern herausgegriffen, und damit ist kein Anspruch verbunden, die Phänomene vollständig aufzuklären und analysieren zu wollen. Mit der Perspektive, die die Forschenden einnehmen, und mit den Ergebnissen, die sie vorlegen, gehen sie jedoch einen Schritt in die (neue) Richtung, „soziale Ungleichheiten zwischen den Geschlechtern […] nicht von vornherein als feststehend" hinzunehmen, sondern im Kontext allgemein gesellschaftlicher Prozesse zu betrachten und auf dieser Ebene nach Lösungen zu suchen, statt die Idee zu verfolgen, „welches Geschlecht die Nachteile und welches die Vorteile auf seiner Seite hat" (ebd., S. 957).

Ziel der Jungenarbeit: Identitätsförderung

Diejenigen, die sich vornehmlich in der Praxis, aber am Rande auch theoretisch mit Jungenarbeit und -förderung sowie dem Stand der Forschung zu Jungen im Schulleben befassen, kommen darin überein, dass es nicht darum gehen kann, die Erfolge der Koedukation, nämlich gleiche Bildungschancen für Mädchen und Jungen, rückgängig zu machen. Sie betonen aber gleichzeitig immer wieder, dass ein erheblicher Mangel darin bestehe, Jungen den Weg zu ihrer eigenen (Geschlechts-)Identität zu zeigen oder Hilfestellung dabei zu leisten, diesen zu finden. „Ziel von Jungenförderung ist die Ausbildung einer männlichen Identität, die eigene und die Grenzen anderer erkennt und akzeptiert, zu partnerschaftlichem Umgang befähigt und durch soziale Kompetenz gekennzeichnet ist", schreibt Boldt (BOLDT 2005, S. 8).
Wichtig ist den Jungenarbeitern und -förderern aber, nicht eine defizitorientierte Arbeit zu leisten und nur auf die Schwächen der Jungen zu schauen (ebd.). Vielmehr solle Zugewinn an Wissen, Kompetenzen und Erfahrungen zum Ziel führen.

Verschiedene Modelle und Versuche sind in der Vergangenheit bereits auf den Weg gebracht worden, um die oben angesprochenen Ziele in die Tat umzusetzen. Immer wieder genannt werden zum Beispiel **Jungen-Arbeitsgemeinschaften an Schulen**, Jungenkonferenzen oder -tage, bei denen Jungen unter sich an bestimmten Fragestellungen arbeiten. Jungen- und parallele Mädchenstunden wurden in Niedersachsen im Versuch „Soziale Integration in einer jungen- und mädchengerechten Grundschule" (vgl. Kaiser/Nacken/Pech 2001) ausprobiert. Ziele solcher Versuche sind zum einen, der „polaren Interessenentwicklung entgegenzuwirken" (ebd., S. 433), aber auch, einen Schonraum für Jungen (bisweilen werden gleichzeitig für Mädchen solche Angebote gemacht) zu eröffnen. Dies gibt ihnen die Gelegenheit, in Ruhe über Konflikte zu sprechen, sich über ihre Meinungen zu den Mädchen auszutauschen oder andere Dinge offen anzusprechen, die nur ihr eigenes Geschlecht etwas angehen. Am Ende, so der pädagogische Wunsch, sollen Jungen sich besser über ihre eigene Identität im Klaren sein.

Die Erfahrungen mit solchen Versuchen sind durchweg positiv, der Entfaltungsraum für Jungen wird als wichtig erachtet. Hinsichtlich koedukativer Bestrebungen zu mehr Geschlechtergerechtigkeit wird jedoch stets darauf hingewiesen, dass die Arbeit und das Lernen in geschlechtshomogenen Gruppen nur ein Mosaikstein sein kann (vgl. Kaiser/Nacken/Pech 2001, S. 442). Schließlich, so ein Hinweis von Helga Kotthoff, unterliege Identitätskonstruktion den Einflüssen aus allen möglichen gesellschaftlichen Bereichen. Nicht zuletzt sind die Medien – und darin die Darstellung männlicher Gewalt im Besonderen – eine Instanz, in der Jungen Anhaltspunkte für ein mögliches Persönlichkeitsbild finden (vgl. Schmerbitz/Seidensticker 1997, S. 28). Das Subsystem Schule könne die Identitätsfindung folglich keineswegs allein steuern und verändern (vgl. Kotthoff 2003, S. 88).

Folgende Ansätze zur Jungenarbeit werden unterschieden:

● Die **antisexistische Jungenarbeit** wurde zunächst von Mitarbeitern der Heimvolkshochschule „Alte Molkerei Frille" entwickelt. Sie gehen davon aus, dass auch die Erwartungen an Jungen einem sexistischen Bild folgen, das sie in fünf Thesen zusammenfassen:
  1. Jungen wachsen mit einem Idealbild „Mann" auf, das prinzipiell unerreichbar ist;
  2. Jungen sind von der Angst gefangen, als weiblich zu gelten;
  3. Jungen leben mit dem Zwang zur ständigen Überlegenheit;
  4. Jungen und Männer konkurrieren aus Prinzip;
  5. Jungen erhalten keine Förderung in ihren sozialen Fähigkeiten (Ottemeier-Glücks 1996[2], S. 79 ff.).

- Die **patriarchatskritische Jungenarbeit**, für die sich das Projekt Pat-Ex stark macht, soll den Jungen ermöglichen:
  - sich und andere Jungen und Mädchen anders wahrzunehmen;
  - Einstellungen zu traditionellen Geschlechterverhältnissen zu revidieren und im inner- und außerschulischen Zusammensein ein anderes Verhalten zu erproben;
  - Pat-Ex lehnt es ab, vermeintlich neue Geschlechtsidentitäten zu vermitteln. Sie wollen vielmehr, dass Männer mit den widersprüchlichen Anforderungen gesellschaftlich moderner Entwicklung leben können, ohne sich in festgefügte Geschlechtermodelle zu flüchten. Dieses Projekt stellen wir im Anschluss an diese Aufzählung näher vor.

- Die **emanzipatorische Jungenarbeit**:
  Der Nürnberger Sozialpädagoge Michael Schenk geht von „der konkreten Unterdrückung des Mannes durch eine männerdominierte Gesellschaft" (SCHENK 1991, S. 105) aus, die ein kapitalistisches Produkt ist. Diese Unterdrückung macht er an Statistiken zu Lebensdauer, Krankheit, Alkoholabhängigkeit etc. fest, bei denen Männer größere Nachteile haben als Frauen. Die Männer sollen von der gesellschaftlich produzierten „Männlichkeit" befreit, sprich emanzipiert werden.

- Die **parteiliche** Jungenarbeit:
  Wie parteiliche Mädchenarbeit auch, zielt eine parteiliche Jungenarbeit darauf ab, Jungen Möglichkeitsspielräume zu eröffnen, Jungen zu ermächtigen, andere, „neue" Lebensmodelle ausprobieren zu können.

- Die **maskulinistische** Jungenarbeit:
  In den 1980er-Jahren haben sich ergänzend zu feministischen Ansätzen auch dezidiert maskulinistische Ansätze und eine Männerforschung (*men studies*) herausgebildet. Maskulinistische Ansätze betrachten Geschlechterfragen **machtkritisch**, wobei sie jedoch im Unterschied zu feministischen Ansätzen vor allem die Probleme von Jungen und Männern fokussieren.

SCHENK, MICHAEL: Emanzipatorische Jungenarbeit im Freizeitheim. Zur offenen Jungenarbeit mit Unterschichtsjugendlichen. In: WINTER/WILLEMS (Hg.): Was fehlt, sind Männer! Schwäbisch Gmünd und Tübingen 1991
OTTEMEIER-GLÜCKS, FRANZ GERD: Wie ein Mann gemacht wird. Grundzüge männlicher Sozialisation. In: GLÜCKS ELISABETH/OTTEMEIER-GLÜCKS FRANZ GERD (Hg.): Geschlechtsbezogene Pädagogik. Münster 1994

Das Pat-Ex-Projekt, Berlin

Erfahrungen in der Praxis sammelten sich auch in Projekten wie Pat-Ex e.V. mit Jens Krabel an der Spitze an. Der Name, so haben die Vereinsgründer erklärt, steht für „Patriarchat Ex" und soll ausdrücken, dass wirkliche Emanzipation ohne Befreiung von patriarchaler Herrschaft nicht möglich ist. Die praktische Arbeit, die die Projektinitiatoren und gleichzeitig Autoren der Praxismappe „Müssen Jungen aggressiv sein?" (KRABEL 1998) leisten, ist von bekannten Erschwernissen gekennzeichnet: „Jungenarbeit [...] leidet an der geringen Anzahl [...] an Männern, die bereit wären, sich dem Thema der Geschlechterverhältnisse zu stellen [...], an den nötigen Geldmitteln, die diese Arbeit erfordert" (KRABEL 1998, S. 9). Dieses Projekt, dessen Erfahrungen und Ergebnisse in die oben genannte Handreichung einflossen, beschäftigt sich mit geschlechter-differenter Arbeit mit Jungen und entspringt einer Männergruppe, die 1988/89 an der FU Berlin entstand. Praktische Anleitungen nehmen großen Raum ein, das zeigen die Kapiteltitel: „Platz für Gefühle" mit dem Untertitel „Platz für alle Gefühle! Auch für Jungs!", „Körper-Spaß statt bloßer Körper-Fitness", aber auch „Mädchenwelten" mit dem Anspruch, Wissen über Mädchen zu erweitern und die „konfliktreiche Polarisierung von Mädchen und Jungen." (Ebd., S. 69)

Die Autoren gehen davon aus, dass Jungen zunehmend Schwierigkeiten damit haben, für sich festzumachen, was genau Mann-Sein bedeutet – vor allem in Zeiten, in denen gängige und häufig klischeehaft auf ihr Geschlecht gemünzte Attribute wie „gewalttätig", „Raum einnehmend", (nur) „im Innern schwach" immer weniger auf den oder alle Jungen zutreffen. Gleichzeitig sind Jungen nach wie vor (von der Gesellschaft, ihrer Umwelt, den Mädchen) mehr oder minder gefordert, ein „echter Mann" zu sein. Die Gruppe Pat-Ex hatte sich ursprünglich zum Ziel gesetzt, Jungen dabei zu helfen, mit Bedürfnissen umzugehen, die abseits der verbreiteten Erwartungen liegen. Sie wollen Jungen dabei unterstützen zu begreifen, „dass man sich Anerkennung und Machtpositionen nicht nur über aggressives Verhalten verschaffen kann. Es gilt andere Wege der Anerkennung individueller Bedürfnisse zu erfahren." (ebd., S. 8).

Den Autoren fiel auf, dass entscheidend für die Jungenarbeit der differenzierte Blick ist, mit dem – und nur mit dem – man den individuellen Anforderungen gerecht werden kann. Als Perspektive formulieren Krabel und seine Mitstreiter: „Nötig wäre eine Ausweitung der bisherigen Projekte, damit in Zukunft noch viel mehr experimentiert werden kann, um deutlichere Aussagen zu Sinn und Zweck verschiedener Methoden der Jungenarbeit machen zu können." (Ebd., S. 9)

Die oben beschriebene Unterstützung der Mädchen provozierte auf der anderen Seite „Jungenparteilichkeit". Die freilich ist derzeit noch oft mit der Klage über zu wenig Engagement bei den Männern (Lehrer, Sozialarbeiter ...), zu wenig Mittel und Projekte verbunden.

Zudem besteht die Gefahr, dass angesichts der in letzter Zeit oft konstatierten Vernachlässigung der Jungen auf zu viel Förderung für Mädchen geschlossen wird (vgl. KOTTHOFF 2003, S. 86). In dem Zusammenhang erscheint auch eine Petition interessant, die die Geschlechterpolitische Initiative „Manndat" im Jahr 2004 zum Thema „Jungenbildung – Gebt Jungen eine Zukunft" dem Petitonsausschuss des Bundestages vorgelegt hat. Darin fordert die Initiative unter anderem dazu auf, Jungen diskriminierende, chancenungleiche Behandlung abzuschaffen und dem seit einigen Jahren erfolgreich an Schulen durchgeführten **Girls'-Day** (an dem Mädchen in gemeinhin als männertypisch betrachtete Berufe hineinschnuppern) einen **Boys'-Day** an die Seite zu stellen. Zudem komme die Bildungssituation von Jungen und Männern in den Berichten der Studien wie PISA oft zu kurz; Problembereiche würden nicht offen genug dargelegt, was „den Anschein eines Desinteresses der bildungspolitisch Verantwortlichen an der Bildungssituation der Jungen und jungen Männer" (MANNDAT 2004) erwecke.

„Jungenarbeiter" geben zu bedenken, dass bei der Unterstützung der Jungen auf dem Weg zur eigenen Persönlichkeit der Blick oft einseitig auf „*Gender*-gebundene Identifikationen" (KOTTHOFF 2003, S. 86) gerichtet ist: „Ein längst überholt geglaubtes dichotomes Denken scheint fröhliche Urstände zu feiern." (Ebd.)

Es geht darum,

- Jungen Strategien mitzugeben, mit denen sie sich dominanteren Geschlechtsgenossen gegenüber behaupten können,
- Hilfestellung anzubieten, wenn sie über sie Bedrückendes reden möchten, ohne befürchten zu müssen, gehänselt oder bloßgestellt zu werden, und so
- auf lange Sicht die Sozialkompetenz bei Jungen zu erhöhen.

Dies sind die Felder, die nach Ansicht von Kotthoff (2003, S. 86) in Zukunft noch zu beackern sein werden. „Die modische ‚Jungenarbeit' will sie ‚dort abholen', wo sie sind. Aber sie sind woanders und wohin die Reise danach gehen soll, ist leider auch unklar." (Ebd.) Schmerbitz und Seidensticker merken dazu kritisch an: Das neue Leitbild vom Mann zielt auf Eigenschaften wie Empfindsamkeit, Sensibilität, Zärtlichkeit, Empathie und auch Zurückhaltung, die Bereitschaft, Konflikte kommunikativ zu lösen, und Friedlichkeit, in der gesellschaftlichen Wirklichkeit hingegen findet man diesen Typus Mann in „Reinform" jedoch (bisher noch) nicht (vgl. SCHMERBITZ/SEIDENSTICKER 1997, S. 25).

Früher manifestierte sich die Abwehr von Schwächen und Unsicherheiten, die als Widerspruch zu Männlichkeit gesehen wurden, in Redewendungen wie „Ein Indianer kennt keinen Schmerz". Die neue Jungearbeit adaptiert diese Bilder in dem Satz „Ein Indianer kennt seinen Schmerz und redet darüber" (ebd., S. 25). Bis dies akzeptierte Meinung wird, ist der Weg noch weit. Behutsamkeit scheint dabei das Gebot der Stunde zu sein, denn mit der Brechstange lassen sich jahrhundertelang geformte und von patriarchalischen Mustern geprägte Verhaltensweisen nicht verändern.

Männerforschung

Wichtige Beiträge zur Diskussion um das Bild des neuen Mannes oder der Modernisierung von Männlichkeit hat der australische Erziehungswissenschaftler Robert Connell geliefert. Die praktische Arbeit, die bereits geschildert worden ist – Jungenstunden, -tage, -konferenzen, -gruppen und Jungenarbeit im Allgemeinen –, nimmt in vielen Fällen die theoretischen Konzepte, die Connell und andere Männerforscher formulierten, zur Grundlage.
Connell beschreibt die Konstruiertheit von „Männlichkeiten" vor dem Hintergrund **hegemonialer Männlichkeit** – eine Kategorie, die nicht mehr eindeutig zu erfassen ist, sondern die in der Moderne durch viele gesellschaftliche Dimensionen ergänzt wurde. Connells Vorstellung von Hegemonie beschreibt das jeweils dominierende Männlichkeitsideal, das sich im Laufe der Zeit wandelt und je nach Gesellschaft variabel ist. Der Begriff bezeichnet die Binnenhierarchie innerhalb der Gruppe der Männer und gleichzeitig die allgemeine Vormachtstellung aller Männer gegenüber den Frauen. In den spezifischen Herstellungsprozessen von Männlichkeit geht es demnach unter besonderer Betonung von Ungleichheit immer um das Verhältnis von gesellschaftlicher und geschlechtsbezogener Macht und nicht um eine anthropologische oder gar genetisch festgelegte Stärke und Überlegenheit des Mannes (vgl. POHL 2001).
Der Soziologe Michael Meuser schließt mit seinen Forschungsfragen an Connell an. Er befasst sich mit Männlichkeitsforschung vor dem Hintergrund der Erkenntnis, dass aufgrund von Transformationsprozessen in der Geschlechterordnung und einer neuen Welle der Frauenbewegung die „kulturellen Codierungen von weiblich und männlich ihre vormaligen polaren Eindeutigkeiten verloren haben und brüchig geworden sind" (MEUSER 2004, S. 370). In Zeiten, in denen berufstätige Frauen die Regel sind und Jungen und Mädchen die gleichen Bildungswege und -institutionen durchlaufen, ist „männliche Herrschaft", wie sie jahrhundertelang mehr oder weniger ausgeprägt existierte, nicht mehr selbstverständlich. Auch wenn sie in der Realität in vielfach noch existiert, so müssen Männer ihre „Vorherrschaft" doch zunehmend rechtfertigen.

Meuser versucht herauszufinden, ob und inwiefern „hegemoniale Männlichkeit" heute noch ein vorherrschendes Muster ist und welche Konfliktsituationen daraus erwachsen. Dabei kontrastiert er unterschiedliche Zugriffe und differenziert so die Befunde.

Eine Ausgangsthese der Männerforschung lautet, dass sich Männer die Männlichkeitsriten in homosozialen Gruppen (z. B. Sportvereine, Arbeitsplatz, Cliquen) aneignen (vgl. MEUSER 2004, S. 372). Hier erleben Männer die „Distinktion gegenüber der Welt der Frauen und [...] gegenüber anderen Männern sowie die Konjunktion unter Männern" (ebd.), und meint damit, dass Männer die Abgrenzung vom anderen Geschlecht in Körpersprache und Habitus „einüben". Sie bilden Gefühle hegemonialer Männlichkeit aus und verstärken sie. „Die homosoziale Männergemeinschaft agiert gleichsam als ein kollektiver Akteur der Konstruktion von Differenz und der Bekräftigung von Distinktion." (Ebd.)

Demgegenüber stehen Situationen, in denen Männer die Gleichheitsansprüche von modernen Frauen erleben. Frauen erwarten von Männern, dass sie diese Ansprüche teilen. Treffen hegemonial-männlich ausgerichtete Männer auf emanzipierte Frauen, muss es zwangsläufig zu Konflikten kommen.

Als Bereich, der am ehesten strukturgebend für die männliche Identität ist, findet sich oft der Verweis auf den Beruf. In Einstellungsbefragungen nennen Männer aber immer wieder die Familie als den Bereich, der ihnen am wichtigsten ist. Auch diese Diskrepanz wertet Meuser als Hinweis auf die Schwierigkeit einer gelungenen Identitätsfindung für Männer. In dieser ambivalenten Situation, die durch soziale Verschiebungen der gesellschaftlichen Ordnung hervorgerufen wird, fragt Meuser danach, ob Männer auf lange Sicht ihre eigenen Lebensentwürfe um die neuen Perspektiven erweitern oder ob Spannungen zunehmen und die Verunsicherung wächst (ebd., S. 374). Noch sind in diesem Bereich keine befriedigenden empirischen Befunde bereitgestellt worden. Meuser weist darauf hin, dass die Veränderungen in Bezug auf männlich-hegemoniale Ansprüche auch als generationentypisch einzuordnen oder sie gar als episodale Erscheinungen anzusehen sind (ebd., S. 375).

Jungen und Lesen

Die mangelnde Lesekompetenz der Jungen ist in der Folge nicht zuletzt der PISA-Ergebnisse in den Fokus gerückt. Mädchen erzielen – und zwar in allen Teilnehmerstaaten der Studie – bessere Resultate. Dies wird zumindest teilweise mit dem größeren Interesse und der größeren Freude am Lesen erklärt, die Mädchen haben. Chancen, Leselust auszubilden und zu fördern, sind – neben der Familie – zunächst im Kindergarten, dann in der Grundschule gegeben. Gerne wird die Buchauswahl dafür verantwortlich gemacht, dass vor allem Mädchen ans Lesen kommen (vgl. HURREL-MANN/GROEBEN 2002, HAUG 2005, GARBE 2002). Die Folge: Mädchen lesen immer mehr und immer begeisterter, Jungen erobern für sich audiovisuelle und elektronische Medien wie Computerspiele, DVDs und das Internet. Bei genauerer Betrachtung zeigen sich einige **Detail-Unterschiede im Leseverhalten:** Mädchen zeigen bessere Leistungen im Lesen so genannter kontinuierlicher Texte (Erzählungen, Argumentationen, Romane, Gedichte), wohingegen die Unterschiede bei nichtkontinuierlichen Texten (Anzeigen, Grafiken, Tabellen) längst nicht so ausgeprägt sind. Zudem tun sich Jungen schwerer damit, Texte zu bewerten und einzuordnen (vgl. BLOMBERG 2005, S. 11). Auch in der Lesegeschwindigkeit hinken sie den Mädchen hinterher.

Empfehlungen, um Jungen mehr Lesefreude zu vermitteln, gehen dahin, „geschlechtssensiblen Unterricht" abzuhalten. Dies geschieht natürlich nicht ohne den Hinweis darauf, dass der Differenz- und nicht der Defizitansatz für die konkrete Arbeit ausschlaggebend sein sollte. So schreibt Haug: „Mädchen und Jungen haben unterschiedliche Stärken und können voneinander lernen" (Haug 2005, S. 12), und schlägt unter anderem vor, sachorientierte Texte in den Unterricht zu integrieren, um die Jungen anzusprechen. Bei Mädchen könne man verstärkt darauf achten, sie an Analyse und Darstellung von Informationen aus abstrakten bzw. nichtkontinuierlichen Texten heranzuführen. Die Vorliebe von Jungen für Computer und neue Medien – und zur Not eben die Brücke über Stereotype – zu nutzen, schlägt Marcus Schnöbel (2003) vor, um ihnen das Lesen schmackhafter zu machen.

Umfangreiche Studien und zahlreiche Aspekte zur **geschlechterspezifischen Leseforschung** hat in Deutschland Hans Brügelmann geliefert (z. B. RICHTER/BRÜGELMANN 1994). Er ging unter anderem der Frage nach, ob die Unterschiede in den Schriftsprachenleistungen in der Unterrichtspraxis entstehen oder aber ob die Unterrichtspraxis bestehende Unterschiede ausbaut und stabilisiert. Hierbei stellte sich heraus, dass tatsächlich mehr Jungen mit Rückständen in den für den Schriftspracherwerb relevanten Vorläuferfähigkeiten die Schule beginnen.

Auf unkonventionelle und freilich auch unwissenschaftliche Art nähert sich die Buchautorin und TV-Journalistin Katrin Müller-Walde dem Thema. In ihrem Buch „Warum Jungen nicht mehr lesen und wie wir das ändern können" (2005) – das übrigens mit dem Appell „Jungen fördern, Mädchen sind schon stark genug!" durchaus provozieren möchte – schildert sie die Umfrage-Erfahrung, dass Lesen offensichtlich als „weibisch" betrachtet wird. Ihr Vorschlag lautet, dem Prinzip „erst die Lust, dann die Bildung" zu folgen und den Jungen ruhig triviale Bücher zu lassen, bevor das so genannte gute Buch von allein interessant für sie wird. Müller-Walde hat beobachtet, dass Jungen erstens durchaus lesen wollen, es nur nicht immer zugeben, und zweitens *anders lesen* – nämlich „typisch männlich", findet die Autorin. Darunter versteht sie, dass Jungen Bücher und Geschriebenes im Allgemeinen zielorientiert erfassen, oft parallel oder ausschnittweise verschiedene Dinge lesen und dabei Sachbücher, Science-fiction, Fantasy und Biografien bevorzugen.

Die skizzierten Wege – und die Tatsache, dass noch kein Patentrezept gegen die Leseunlust bei Jungen gefunden zu sein scheint – sind allerdings noch nicht sehr ausformuliert. Allerorten herrscht lediglich Konsens darüber, dass gezielte Leseförderung für Jungen möglichst früh, spätestens in der Grundschule, ansetzen muss (vgl. GARBE 2002).

Lesefernen Jungen beizukommen ist eine Aufgabe, die sich jetzt stellt und bei der die Wirkung von Gegenmaßnahmen erst noch zu beobachten sein wird. Besser noch ist es, Leseferne erst gar nicht entstehen zu lassen und Kinder so früh wie möglich an Bücher heranzuführen.

Festzuhalten bleibt, dass die Leseforschung oft stark differenztheoretisch argumentiert und deshalb nach (falschen) Lösungen sucht. Heide Bambach hat vielversprechende Ansätze einer kreativen Schreib- und Leseschule. Sie berücksichtigt, dass das Schreiben und Vorlesen eigener Texte dem Grundbedürfnis entgegenkommt, eigene Stärken zu zeigen. Zugleich wird so die Lesekompetenz gefördert, weil die Beschäftigung mit Texten selbstverständlicher und zentraler Bestandteil des Unterrichts ist.

HEIDE BAMBACH: Erfundene Geschichten erzählen es richtig. Lesen und Leben in der Schule. Vorw. v. HANS BRÜGELMANN. Lengwil 1993
HEIDE BAMBACH: Ermutigungen. Nicht Zensuren. Libelle Verlag, Lengwil 1994

Teil C

Geschlechterforschung in der Schule – wichtige Studien und Methoden

*Wie können wir angesichts
der Vielfalt der Herausforderungen in der Welt
mit nur einem Geschlecht auskommen?*
Virginia Woolf

Sozialwissenschaftliche Forschung versucht gesellschaftliche Prozesse, Zusammenhänge und Wechselwirkungen aufzudecken, um so mögliche günstige oder hinderliche Bedingungen für bestimmte Verhaltensweisen festzustellen. Daraus kann man Erklärungen und ggf. Programme ableiten, über die ein gewünschtes Verhalten beeinflussbar ist. Angesichts der Vielfältigkeit, der Komplexität und der Zufälle des Lebens kann man beobachtbare Phänomene allerdings nur sehr vorsichtig und angenähert erklären.

In den 1970er-Jahren entwickelte sich im Zeichen gesellschaftlicher Reformbestrebungen auch eine feministisch akzentuierte Schulforschung. Sie entzündete sich an Fragen, die bisher aus soziologischer oder pädagogischer Perspektive vernachlässigt worden waren. *Jugend*berichte – von der Bundesregierung in Auftrag gegeben – waren tatsächlich *Jungen*berichte, denn sie setzten Jugend mit Jungen gleich und nahmen die Mädchen fast gar nicht mit in den Blick. Der Sechste Jugendbericht, der Anfang der 1980er-Jahre in Auftrag gegeben wurde, widmete sich explizit den bisher Vergessenen: „Alltag und Biografien von Mädchen" (Bundesdrucksache 10/1007). Mit der Veröffentlichung dieser Studien wurden erstmals umfassend und systematisch **Lebenszusammenhänge**, **Interessen** und **förderliche oder hinderliche Bedingungen des Aufwachsens** von Mädchen thematisiert und analysiert.

Wir stellen im Folgenden die Ergebnisse wichtiger Forschungsprojekte vor, die in der Zeit von 1975 bis heute publiziert wurden. Da mit den Analysen auch zumeist Hinweise auf eine Weiterentwicklung des Schulsystems oder der Unterrichtsorganisation verknüpft waren, die auch aufgenommen und umgesetzt wurden, veränderte sich das Untersuchungsfeld mit wechselnder Dynamik. Diese spürbar zu machen ist Ziel unserer Darstellung.

Ein Teil der hier vorgestellten Studien ist der feministischen Schulforschung zuzurechnen. Wissenschaftlerinnen sahen ihre Fragen in der (traditionellen) Schulforschung nicht beantwortet. Sie wollten unter anderem herausfinden, welche Einstellungen und Motive für Eltern oder Lehrpersonen in Erziehungssituationen bewusst oder unbewusst handlungsleitend sind. Dazu nutzten sie standardisierte **Forschungsmethoden** (wie Fragebögen), aber auch qualitative Verfahren (Unterrichtsbeobachtungen oder Interviews). Wo das methodische Instrumentarium nicht ausreichte, wurde experimentiert. Mithilfe neuer oder weiterentwickelter Verfahren der empirischen Sozialforschung wurde versucht, Faktoren auszumachen und Ursachen zu benennen, die zu der beobachtbaren Benachteiligung von Mädchen im Bildungswesen geführt hatten. Diese Bestandsaufnahmen setzen auf verschiedenen Ebenen an, sie führten zu unterschiedlichen Hypothesen (Erklärungsansätzen) für Benachteiligungen, die dann wieder empirisch überprüft werden mussten.

Wenn wir die Debatte zur Koedukation nachzeichnen, nutzen wir zunächst die Einteilung in die Analyseebenen der drei großen „I": **Institution, Inhalte, Interaktion** und stellen dazu exemplarisch einzelne Studien vor. Ausgehend von deren Grundannahmen und methodischen Zugriffen erläutern wir die Ergebnisse und ordnen ihren Stellenwert aus heutiger Sicht ein. Mit diesen Darstellungen beginnt dieses Kapitel.

Die Ergebnisse der ersten Studien führten zu einem veränderten Blick auf Schule und auf das Geschlechterverhältnis. Zunehmend wurde deutlich, dass Verhalten kontextabhängig ist. Mit Erwartungen und Attribuierungen steuern wir Verhalten. Durch einen heimlichen Lehrplan schaffen wir Bedingungen, die geschlechterbezogenes Verhalten hervorrufen. Lehrer und Lehrerinnen agieren selbst in einem Prozess des *Doing Gender*. Solche Befunde machten deutlich, dass nicht etwa Mädchen und Jungen unterschiedlich sind, sondern dass sie auf verschiedenen Wegen zu geschlechterbezogenem Verhalten aufgefordert werden. Dazu gehört unter anderem, wie die Institution strukturiert ist, welche Inhalte dort vermittelt werden oder wie Interaktionen ablaufen.

Neuere Studien erkunden deshalb nicht mehr die Unterschiede der Geschlechter, sondern die **Prozesse der Geschlechterunterscheidung**. Auch darauf werden wir in diesem Kapitel eingehen.

Die institutionelle Ebene: Funktionen und Sprache

„Die Schule macht die Mädchen dumm", konstatierte Franziska Stalmann 1991 (Untertitel: Die Probleme mit der Koedukation, München 1991). In ihrem Buch mit dem gleich lautenden Titel trug die Autorin die bisherigen Forschungsergebnisse zusammen und machte sie so einer breiteren Öffentlichkeit zugänglich. In dieser Aussage schwingt ein Vorwurf mit: Die Institution Schule verfolge unterschwellig die Absicht, für Mädchen kein guter Bildungsort zu sein. Mit dieser These steht Stalmann nicht allein. Zahlreiche andere Studien (SPENDER 1985, ENDER-DRAGÄSSER/FUCHS 1989 etc.) kommen zum gleichen Schluss: Schulen sind **Orte „institutioneller Diskriminierung"**. Als diskriminierend wurde in den 1980er-Jahren insbesondere die mangelnde Förderung von Mädchen und Frauen und entsprechend ihr geringer Anteil an Schulleitungen oder anderen Funktionsstellen beklagt.

Frauen als Schulleiterinnen

In den 1980er-Jahren wurde in Studien fleißig ausgezählt: Wie viele Frauen und Männer unterrichten in welchen Schulformen und Schultypen? Wie hoch ist die Chance für eine Frau, in Funktionsstellen zu gelangen? Wie bricht man (frau) ungünstige Strukturen auf?
Die Ergebnisse sprachen eine deutliche Sprache: Die Repräsentanz von Frauen und Männern auf allen Ebenen des Bildungswesens ist ungleich: Frauen sind deutlich seltener Schulleiterinnen als Männer. Die Quoten variieren je nach Bundesland. Von den Flächenstaaten der alten Bundesrepublik sind NRW, Niedersachsen und Schleswig-Holstein diejenigen mit den höchsten Frauenquoten in Funktionsstellen, Schlusslicht ist Bayern. Die neuen Bundesländer, die seit den neunziger Jahren in den Statistiken mitberücksichtigt werden, weisen durchweg höhere Quoten auf. In den Stadtstaaten sind die Verhältnisse relativ gesehen besser als in den Flächenstaaten, Vorreiter ist Berlin. Namhafte Wissenschaftlerinnen haben sich mit der Untersuchung dieses Phänomens auseinander gesetzt (WINTERHAGER-SCHMIDT 1997, RATZKI 1989, HOBECK 2005, VON LUTZAU 2006). Zeitschriften wie der „Zweiwochendienst" veröffentlichten immer wieder die alarmierenden Zahlen (zum Beispiel von 1986: 1,5 % der Schulleitungen an Gymnasien sind in Bayern in Frauenhand, 5 % in Hessen, 13 % in NRW).
Verlässliche Daten für die gesamte Republik zu erhalten, ist allerdings nicht leicht. 16 Bundesländer mit 16 Schulgesetzen und 16 Wegen, Statistiken zu füh-

ren und zu veröffentlichen, stellen eine deutliche Hürde dar. Statistische Jahrbücher nehmen zwar alle Daten auf, differenzieren jedoch oft nicht genug. In manchen Bundesländern veröffentlicht zum Beispiel der Philologen-Verband Jahrbücher, jede Lehrperson muss aber die Zustimmung zur Veröffentlichung ihrer Daten geben. Viele tun dies nicht. Zumeist bleibt nur der Weg, bei den Ministerien nachzufragen – und da es 16 Bundesländer gibt, ist dieses Verfahren aufwändig.

Um zu erklären, wie es zu den geringen Quoten von Frauen in Funktionsstellen kommt, müssen sowohl die äußeren als auch die inneren Barrieren in Augenschein genommen werden.

Frauen werden oft unterschätzt

Das „Old boys' network" funktioniert: Zumeist entscheiden Männer (Schulleiter, Dezernenten) über die Besetzung von Stellen. Sie schauen auf die in Frage kommenden Kandidaten, prüfen, wer geeignet wäre, und übertragen Einzelnen verantwortungsvolle Aufgaben, die der gezielten Vorauswahl dienen und den Weg zur Funktion ebnen. Wer auf diese Weise angesprochen wird, erfährt Zuwendung, weiß sich und seine Leistung geschätzt und wächst über das entgegengebrachte Vertrauen und die gelösten Aufgaben. Kommt es dann zur Vakanz, bieten sich die Kandidaten selbst an oder werden von den jeweiligen Mentoren vorgeschlagen.

Männer in Funktionen haben lange Zeit die (potenziellen Leitungs-)Kompetenzen von Frauen nicht wahrgenommen oder unterschätzt und diese nicht ebenso selbstverständlich in Karriereprozesse eingebunden. Hinzu kommt, dass die „Sozialisation zur Frau" den Lehrerinnen diese Perspektiven nicht gerade nahe gelegt hat, wie von Lutzau und Hobeck (2005) überzeugend belegt haben. Stellvertreterin zu sein galt lange als höchstes (Karriere-)Ziel, viele mochten in erster Linie pädagogisch (in der eigenen Klasse) wirken, wollten nicht die letzte Verantwortung tragen. Schließlich schreckten die ungeliebten Verwaltungsaufgaben ab. Außerdem gab und gibt es noch Schwierigkeiten in der Vereinbarkeit mit den familiären Pflichten. Auch das ungeschriebene Gesetz, dass in einer Ehe der Mann die höhere Position zu bekleiden habe, greift in vielen Familien nach wie vor. Dies sind die wirksamen Faktoren gegen Karriereambitionen. Hinzu kommen die geltenden Normen der Gesellschaft – also die mangelnden Vorbilder von „mächtigen" Frauen an Schulen, aber auch in Wissenschaft, Kultur und Politik. Das Fehlen einer Kultur der Anerkennung und des Zutrauens, wie sie Männer zur Karriere ermutigt, macht sich zusätzlich bemerkbar.

„Selbsthilfe" schafft Abhilfe

Frauenpolitisch engagierte Schulleiterinnen wie Anne Ratzki haben deshalb schon Mitte der 1980er-Jahre auf Abhilfe gesonnen und Seminare angeboten, in denen Lehrerinnen in die Funktion hineinschnuppern und sich mit den Anforderungen des Amtes vertraut machen konnten. In NRW und in Hessen konnten Frauen in fünf einwöchigen Kursen ihre Kompetenzen und ihre Bereitschaft für Leitungsaufgaben in der Schule erproben („Der Tanz auf dem Seil", angeboten 1996), und zwar in einem vertrauten und fördernden Umfeld und in einer Gruppe, die während der Trainings zu einem **Netzwerk** werden sollte. Der Plan ging auf. Heute sind Schulleiterinnen für die meisten Schulformen und in den meisten Bundesländern ebenso selbstverständlich wie Schulleiter, wenn sie auch nicht die Hälfte aller Posten besetzen. Für diesen Erfolg sind neben den genannten Faktoren auch die schon in den ersten Kapiteln diskutierten Entwicklungen verantwortlich: die gesetzlichen Regelungen, das Bewusstsein für vorhandene Diskriminierungen und der (politische) Wille zur Gleichberechtigung sowie eine Lobby für Mädchen- und Fraueninteressen im Bildungsbereich, die Ideen und die Kreativität fördert und eine Gesellschaft, die durch zunehmende Demokratisierung zu mehr Emanzipation findet.

Sensibilität für eine gleichberechtigende Sprache

Senta Trömel-Plötz und Luise Pusch, zwei Konstanzer Linguistik-Professorinnen, setzten in den 1970er-Jahren unterstützt von feministischen Schriftstellerinnen einen Aufklärungsfeldzug in Gang, um der deutschen Bevölkerung deutlich zu machen, dass Sprache diskriminiert („Alle Menschen sind Schwestern" – Luise Pusch). Dass mit Sprache Gewalt ausgeübt werden kann, veranschaulichten zum Beispiel ihre Medienanalysen. Sie untersuchten, wer zu Wort kam und welche Botschaften wie mitschwangen und die Aussagen der Sprecherinnen unterliefen und missdeuteten. Die Wissenschaftlerinnen schlugen vor, nach Jahrhunderten patriarchaler Unterdrückung nun einfach die Sprachnormen umzukehren und für eine längere Periode rein weibliche Wendungen zu praktizieren. Gelegentlich wirkten diese Vorschläge bitterernst und kleinkariert, manchmal waren sie aber auch verblüffend satirisch oder selbstironisch. Tagesaktuell im Jahr 2005 veröffentlichte Luise Pusch folgende Glosse:

Luise F. Pusch: Kanzlerkandidatin zum ersten

Neulich sagte Angela Merkel in der Tagesschau: „Ich bin Realist" – lächelte dann verschmitzt und korrigierte sich: „Realistin!"
Ob Realist oder Realistin – auf jeden Fall ist sie Kanzlerkandidatin, nicht Kanzlerkandidat. So weit hat sich Frauensprache immerhin in den letzten 30 Jahren hierzulande schon durchgesetzt.
Nun gibt es einige Witzbolde, die meinen, nach feministisch-verbissener Regel müsste sie doch eigentlich „Kanzlerinkandidatin" genannt werden. Damit soll angedeutet werden, wie schwachsinnig die feministischen Forderungen überhaupt sind, wenn ihre konsequente Befolgung zu solchen Auswüchsen, solchen Wortungetümen wie „Kanzlerinkandidatin" führt. Ist doch doppelt gemoppelt.
Vor einem Vierteljahrhundert interviewte mich ein Redakteur vom WDR zum Thema „Frauensprache" und fragte: „Wie soll ich Sie denn jetzt anreden, Frau Professor oder Frau Professorin?". „Frau Pusch", sagte ich. „Aber wenn Sie mich mit Titel anreden wollen, dann sagen Sie bitte ‚Frau Professorin'".
„Im Ernst? Ist das denn nicht doppelt gemoppelt?", wandte er ein.
„Na und?", sagte ich. „Reden Sie denn die Männer mit ‚Herr Doktor' an, damit das nicht alles so doppelt gemoppelt männlich ist und ein bisschen Abwechslung reinkommt?"
Er war ganz verblüfft. So hatte er das mit dem „Herrn Professor" noch nie gesehen.
Meine Meinung: „Frau Kanzlerinkandidatin Doktorin Merkel" klingt doch sehr hübsch. Können gar nicht genug Feminina sein in diesen eisigen Höhen männlicher Herrschaft, zu denen nie zuvor eine Frau zugelassen wurde.
www.fembio.org/news/column.shtml; © 2005 Luise F. Pusch

Ein sehr populäres Beispiel für humorvolle Sprachkritik ist die Satire „Feminispräch" von den Oberhausener Kabarettistinnen „Missfits":

Feminispräch

Gsielinde Geisiemeisie (Stephanie Überall),
Siefindsie vön die Feminispräch
Näch Gehör äufgeschrieben vön Säräh Diestelfräu – Hsiezlichen Dänk!

Entschüldigüng, es tüt mir jä sö leid, jetzt häben Sie sö länge äuf mich wärten müssen, äbsie wissen Sie, meine Züg, ich häbe meine Züg vsiepässt ünd die ändsiee Züg hätte Vsiespätüng. Die Zeit ist sö knäpp, Sie sieläuben, däss ich meine Fräutel änbehälte, jö? Ich wsiede söfört beginnen. Öh Entschüldigüng, Entschüldigüng wö häb ich nür meine Köpf? Sie vsiestehen mich nicht, hm ...? Ich wsiede vsiesüchen längsäm zü sprechen. Jö? Älsö: Ich spreche die Feminispräch. Die Feminispräch ist eine Fräuenspräch, die ich psiesönlich, Gsielinde Geisiemeisie, innsiehälb vielsie Jähre sieförscht ünd entwickelt häbe. Ich reise nün in die vsieschiedenste Städte ünd Ländsie üm übsie meine Spräch zü refsieisieen. Heute Äbend hisie in Köln.

Ich wsiede älsö vsiesüchen Sie gänz kürzfristig mit die nötwendigste Gründregel vön die Feminispräch vsieträut zü mächen, dämit Sie begreifen, wie die Feminispräch fünktiönisiet, jö? Güt. Ist gänz einfäch. Gründsätzlich: Eine Fräu spricht vön sich immsie nür äls Fräu. Männliche Sprächbezeichnüngen wsieden nicht nür vsiemieden, nein söndsien übsiehäupt siest gär nicht bsieücksichtigt. Äufpässen!

Gründregel eins: Wö „Mann" sein „er" benützt, die Wört, die Prönöm „er" ...bäh... benützt „Fräu" nätürlich ihre „sie". Züm Beispiel: man erzählt – in femini – fräu siezählt; man erklärt – fräu sieklärt; man versteht – fräu vsiesteht. Sie vsiestehen, jö? Man versichert – fräu vsiesichiet. Etcetsieä, etcetsieä, etcetsieä. Sie vsiestehen? Wenn ich jetzt säge, „man erkennt", wie sägen wir in femini? Fräu ...? siekennt! Jö, fäntästisch. Die Zeit ist knäpp, gehen wir weitsie zü Gründregel zwei, öh nein, wö häb ich nür meine Köpf? Bevör ich weitsie gehe, müss ich Sie nöch äuf die söziö-emötiönäle-Chäräktsie vön die Feminispräch hinweisen.

Die söziö-emötiönäle-Chäräktsie... älsö ich psiesönlich, Gsielinde Geisiemeisie, ich plädisiee gänz besöndsies für die häufige Benützüng von die Ümläute ä, ö ünd ü in die Feminispräch. Däs ist meine gänz psiesönliche Leidenschäft, die ist bei die Entwicklüng vön die Spräch mit mir dürchgegängen. Jö, jö. Sie vsiestehen? ä, ö ünd ü. Züm Beispiel: „Glas" – „Gläs" ödsie „U-Boot" – „Ü-Bööt". Ich sehe, Sie vsiestehen.

Gründregel zwei: Wö „Mann" ...bäh... sein MANN benützt, benützt Fräu nätürlich ihre Fräu. Kaufmann – in femini – Käuffräu; Schutzmann – Schützfräu; Hampelmann – Hämpelfräu; Mandarine – Fräudärine; Mantel – Fräutel. Sie vsiestehen? Güt.

Gründregel drei: Älles wäs Fräu benützt ödsie tüt ist weiblich. Älles wäs Fräu tüt, älles wäs Fräu benützt ist femini, ist weiblich, ist „eine" ödsie „die". Eine Gläs, eine Tisch, eine Stühl, eine Böden, eine Lüft, eine Hüt. Alles ist femini, älles ist weiblich, älles ist eine. ÜND DÄS IST GÜT SÖ!

Sö, ich müss sehen, öb Sie vsieständen häben. Übsiesetzen Sie bitte: Peter ist Verkäufer für Füllfederhalter. Keine Pänik, lässen Sie sich Zeit. Ärbeiten

Sie züsämmen ödsie älleine, wie Sie wöllen. Äbsie übsielegen Sie! Nün, Sie vielleicht? Eine vön die Männsie? Nür Müt! Wie ist die Übsiesetzüng, hm? ... Jö! Güt! Hät döch gekläppt. Äusgezeichnet. Fäntästisch. Ich wiedsiehöle läut für die ändsieen: Petsie ist Vsiekäufsie für Füllfedsiehältsie. Döch ich müss sehen, öb älle vsieständen häben. Wir wiedsiehölen älle züsämmem im Chör nür die Wört Füllfedsiehältsie. Ich säge eins zwei ünd... ünd dänn älle züsämmen: Füllfedsiehältsie. Jö? Äufpässen! Eins zwei ünd... Dänkeschön! Ich bin begeistsiet. Sö, die Zeit ist knäpp, Ich müss Sie jetzt leidsie wiedsie vsielässen. Dänkeschön. Güte Äbend, gü te Nächt, äuf Wiedsiesehen!!!

> Mit freundlicher Genehmigung von Stephanie Überall (Missfits)
> Life-Mitschnitt der Feminispräch auf CD:
> MISSFITS Zwischentöne Roof-Music 1993 RD933326

Gert Brantenberg ist eine norwegische Schriftstellerin, ihr Roman „Die Töchter Egalias" machte bei seinem Erscheinen im Jahr 1980 Furore. Brantenberg arbeitet mit dem sehr entlarvenden Mittel der Geschlechterumkehrung: Vorurteile und Diskriminierungen offenbaren sich und zeigen, wie unerhört und anstößig die tatsächlichen Verhältnisse sind:

Gert Brantenberg: Direktorin Bram und ihre Familie sitzen zu Tisch

Auszug aus: Brantenberg, Gert: Die Töchter Egalias. Frauenoffensive, 1980, Neuauflage 2001

„Schließlich sind es immer noch die Männer, die die Kinder bekommen", sagte Direktorin Bram und blickte über den Rand der Egalsunder Zeitung zurechtweisend auf ihren Sohn. Es war ihr anzusehen, dass sie gleich die Befrauschung verlor. „Außerdem lese ich Zeitung." Verärgert setzte sie ihre Lektüre fort, bei der sie unterbrochen worden war. „Aber ich will Seefrau werden! Ich nehme die Kinder einfach mit", sagte Petronius erfinderisch. „Und was glaubst du wohl, wird die Mutter des Kindes dazu sagen? Nein, mein Lieber. Es gibt gewisse Dinge im Leben, mit denen du dich abfinden musst. Du wirst allmählich lernen, auch das zu mögen, womit du dich abfinden musst. Selbst in einer egalitären Gesellschaft wie der unseren können es nicht alle Wibschen gleichhaben. Es wäre zudem tödlich langweilig. Grau und trist."

„Es ist viel grauer und trister, nicht werden zu dürfen, was dam will." „Wer hat denn gesagt, dass du nicht werden darfst, was du willst? Ich sage nur, du sollst realistischer sein. Keine kann das Ei essen und zugleich das Küken haben wollen. Bekommst du Kinder, so bekommst du Kinder. Hör mal zu, Petronius. In meiner Jungmädchenzeit hatte ich auch eine Menge hochfliegender Träume von dem, was ich werden wollte. Seefrauenromantik. Daran leidest du. Du solltest aufhören, all die abenteuerlichen Erzählungen über die Taten von Frauen zu lesen, und dich lieber in Jünglingsromane vertiefen. Dabei bekommst du viel realistischere Vorstellungen. Außerdem ist das kein richtiger Mann, der zur See fahren will."

„Aber die meisten Seefrauen, die ich kenne, haben doch auch Kinder!'"

„Das ist doch etwas ganz anderes! Eine Mutter, Petronius, kann nie Vaterstelle bei einem Kind vertreten."

Seine Schwester lachte gemein. Sie war anderthalb Jahre jünger als er und ärgerte ihn immer. „Haha! Ein Mann soll Seefrau werden? Denkste!" Neunmalklug fügte sie noch hinzu, daß der Widersinn doch schon in den Wörtern liege. „Eine männliche Seefrau! Der blödeste Ausdruck seit Wibschengedenken! Ho, ho! Vielleicht solltest du Schiffsjunge werden? Oder Zimmermann? Oder Steuermann?! Ich lach' mich tot. Alle Männer, die zur See gehen, sind entweder Prostis oder Fallüster."

„Fallüster?"

„Fallüster, ja! Sicher! Und in jedem Hafen stehen die Prostis in Reih mit Glied, um die Seefrauen zu empfangen!". Sie zog ihn an den Haaren.

Nach ähnlichem Prinzip arbeitet der folgende Text. Irmtraud Morgners Kurztext „Kaffee verkehrt" inspirierte zwei Hannoveraner Schülerinnen zu einer Satire über den eigenen Schulalltag.

Irmtraud Morgner: Kaffee verkehrt

Auszug aus Morgner, Irmtraud: Leben und Abenteuer der Trobadora Beatriz nach Zeugnissen ihrer Spielfrau Laura. Roman in dreizehn Büchern und sieben Intermezzos. Berlin/Weimar, Aufbau 1974, S. 169 (9. A., München, dtv 2002)

„Als neulich unsere Frauenbrigade am Alex Kapuziner trank, betrat ein Mann das Etablissement, der meinen Augen wohl tat. Ich pfiff also eine Tonleiter rauf und runter und sah mir den Herrn an, auch rauf und runter. Als er an unserem Tisch vorbeiging, sagte ich ‚Donnerwetter'. Dann unterhielt sich unsere Brigade über seine Füße, denen Socken fehlten, den Taillenumfang schätzen wir auf siebzig. [...] Ich ließ ihm und mir einen doppelten Wodka servieren und prostete ihm zu, als er der Bedienung ein Versehen anlasten wollte. Später ging ich zu seinem Tisch, entschuldigte mich, sagte, dass wir uns von irgendwoher kennen müssten, und besetzte den nächsten Stuhl. Ich nötigte dem Herrn die Getränkekarte auf und fragte nach seinen Wünschen. Da er keine hatte, drückte ich meine Knie gegen seine, bestellte drei Lagen Slibowitz und drohte mit Vergeltung für den Beleidigungsfall, der einträte, wenn er nicht tränke. Obgleich der Herr weder dankbar noch kurzweilig war, sondern wortlos, bezahlte ich alles und begleitete ihn aus dem Lokal. In der Tür ließ ich meine Hand wie zufällig über eine Hinterbacke gleiten, um zu prüfen, ob die Gewebestruktur in Ordnung war. Da ich keine Mängel feststellen konnte, fragte ich den Herrn, ob er heute Abend etwas vorhätte, und lud ihn ein ins Kino ‚International'. Eine innere Anstrengung, die zunehmend sein hübsches Gesicht zeichnete, verzerrte es jetzt grimassenhaft, konnte die Verblüffung aber doch endlich lösen und die Zunge, als der Herr sprach: ‚Hören Sie mal, Sie haben ja unerhörte Umgangsformen.' – ‚Gewöhnliche', entgegnete ich, ‚Sie sind nur nichts Gutes gewöhnt, weil Sie keine Dame sind.'

Die folgende Geschichte schrieben zwei Schülerinnen eines Hannoveraner Gymnasiums für eine Veranstaltung über „Gewalt gegen Mädchen" an ihrer Schule. Sie adaptierten den vorangegangenen Text von Irmtraud Morgner (in: KREIENBAUM/METZ-GÖCKEL 1993, S. 168):

Nicole Dahms/Larissa Seiffert: Ein Morgen wie jeder

Sybille steht mit ihren Freundinnen an der Bushaltestelle. Als der Bus hält, erstürmen die Mädchen die letzte Bank und halten sie besetzt. Während der gesamten Fahrt werden die Jungen von ihren Mitschülerinnen geärgert. Sie ziehen sie an den Haaren und kneifen sie. Als Dirk zu weinen anfängt, freuen sich die Mädchen.
Der Unterrichtstag beginnt mit Englisch. Thorsten und Jan lesen ihre sauber geschriebenen Hausaufgaben vor. Michael, ein besonders sprachbegabter Junge, wird bei der Grammatikübung drangenommen. Doch als er einen Fehler macht, fangen die Mädchen lauthals an zu lachen, und der Bub wird feuerrot.

Mathe in der zweiten Stunde, für die Jungen eine Tortur. Frau Müllerin fängt ihr Unwissen damit ab, dass sie die Textaufgaben vorlesen lässt. Durch fleißiges Üben, so rät sie ihnen, könnten die Jungen durchaus ihre Unbegabung ausgleichen. Um die Lösung einer Aufgabe an der Tafel vorzuführen, meldet sich Olaf schon zum fünften Mal, vergebens. Wieder darf ein Mädchen, diesmal Heike, ihre Mathe-Eins beweisen.

Endlich schellt es zur großen Pause. Die Mädchen stürmen aus dem Klassenraum, um als erste das Fußballfeld zu erreichen. Sie lassen dort ihrer Urkraft freien Lauf.

Die Knaben spielen in einer ungestörten Ecke Gummitwist.

Dritte Stunde: Geschichte. Die Erzählung über die Römischen Heldinnen lässt die Mädchen endlich einmal aufmerksam werden.

Im Sportunterricht trainieren die Schülerinnen Leichtathletik auf dem Sportplatz, während die Jungen rhythmische Gymnastik betreiben. Beim Duschen stürmen die Mädchen die Umkleideräume der Jungen, die laut kreischend ihre nackten Teile zu verstecken suchen.

Der Schultag endet mit Physik. Herr Jansen-Koberg versucht seine unruhigen Zöglinge mit einem Experiment bei Laune zu halten. Als sich der Stromkreis nicht schließen lässt, sieht der Lehrer hilfesuchend in die Mädchenreihe, die sofort die Fehlerquelle findet.

Ein Schulalltag wie jeder andere?

Alle zitierten Texte entlarven das übliche Alltagsverhalten als anmaßend oder zumindest sehr unangemessen, indem sie das Gewohnte durch Spiegelung auf das andere Geschlecht übertragen. Wenn zwei dasselbe tun, ist es eben noch lange nicht dasselbe.

In Schulen und an vielen anderen Orten wurde die Forderung laut, das Geschlecht in der Sprache sichtbar zu machen. Wenn von Schülern und Lehrern die Rede sei, müssten Frauen und Mädchen stets herausfinden, ob sie mitgemeint seien – oder eben nicht:

Mitteilung

**Am 11. Juli finden in diesem
Schuljahr die Bundesjugendspiele statt.
Schüler und Lehrer treffen sich
um 8.00 Uhr am Sportplatz.**

Der Schulleiter

*Schülerinnen
und Lehrerinnen
haben frei!*

eine Lehrerin

Unsere Sprache ist weit mehr als ein Kommunikationsmedium. Sie transportiert fast unbemerkt Werthaltungen und Traditionen, Überkommenes und überwunden Geglaubtes. Man (Frau) wünschte sich eine Sprache, die ausdrückt, dass ein *Mensch* etwas tut: Lehrer wäre dann als „geschlechtsneutraler" Begriff zu verstehen, der auf eine professionelle Haltung hinwiese, unabhängig von (Geschlechter-)Zuschreibungen. Dahinter verbirgt sich die Sehnsucht nach einer Welt, in der das Geschlecht kein „Platzanweiser" und keine dichotome Kategorie mehr ist.

Dass im Deutschen die „neutrale" Form zumeist mit der „männlichen" zusammenfällt, macht es nicht leicht, zu unterscheiden, was nun jeweils gemeint ist. Wenn ein Lehrer von seinen Schülern spricht, hat er dann tatsächlich alle im Blick oder ist sein Fokus verengt? Die Sprache wird es uns nicht verraten.

Viele Menschen haben sich deshalb an eine geschlechtersensible Sprache gewöhnt. Sie wählen möglichst neutrale Begriffe: zum Beispiel Kollegium statt Lehrerinnen und Lehrer, Studierende statt Studentinnen und Studenten. Die Schreibung mit Bindestrich oder Binnen-I macht es ebenfalls möglich, beide Geschlechter zu adressieren. Manchmal sind die umständlichen Doppelnennungen einfach nicht zu vermeiden. Wir wollen nicht zu optimistisch sein: Die Sensibilität für eine Sprache, die alle einbezieht und sichtbar macht, ist größer geworden, von Selbstverständlichkeit können wir aber noch nicht ausgehen.

Die Inhalte: Curricula und Schulbücher

Um zu verstehen, warum sich Mitte der 1970er-Jahre eine Debatte um die Unterrichtsinhalte entzündete, greifen wir noch einmal auf die bereits dargestellten historischen Entwicklungen zurück. In den frühen 1960er-Jahren erkannten Picht, Dahrendorf und andere, wie dramatisch schlecht es um die Bildung in Deutschland bestellt war. Ein Befund: Nur sechs Prozent eines Jahrgangs absolvierten das Abitur. Angesichts der wachsenden Bevölkerung war ein Engpass an qualifizierten Lehrpersonen absehbar, sofern nicht die Bildungspotenziale besser ausgeschöpft werden würden. In der Folge des daraufhin proklamierten Bildungsnotstands wurde schließlich zu Bildungsreformen aufgerufen, die die Bildungslandschaft deutlich umgestalteten (vgl. S. 29 – 34) und die auch die Koedukation umfassten.

Die Mädchen bekamen mit der Einführung der Koedukation die Chance, zahlenmäßig mit den Jungen gleichzuziehen (zuvor gab es weniger Mädchen- als Jungenschulen). Für die gemeinsamen Schulen wurden allerdings die **Lehrpläne** verbindlich gemacht, die bisher dem Unterricht an Jungenschulen zugrunde lagen. Die Bildung der Jungen war schon länger an wissenschaftlichen Standards orientiert, während bei der Mädchenerziehung stets die Frauenrolle mit Haushaltsführung und Mutterschaft zu Unterrichtsfächern wie Ernähungslehre oder Handarbeit, aber auch zu einer anderen Stoffauswahl zum Beispiel etwa für den Chemieunterricht geführt hatte. In der feministischen Schulforschung wurde dies – dem Zeitgeist entsprechend – als Diskriminierung gedeutet: Die Mädchen hatten sich den Jungen anzupassen – nicht etwa umgekehrt. Erst allmählich erstellten Kommissionen gemeinsame Lehrpläne. Tatsächlich gibt es weitere Hinweise auf eine einseitige Anpassungserwartung. Während an bisherigen Mädchenschulen umgehend für die Jungen eine Torwand auf dem Schulhof montiert wurde und die Schulleiterin die Bezirksregierung um die Zuweisung von männlichen Lehrkräften bat, damit den Jungen männliche Leitfiguren und Modelle angeboten würden, haben Schulleiter ehemaliger Jungenschulen nichts Derartiges unternommen. Sie erwarteten – so interpretierten es feministische Schulforscherinnen in den 1980er-Jahren –, dass die Schülerinnen die Jungen zu Kavaliersverhalten auffordern würden, und verknüpften damit die Hoffnung, dass Unterrichten von Stund an leichter werde, weil die Mädchen ihren Teil an Disziplinierung und Zähmung der Mitschüler übernähmen. Soziale Fähigkeiten werden bei den Mädchen vorausgesetzt und von ihnen stillschweigend eingefordert (vgl. KREIENBAUM 1992).

In den 1970er- und 1980er-Jahren haben sich Wissenschaftlerinnen und Lehrerinnen intensiv mit den traditionellen Lehrmedien auseinander gesetzt. Schulbücher aller Fächer wurden untersucht und anhand einfacher und nachvollziehbarer Kriterien daraufhin überprüft, ob sie offensichtlich oder subtil Geschlechterstereotype verwenden oder „heimliche" Botschaften aussenden. Besonders hervorzuheben sind die Arbeiten von Ulrike Fichera, die neben Schulbuchanalysen auch Meta-Untersuchungen (1996) über das Genre vorlegt. Neben Schulbuchanalysen wurden Bilderbücher, Kinder- und Jugendbücher analysiert. Das Fazit in den 1980er-Jahren war recht niederschmetternd: vom „pfiffigen Peter und der faden Anna" (MATHIAE 1987) erzählen Kinderbücher, Schulbücher von der Fibel bis zum Lehrbuch für die gymnasiale Oberstufe sind sexistisch und einseitig in den Darstellungen der Geschlechter. Die wichtigsten Befunde waren nach LÜHRIG (1995) im Einzelnen:

- Frauen und Mädchen waren in Schulbüchern rein zahlenmäßig unterrepräsentiert.
- Frauen wurden als Hausfrauen oder in traditionellen Berufen wie Krankenschwester, Lehrerin oder Sekretärin dargestellt und boten keine Identifikationsmodelle für ein erweitertes Berufsspektrum.
- Partnerschaftliche Zusammenarbeit im Haushalt wurden selten gezeigt.

- Die Aktivitäten von Mädchen waren von geringer räumlicher Reichweite, meist hielten sich diese im privaten Bereich auf.
- Historische Darstellungen ließen häufig den Anteil der Frauen an der Geschichte der Menschheit aus.
- Schülerinnen wurden selten direkt angesprochen, fast immer wurde nur das Maskulinum (Kunde, Zuschauer, Schüler etc.) benutzt.
- Frauen als Autorinnen, Herausgeberinnen und Verlegerinnen waren weit unterrepräsentiert.

Auf der Ebene der Unterrichtsinhalte gibt es unter Geschlechteraspekten erfreuliche Tendenzen: Die Schulbuchverlage haben die Kritik angenommen und die Bücher sehr viel geschlechtsrollenneutraler und „frauenbewusster" angelegt. Auch die Kinder- und Jugendliteratur ist lange nicht mehr so klischeehaft wie noch von zwei Jahrzehnten und weist eine erfreuliche Vielfalt auf.

Viele Studienordnungen verlangen mittlerweile von angehenden Lehrerinnen und Lehrern die Beschäftigung mit dem Geschlechterverhältnis. Staats- und Diplomarbeiten setzen sich mit geschlechtersensiblen Fragestellungen auseinander. Auch Studienseminare legen einen Fokus auf den Umgang mit Mädchen und Jungen im Unterricht.

Nicht bei allen Entwicklungen wird die Geschlechterperspektive selbstverständlich mitgedacht. Kerncurricula und Mindeststandards werden derzeit eingeführt und auch Bundesländer, in denen bislang Individualprüfungen üblich waren, planen zentrale Abitur-Prüfungen. In NRW zum Beispiel verzichtet der Erlass für das erste Zentralabitur 2007 in allen Fächern auf Theorien und Texte von Frauen (mit Ausnahme von Maria Montessori im Fach Pädagogik). Die Vorschlagsliste etwa für das Fach Deutsch sieht ausschließlich Texte von männlichen Autoren vor. Es ist zu hoffen, dass diese Einseitigkeiten zu den „Kinderkrankheiten" der neuen Regelungen zählen, die über die notwendigen Revisionen verschwinden werden.

Aus den zahlreichen Studien, die sich mit den Unterrichtsinhalten und ihren Sozialisationswirkungen befasst haben, wählen wir zwei aus, um sie ausführlicher darzustellen. Es handelt sich um die als „Fabrikstudie" bekannt gewordene Forschungsarbeit von Astrid Kaiser und um das Konzept der „Einbeziehenden Erziehung" von Peggy Orenstein. Erstere ist eine viel beachtete Studie, die die Unterrichtsforschung in Schwung gebracht und wertvolle Impulse gesetzt hat. Letztere bringt mehr als Unterrichtsforschungsergebnisse. Wir haben sie hier aufgenommen, weil sie wegweisend für guten, gemeinsamen Unterricht von Jungen und Mädchen ist.

1. Studie – Astrid Kaiser: Grundschulkinder und Arbeitswelt

Unter der Kurzformel **Fabrikstudie** wurde eine Untersuchung aus den Jahren 1983 bis 1985 bekannt, die Astrid Kaiser in Grundschulklassen des dritten und vierten Jahrgangs durchführte. Sie wollte herausfinden, inwiefern „Arbeit" und Arbeitswelt Themen im Grundschulsachunterricht waren. Dabei handelt es sich um das Teilprojekt „Traumfabrik", das im Rahmen einer empirischen Untersuchung in den Jahren 1983 bis 1985 an 25 verschiedenen Grundschulen im Raum Bielefeld entstand und das 1992 durch eine ethnokulturelle Vergleichsstudie in Grundschulen auf Sumatra erweitert wurde.

Ausgangsfrage

Kaisers Erkenntnisinteresse galt der Frage, ob die Arbeitswelt zum Vorstellungsbereich der Kinder gehört und inwiefern unter dem „scheinbar sachneutralen Unterrichtsthema ‚Fabriken' zwei ‚verdeckte Lehrpläne' für Jungen und Mädchen liegen" (KAISER 1998, S. 28). Als Untersuchungsmethode wählte sie die teilnehmende Beobachtung, durchgeführt in acht dritten und vierten Grundschulklassen in Bielefeld. Kindern wurde die Aufgabe gestellt, eine Fabrik der Gegenwart und eine der Zukunft zu zeichnen. Die Diskussionen in den Klassenverbänden wurden protokolliert und auf Tonkassetten festgehalten.

Ergebnisse

Das wichtigste Ergebnis der Studie ist, dass die Arbeitswelt – hier dargestellt am prototypischen Beispiel der Fabrik – der Lebenswelt der Kinder nicht so fern ist wie allgemein angenommen. Die Grundschüler verfügen über ein breites Wissen, sowohl was die technischen als auch die sozialen Zusammenhänge und Bedingungen in der Arbeitswelt angeht. Kaiser vermutet, dass solcherlei Wissen aus Gesprächen mit Eltern, Fernsehsendungen (etwa die „Sendung mit der Maus") und anderen Medienerfahrungen erwächst. Auffällig ist, dass sich die Bilder, die Jungen malen, deutlich von denen der Mädchen unterscheiden. Jungen bemerken vor allem technisch-funktionale Details und geben diese auch in ihren Zeichnungen wieder. Mädchen fokussieren zum Beispiel auf konkrete Arbeiten der Beschäftigten und zeigen die Belastungen der Fabrikarbeiter/-innen auf. Während Mädchen Fabriken zeichnen, in denen „die dem unmittelbaren Konsum näheren konkreten Produkte wie Spielzeug, Schallplatten, Kleider" produziert werden, bevorzugen Jungen „technische oder abstrakte Produkte wie Plastik oder Lkws" (KAISER 1986, S. 140). Mädchen zeichnen zudem lebendigere Bilder, die Menschen bei konkreten Arbeiten zeigen, während Jungen oft Menschen ganz weglassen oder zumindest die technischen Vorgänge (komplexe Gefüge von Maschinen, stark differenzierte Darstellung von

Arbeitssystemen) in den Vordergrund rücken. Zusammengefasst gesagt: „Mädchen gehen in ihrer Aufmerksamkeit mehr in die ‚Tiefe' sozialer Prozesse und auf das Produkt selbst ein, während die Jungen ihre Aufmerksamkeit auf die ‚Breite' der Produktionsschritte und die ‚Höhe' der Fabrik – in räumlicher und sozial hierarchischer Hinsicht – richten." (Ebd., S. 145) Interessant erscheint der Forscherin in diesem Zusammenhang, dass die Unterschiede in den Bildern später, als die Fabrik im Jahr 2000 gezeichnet werden sollte, weniger stark ausgeprägt waren. Die Vorstellungen der Mädchen und Jungen hatten sich angeglichen. Kaiser sieht dies als Beleg für die Wirksamkeit koedukativer Erziehung und spricht von der „entstereotypisierenden Wirkung gemeinsamer Gespräche von Jungen und Mädchen" (ebd., S. 34).

Einordnung der Studie

Die Studie ist bemerkenswert in ihrer explorativen Anlage. Kaiser hat den Zugriff der Geschlechter auf das Thema Arbeitswelt erkundet und eine doppelte Einseitigkeit festgestellt. Weil den Jungen der soziale Bezug der Arbeitswelt weitgehend fehlte und den Mädchen die technischen Abläufe wenig klar waren, wurde beiden Gruppen deutlich, dass ihr jeweiliges Spektrum verkürzt war und der Erweiterung bedurfte. Unter den Zielformulierungen „Voneinander Lernen" und „Kompensatorische Erziehung" wurden die Ergebnisse der Studie didaktisch gewendet. Es wäre zu überprüfen, ob sich die Bilder von Mädchen und Jungen infolge einer geschlechtsspezifischen Wahrnehmung heute ähnlich deutlich voneinander unterscheiden würden oder ob sich eher soziale Unterschiede und Erfahrungen niederschlagen würden.

Der methodische Zugriff (epochaltypische Schlüsselprobleme erfahrungsbezogen thematisieren) und der schülerorientierte Ansatz des Unterrichts (eigene Erfahrungen sichtbar machen und mit der Realität vergleichen) sind heute ebenso aktuell wie in den 1980er-Jahren.

Die Studie wurde vielfach in Aufsätzen veröffentlicht.
Hier exemplarisch zwei Quellen:
ASTRID KAISER: Die Arbeitswelt aus Mädchen- und Jungenperspektive. In: Ev. Akademie Hofgeismar (Hg.): Protokoll 223/1985, 173–190
ASTRID KAISER: Lernvoraussetzungen und Geschlecht. Vorstellungen von Mädchen und Jungen über die Arbeitswelt. In: DDS 1/98, S. 27–36

2. Studie – Peggy Orenstein:
Das Fünf-Phasen-Modell von McIntosh

Peggy Orenstein legte 1994 eine Studie vor, in der unter anderem die Unterrichtsinhalte und Curricula in ihrer Bedeutsamkeit für schulische Lernprozesse untersucht wurden. Sie findet hier Erwähnung, weil es sich um eine ethnografische Studie handelt, die wertvolle Anregungen für eine didaktische Umsetzung geschlechtergerechten Unterrichts enthält. Allerdings waren die Erkenntnisse über Themenwahl und Unterrichtsmethoden ein „Nebenprodukt". Die Journalistin Orenstein begleitete ein Schuljahr lang den achten Jahrgang zweier amerikanischer Schulen in Nordkalifornien, einer „weißen Mittelschichtsschule" und einer „schwarzen Schule", in der 90 Prozent der Schülerinnen und Schüler afroamerikanischen Ursprungs sind.

Ausgangssituation

Die Lebenswelten und Interessen der Schülerinnen an beiden Schulen waren deutlich unterschiedlich:
Die Mädchen der weißen Mittelschichtsschule werden so beschrieben, dass sie vollauf mit Fragen der eigenen Körperwahrnehmung beschäftigt sind. Sie haben Angst vor dem eigenen Begehren entwickelt, weil über den Umgang mit Sexualität der Status in der Klasse definiert wird. Viele Mädchen entwickeln „Protestformen" und neigen zur Magersucht. Orenstein nennt sie *fasting girls* (hungernde Mädchen) und spricht von einer Magersucht-Epidemie. Mädchen versuchen, „zwischen der gleichzeitigen Über- und Abwertung des weiblichen Körpers zu navigieren, eine Reaktion auf den Strudel der widersprüchlichen Erwartungen, denen diese Mädchen gegenüberstehen" (ORENSTEIN 1996, S. 116). Daneben sind sie leistungsorientiert und wenig selbstbewusst. Sie haben panische Angst davor, zu den „Schlampen" zu zählen.
Die Mädchen der „schwarzen Schule" werden geprägt durch die Angst vor der Chancenlosigkeit auf dem Arbeitsmarkt und fehlende Perspektiven. Sie laufen Gefahr, „durch die Ritzen zu fallen". Dies geschieht durch frühe Schwangerschaften – damit ist zumeist verbunden, dass die Mädchen die Schule verlassen müssen – oder dadurch, dass sie „in Banden gehen" (ebd., S. 213). Gewalterfahrungen sind alltäglich. Es lässt sich als Vermeidungsstrategie deuten, wenn sie zu Hause bleiben oder sich einen Beschützer suchen. In dem Gefühl, dass es sich nicht lohnt, in schulische Bildung zu investieren, ergeben sie sich in ihr Schicksal. Beide Gruppen hatten „die Einschränkungen ihres Geschlechts verinnerlicht" (ebd., S. 17).

Ergebnis: *Inclusive education*

Das Konzept, das Orenstein gegen die beobachteten Formen von Selbstbewusstseinsverlust setzt, findet sie in einer anderen Schule. *Inclusive education* oder einbeziehende Erziehung nennt sie den Ansatz, mit dem versucht wird, den heimlichen Lehrplan der Geschlechtererziehung aufzusprengen (vgl. dazu S. 44): mit ausgewählten Inhalten (und Methoden). Im Literatur- und Geschichtskurs wird Frauen und Männern gleich viel Zeit und Aufmerksamkeit gewidmet. Zugrunde gelegt wird das Fünf-Phasen-Modell von McIntosh (Direktorin des Forschungszentrums, Wellesley College, Mass., USA:

- McIntosh beschreibt „**Phase eins** als ‚frauenlose und ausschließlich weiße Geschichte', die die meisten von uns als Kinder gelernt haben.
- In **Phase Zwei** bemerken die Lehrerinnen, dass es im Lehrplan keine weißen Frauen und auch keine farbigen Menschen gibt, und sie suchen nach ein paar exzeptionellen Persönlichkeiten, die sie einstreuen können.
- Während **Phase drei** werden die Strategien des Lehrplans enthüllt und der Fokus liegt auf Problemfragen: Sexismus, Rassismus, Klassenvorurteile und Opferrolle.
- **Phase vier** läutet die neue Ära ein, in der der Alltag von Frauen und Minoritäten für ein lohnendes Thema der Forschung gehalten wird.
- Erst wenn diese vier Phasen kombiniert werden, wird **Phase fünf** möglich: ‚eine neu definierte und rekonstruierte Geschichte, die uns alle einbezieht'." (Ebd., S. 270)

Einordnung und Ausblick

Es reicht nicht, zum bisherigen Curriculum die Namen einiger prominenter Frauen zuzufügen und „das Ganze umzurühren". Es muss ebenso selbstverständlich sein, etwas über Frauen zu lernen, ihre Literatur oder Kunst zu untersuchen, ihre wissenschaftlichen Erkenntnisse und Theorien zu erarbeiten wie über alle Männer auch. „Ich stelle das Leben von Frauen ohne Entschuldigung dar", kommentiert die Lehrerin. „Ich bemerke im Allgemeinen, dass sich Jungen nur weigern, über Frauen zu lernen, wenn sie als ‚geringer' dargestellt werden. Und wenn sie als ‚geringerwertig' dargestellt werden, wollen Mädchen auch nichts über Frauen lernen. Und ich kann es ihnen nicht übel nehmen." (Ebd., S. 271) Der Lehrplan, so fordert die Pädagogin Emily Style, solle sowohl ein Fenster wie ein Spiegel für die Schülerinnen sein, sodass sie imstande sind, in andere Welten hineinzublicken, aber auch die persönlichen Erfahrungen in dem, was sie lernen, gespiegelt zu sehen (vgl. ebd., S. 259).

Peggy Orenstein: Starke Mädchen – brave Mädchen. Was sie in der Schule wirklich lernen. Frankfurt 1996

Die Interaktion: Systematische Unterrichtsbeobachtungen

Die Forschungsbemühungen der ersten feministischen Wissenschaftlerinnen-Generation hatten im Wesentlichen eine Antriebsquelle, nämlich zu ergründen, was wirklich hinter der sichtbaren Bildungsabstinenz und der weniger ausgeprägten Berufs- und Aufstiegsmotivation von Mädchen und jungen Frauen steckte: Sind Mädchen für höhere Berufe und Karrieren nicht geeignet oder werden sie daran gehindert, von wem oder was auch immer? Die Forschungsfragen differenzierten sich und entwickelten sich entsprechend den gewonnenen Erkenntnissen. Zunächst wurde erkundet, ob Mädchen und Jungen am Unterrichtsgeschehen gleichermaßen partizipieren. Dann wurde nach naturwissenschaftlicher Interessenentwicklung und Technikfreundlichkeit und ihren Entwicklungsbedingungen gesehen. Gleichzeitig wurden die Einstellungen von Lehrpersonen erkundet, besonders ihre Einstellungen zum Lehrerberuf und zum Selbstverständnis ihrer Fächer.

Aus Geschlechterperspektive betrachtet, lauten die **Forschungsfragen** etwa:
- Wie nehmen Sie als Lehrer/-in Mädchen und Jungen in Ihrem Unterricht wahr?
- Planen Sie Themen und Stunden eher mit Blick auf Jungen oder auf Mädchen, explizit für beide Geschlechter oder ohne über das Geschlechterverhältnis nachzudenken?
- Knüpfen Sie an den Erfahrungshorizont der Schülerinnen und Schüler an?

Einen Teil der Studien möchten wir in diesem Band vorstellen. Den Anfang machen drei Studien, die das Interaktionsverhalten von Mädchen und Jungen bzw. von Lehrer/-innen und Schüler/-innen betrachten.

Als gegen Ende der 1970er-Jahre das Bewusstsein für formale oder subtile Benachteiligungen von Mädchen erwachte, begann man in den angelsächsischen Ländern, über systematische Unterrichtsbeobachtungen zu ergründen, ob Lehrerinnen und Lehrer möglicherweise dazu beitrugen, Geschlechterstereotype zu verstetigen. Einfache Auszählungen ergaben, dass in koedukativen Klassen die Redeanteile von Mädchen und Jungen nicht entsprechend ihrer Anzahl verteilt waren, sondern Jungen etwa doppelt so hohe Chancen hatten, im Unterricht Beiträge liefern zu können. Auf diese Weise, so wurde geschlussfolgert, seien die besseren Schulleistungen der Jungen zu erklären. Die Aufmerksamkeit der Lehrpersonen richte sich stärker auf die Jungen, die dies so für sich verbuchen, dass sie die „Bedeutsameren" oder „Dominanteren" sein dürfen.

Unterrichtsanalysen wurden mit zunehmend größerem technischem Aufwand betrieben: Videokameras ersetzten das Tonband. Multiperspektivität, Wiederholbarkeit der Analyse sowie eine größere Objektivität der Ergebnisse sollten erreicht werden. Beispielhaft möchten wir folgende Studien vorstellen:

- Die Interaktionsstudie der Soziologin Uta Enders-Dragässer und der Linguistin Claudia Fuchs und
- die Reutlinger Studien von Angelika C. Wagner und anderen, die mehrere spannende Aspekte beleuchteten. Wir greifen zwei Teilstudien heraus.
  - Heidi Frasch und Angelika Wagner fassten die Ergebnisse in der Überschrift „Auf Jungen achtet man einfach mehr" zusammen.
  - Monika Barz nutzte die Methode des Nachträglichen Lauten Denkens (NLD) um zu erfahren, was Mädchen und Jungen während des Unterrichts durch den Kopf geht – und hat vieles über Schüleraktivitäten, Frust und Lernbedingungen erfahren. Ihre Untersuchung leistet einen wichtigen Beitrag zur Erklärung von Übergriffen und körperlicher Gewalt im Klassenzimmer. Sie lassen sich zum Teil auf die so genannte Geschlechterdifferenz zurückführen, nämlich auf die (gesellschaftliche) Erwartung an Jungen, dass sie den Mädchen überlegen sein sollen. Nicht zuletzt offenbart ihre Studie, dass auch unterrichtliche Monokultur, also lehrerzentrierter Unterricht, rezeptive Lernauffassungen etc., einen erheblichen Anteil daran haben.

3. Studie – Uta Enders-Dragässer und Claudia Fuchs: Die Hessische Interaktionsstudie

Eine der ersten breit angelegten Studien ist die als „Hessische Interaktionsstudie" bekannt gewordene Forschung von Uta Enders-Dragässer und Claudia Fuchs, die 1989 veröffentlicht wurde.

Ausgangssituation

Verdienst dieser Studie ist unter anderem die Anschlussfähigkeit an die Kommunikationsstudien von Paul Watzlawick und die Aufarbeitung der angelsächsischen Literatur. Mit ihrer Veröffentlichung gelangten die Forschungsergebnisse von Michelle Stanworth oder Katherine Clarricoates, von Dale Spender und Pat Mahony in gut lesbarer Form in Deutschland zur Rezeption. Sie trugen interessante Aspekte zur Debatte bei, etwa zum Thema „Attribuierung", also die Einstellung von Lehrkräften gegenüber Schülerinnen und Schülern, die ihr Handeln leiten und ihre Wahrnehmung strukturieren.

Methodisch arbeitete man mit Unterrichtsbeobachtung und -aufzeichnung mit technischer Unterstützung sowie mit Leitfadeninterviews. Das Projekt war ursprünglich breiter angelegt. Infolge eines Regierungswechsels in Hessen wurde die Finanzierung bedauerlicherweise gekappt und so musste der Anspruch der Forscherinnen zurückgeschraubt werden. Am Ende wählten sie aus dem Material sechs Unterrichtsstunden aus unterschiedlichen Schulformen, Jahrgängen und Fächern aus. Exemplarisch möchten wir zwei wichtige Ergebnisse vorstellen, die in der Rezeption der Studie die größte Aufmerksamkeit erreichten. Die Strategie (von Jungen), Hierarchien umzukehren, und die *Double-Bind*-Situationen, in die Mädchen geraten, wenn sie versuchen, schulischen Anforderungen und den Geschlechterrollenstereotypen zugleich zu genügen.

Ergebnis 1: Der Versuch, Hierarchien umzukehren

In koedukativen Klassen mit einer Lehrerin oder – wie in diesem Fall – Forscherinnen, die die bei Jungen begehrte und positiv besetzte Technik nutzen, lässt sich beobachten, wie (kleine) Jungen ihren Status definieren. Dem Alter nach sind sie jünger und damit statusniedriger als die Fachfrauen. Das Geschlecht dagegen weist sie, so interpretieren die Forscherinnen, als statushöhere Personen aus und diesen Status beanspruchen sie auch. Sie zeigen den Gästen, wer „Herr im Haus" ist und die Definitionsmacht hat. Das tun sie, indem sie die Filmkameras und Mikrofone im Gang nicht beachten und ohne Rücksicht auf Verluste „umrennen". Die Forscherinnen verstehen dies als Botschaft und Warnung: Auf uns kommt es hier an, wir sagen, was hier abgeht und wer was tun darf. Über Störungen einer Lehrerin „das Leben schwer zu machen" wird in diesem Zusammenhang als Strategie interpretiert, als Durchsetzung eigener Interessen (ENDERS-DRAGÄSSER/FUCHS 1989, S. 82), als Machtfrage, als Grenzenübertreten. Gerade in weiterführenden Schulen versuchen Jungen das Wissen, Können und die Autorität einer Lehrerin in Frage zu stellen. Sie lauern darauf, bei ihr Zeichen von Schwäche und Unterlegenheit zu entdecken, und wissen, dass sie selbst diese verursacht haben und demnach „mächtig" sind.

Ergebnis 2: *Double-Bind*-Situationen

In der Schule, das haben Forschungen sehr überzeugend nachgewiesen, widersprechen sich die Anforderungen, die über die Schüler/-innen- oder die Geschlechterrolle an Individuen gestellt werden, derart, dass die Geschlechterrolle das Lernen behindern oder beeinträchtigen kann. Wenn Mädchen zum Beispiel im Mathematikunterricht Wissen und Können zeigen, müssen sie mit indirekten Missfallensäußerungen rechnen. Die Botschaften sind subtil, aber wirkungsvoll: über den Tonfall oder die Art einer Bemerkung, durch Stirnrunzeln, Ignorieren oder durch Rempler und Ähnliches signalisieren die Mitschüler Missfallen und machen ein Mädchen darauf aufmerksam, dass sie die Spielregeln verletzt hat. Sich in Mathe hervorzutun gehört zur Schülerrolle, als Mädchen soll man die Jungen tunlichst nicht fachlich übertreffen. Eine Situation, in der es keine allseits akzeptierten Möglichkeiten gibt, sich zu verhalten, bezeichnet Watzlawick als *Double-Bind*. *Double-Bind*-Situationen zeichnen sich dadurch aus, dass jede Variante eines gewählten Verhaltens falsch wäre. In der Interaktionsstudie wird dies am Beispiel einer Rollenspielsequenz im Geschichtsunterricht herausgestellt: Zum Abschluss einer Reihe über den römisch-karthagischen Konflikt werden die wichtigsten Inhalte in einem Rollenspiel zusammengefasst. Schüler und Schülerinnen treten dabei in unterschiedlichen Rollen auf: ein reicher Römer, ein karthagischer Handelsherr, ein römischer und ein karthagischer Bauer und ein Sklave (Frauen kamen nicht vor). Sie diskutieren in einer Taverne ihre gesellschaftliche Lage und ihre politischen Interessen. Bei der Spielreflexion wird bemängelt, dass sich die wenigen Mädchen, die überhaupt bei einem der Spieldurchgänge beteiligt waren, entweder als Mädchen zu vorlaut oder als reicher Römer im Gespräch nicht dominant genug gegeben haben:

> Andrea hat sich mit demselben Verhalten (auf den Tisch schlagen und schreien), mit demselben Anspruch auf Dominanz, der noch dazu von der Rollenbeschreibung gestützt wird, nicht durchgesetzt. Sie wurde durch die Aufgabe, einen ‚reichen Römer' darzustellen, in das klassische Dilemma der statushohen Frau gebracht: Sie wird gleichzeitig als zu schwach und als zu dominant wahrgenommen. Sie sieht sich zwei unvereinbaren Verhaltensanforderungen gegenüber:
> Als ‚reicher Römer' soll sie sich im Gespräch diesem Status entsprechend verhalten, sich also gegenüber einem Sklaven durchsetzen und das Gespräch wesentlich mitbestimmen; als Mädchen wird ihr diese Dominanz aber von ihren Gesprächspartnern nicht gestattet, und der Versuch zu dominieren wird von den Zuhörern als „laut" und „vorlaut" wahrgenommen. (Ebd., S. 136)

Im Zusammenhang mit Aufrufketten im Unterricht schildern Enders-Dragässer/Fuchs, dass es nicht zu einer gleichmäßigen Verteilung der Redebeiträge zwischen Jungen und Mädchen kommt. Die Jungen tendieren dazu, bevorzugt Jungen und seltener Mädchen aufzurufen. Die Mädchen dagegen rufen etwa gleich viele Mädchen wie Jungen auf. Mädchen verhalten sich fair, Jungen unterlaufen die Regel der Gleichbehandlung. Da die Jungen nicht kooperieren, verlieren die Mädchen (ebd., S. 130). So beobachten sie und ziehen folgendes Fazit:

Die Benachteiligung [der Mädchen] in der Klassenzimmerkommunikation gehört zu den Grundvoraussetzungen der Situation, die als vor-bewusste Muster und Normen der aktuellen Wahrnehmung entzogen sind und hochautomatisch ablaufen in dem Sinn, dass die Jungen und ihr Lehrer die Mädchen nicht *bewusst* diskriminieren, ihnen nicht *bewusst* den Zugang zu gleichem Rederechten verweigern, sondern einfach dem kulturellen Muster der Zweitrangigkeit des Weiblichen folgen, das sie nicht als solches bewusst wahrnehmen. Die Diskriminierung der Mädchen im Klassenzimmer ist also äußerst subtil und vor-bewusst, deswegen aber nicht weniger wirksam, sondern eher noch wirksamer als eine Benachteiligung, die offen zutage liegt und direkt als solche wahrgenommen und dann auch problematisiert werden kann. (Ebd., S. 131)

Einordnung der Studie

Die hessische Interaktionsstudie erfreute sich einer hohen Aufmerksamkeit und war für die Koedukationsdebatte äußerst fruchtbar. Die Unterrichtsbeobachtungen vor dem Hintergrund der Kommunikationstheorie Watzlawicks zu interpretieren und die Feststellung von Gefangensein in paradoxen Situationen, die keine positive Auflösung erlaubt, war ein bemerkenswerter Baustein in der Aufklärung schulischer Diskriminierung von Mädchen.

Das kleine Sample von nur sechs Unterrichtsstunden, über die sehr allgemein die gegebene schulische Benachteiligung von Mädchen veranschaulicht wurde, war bereits bei Erscheinen des Forschungsberichts moniert worden. Die Autorinnen trennen scharf in Jungen- und Mädchen, Lehrer und Lehrerinnen und nehmen das Geschlecht als Differenzlinie auch zwischen „Tätern" und „Opfern". Diese Pauschalisierung erfolgte zu einer Zeit, als differenztheoretische Erklärungen Hochkonjunktur hatten.

Bereits kurze Zeit später setzte sich die Erkenntnis durch, dass solche Zuschreibungen und Konstruktionen an den Geschlechterverhältnissen mitwirken und ebendiese „Zweitrangigkeiten" mit herstellen. Ein großes Verdienst der Forscherinnen ist, dass sie eine erste Sammlung von Unterrichtsstrategien zusammengestellt haben, die zur Überwindung der Benachteiligungen geeignet sind.

 ENDERS-DRAGÄSSER, UTA/FUCHS, CLAUDIA: Interaktionen der Geschlechter. Sexismusstrukturen in der Schule. Eine Untersuchung an hessischen Schulen im Auftrag des Hessischen Instituts für Bildungsplanung und Schulentwicklung. Weinheim 1989

4. Studie – Heidi Frasch und Angelika C. Wagner: Auf Jungen achtet man eigentlich mehr

In den Jahren 1976 bis 1982 lief in Reutlingen unter der Leitung von Angelika C. Wagner ein groß angelegtes DFG-Forschungsprojekt zum Thema „Unterrichtsstrategien". Heide Frasch und Angelika C. Wagner selbst führten zwei Untersuchungen durch, die im Jahr 1982 mit den gesammelten Projektergebnissen veröffentlicht wurden.

Fragestellung und Vorgehen

Die Forscherinnen nahmen das Lehrerverhalten gegenüber Mädchen und Jungen in den Blick. Die erste Untersuchung lässt sich als Pilotstudie einordnen: Elf Lehrerinnen und vier Lehrer wurden im Unterricht mit insgesamt 450 Schülerinnen und Schülern beobachtet. Pro Klasse wurden je eine Stunde Mathe, Deutsch und Sachkunde ausgewertet. Die zweite, darauf aufbauende Studie umfasst eine größere, anders ausgewählte Stichprobe: 35 Klassen des vierten Schuljahres mit insgesamt 1.082 Schülerinnen und Schülern. Diesmal wurde auf die Gleichverteilung bei den Lehrpersonen geachtet: 18 Lehrer und 17 Lehrerinnen wurden an 22 Stadt- und 13 Landschulen im Umkreis von Reutlingen durch ein Team von 70 geschulten Studierenden beobachtet.

Ergebnisse

Insgesamt zeigen die Ergebnisse der beiden Untersuchungen, dass Jungen im Unterricht deutlich häufiger drangenommen, gelobt und getadelt werden als Mädchen.
Frasch/Wagner fassen zusammen:

> Jungen werden signifikant öfter aufgerufen, sowohl relativ zu ihrer Zahl in der Klasse als auch relativ zu der Häufigkeit, mit der sie sich melden. [..]
> Jungen werden signifikant öfter gelobt als Mädchen, sowohl relativ zur Schülerzahl in der Klasse als auch relativ zu der Häufigkeit, mit der sie sich melden und aufgerufen werden.
> […] Jungen werden signifikant häufiger getadelt als Mädchen.
> Jungen werden signifikant häufiger ermahnt wegen „mangelnder Disziplin" (etwa doppelt so oft). Dies war durchgängig der deutlichste Unterschied in allen Fächern.
> Lehrerinnen sprechen bei Einzel- und Gruppenarbeit signifikant öfter Jungen als Mädchen an, vor allem in Sachkunde und Mathematik. […]
> Die Hypothese, dass Mädchen von sich aus mehr Kontakt zu den Lehrerinnen/Lehrern suchen als Jungen, wurde nicht bestätigt. In der zweiten Unter-

suchung waren es sogar die Jungen, die von sich aus tendenziell mehr Kontakt zu Lehrpersonen initiierten.

[…] Es lässt sich deshalb nicht generell sagen, dass Mädchen häufiger zum Lesen aufgerufen werden als Jungen: Im Gegenteil scheinen unter bestimmten Umständen – zum Beispiel im Fach Mathematik – Jungen vor allem von männlichen Lehrern häufiger zum Lesen aufgerufen zu werden als Mädchen. Insgesamt stellt es sich so dar, dass männliche Lehrer noch etwas stärker dazu neigen, männliche Schüler mehr zu beachten, als Lehrerinnen dies tun; dieser Unterschied ist jedoch nicht stark ausgeprägt. Lehrerinnen neigen noch stärker als ihre männlichen Kollegen dazu, Jungen häufiger als Mädchen aufzurufen, ohne dass diese sich vorher gemeldet hätten.

Die unterschiedliche Behandlung von Jungen und Mädchen ist in Sachkunde und Mathematik am ausgeprägtesten, während sie in Deutsch am wenigsten zutage tritt. (FRASCH/WAGNER 1982, S. 272 ff.)

In der Diskussion dieser Befunde stellen die Forscherinnen fest, dass sich „Einstellungen und selektive Wahrnehmung des Lehrers darin ausdrücken, dass der Unterrichtsbeitrag von Jungen – unbemerkt – als wertvoller eingestuft wird und Jungen für förderungswürdiger erachtet werden. Lehrer spornen deshalb Jungen mehr an, was zu häufigerem Lob und Tadel und Disziplintadel führen kann, wenn die schulische Mitarbeit der Jungen durch deren aggressives Verhalten gefährdet ist." (Ebd., S. 276)

Einordnung der Ergebnisse

Seit jener ersten Studie sind seit den 1980er-Jahren ähnliche Fragestellungen explizit und implizit untersucht worden. Die schlechten Leistungen der Jungen unter anderem bei den PISA-Studien und ihre überproportional hohe Einstufung in „Risikogruppen" legen es nahe, dass eine Wiederholung der Untersuchungen heute möglicherweise zu anderen Ergebnissen führen würde. Von *den* Jungen als homogener Gruppe würde niemand mehr ausgehen. Lerngruppen sind erkennbar bunter und Lernsituationen zusehends komplexer geworden. Die Einstellungen von Lehrpersonen gegenüber Teilgruppen ihrer Klassen sind sicher ebenfalls nicht mehr so pauschal abzulesen. Genaueres Hinsehen tut Not.

FRASCH, HEIDI/WAGNER, ANGELIKA C.: „Auf Jungen achtet man eigentlich mehr". Eine empirische Untersuchung zu geschlechtsspezifischen Unterschieden im Lehrer/-innenverhalten gegenüber Jungen und Mädchen in der Grundschule. Veröffentlicht in: ILSE BREHMER (Hg.): Sexismus in der Schule. Der heimliche Lehrplan der Frauendiskriminierung. Weinheim 1982, S. 260–278

5. Studie – Monika Barz: Nachträgliches Lautes Denken (NLD)

Die Untersuchung von Monika Barz war ebenfalls Teil des mehrjährigen DFG-Forschungsprojekts „Unterrichtsstrategien" in Reutlingen.
Sieben Lehrer/-innen und 56 Schüler/-innen aus sieben Klassen der sechsten Schuljahre (Haupt- und Realschule) waren daran beteiligt. Ausgewählt wurden fünf Lehrerinnen und zwei Lehrer im Alter von 24 bis 29 Jahren mit mindestens zwei Jahren Berufserfahrung, deren Unterricht als schülerorientiert gelten konnte. Unter den Schüler/-innen wurden jeweils vier gute und vier schwache pro Klasse interviewt, jeweils vier Mädchen und vier Jungen. Sie wurden zu zweit, die Lehrpersonen einzeln interviewt. Zum Forschungsdesign gehört ein Vorinterview, dann der Unterricht, der per Videomitschnitt dokumentiert wurde, und schließlich der Einsatz des „Nachträglichen Lauten Denkens" am selben Tag, um möglichst viele Gedanken und Assoziationen abzurufen.

Theoretischer Rahmen: Denk-Knoten durch Imperativ-Verletzungen

Dem sozial-psychologischen Forschungsprojekt liegt die Annahme zugrunde, dass auffälliges Verhalten unter anderem durch Imperative und Imperativ-Verletzungen hervorgerufen wird. Als **Imperative** werden hier Kognitionen bezeichnet, die für das Individuum den Charakter eines subjektiven „Muss" oder „Darf nicht" haben. Imperative sind Produkte des Denkens und beziehen sich auf die eigene Person, auf das Verhalten anderer oder auf die Umwelt allgemein. Sie sind „innere Sätze mit Ausrufezeichen". Solche inneren Konflikte, ausgelöst von Befürchtungen (Imperativ-Verletzungen), gehen einher mit dem Gefühl der Ausweglosigkeit.
Barz unterscheidet zwei Ursachen und sechs Grundformen, die sich gegenseitig nicht ausschließen, sondern auch gleichzeitig auftreten können.

Imperativ-Verletzungen durch wahrgenommene äußere Ereignisse:

1. ein Imperativ wird durch die wahrgenommene Realität verletzt **(Realitätsknoten)**;
2. ein Imperativ wird durch die Erinnerung an ein früheres Ereignis verletzt **(Vergangenheitsknoten)**;
3. ein Imperativ wird durch die Antizipation eines zukünftigen Ereignisses verletzt **(Antizipationsknoten)**.

Imperativ-Verletzungen durch einen zweiten Imperativ:

4. ein Imperativ wird durch einen zweiten Imperativ verletzt **(Imperativ-Imperativ-Knoten)**;

5. ein Imperativ wird durch einen Gegenimperativ verletzt (**Imperativ-Gegen-imperativ-Knoten**);

6. paradoxe Imperative (***Double-Bind*-Knoten**).

Die Methode des Nachträglichen Lauten Denkens

Die Methode des „Nachträglichen Lauten Denkens" (NLD) wurde in Anlehnung an das „Laute Denken" in der Denkpsychologie konzipiert. Den befragten Lehrer/-innen und Schüler/-innen wird eine Videoaufnahme ihres eigenen Unterrichts vorgeführt. Das Band wird sehr oft (etwa alle 40 Sekunden) angehalten, und die Befragten werden gebeten, zu sagen, was ihnen an dieser Stelle während des Unterrichts durch den Kopf gegangen ist. Außerdem wird mit jeder befragten Person ein ausführliches halbstrukturiertes Tiefeninterview geführt, in dem es um ihre Einstellungen und Erfahrungen mit der Schule, den (Mit-)Schüler/-innen, anderen Lehrpersonen und mit dem Unterricht geht. Es findet vor dem NLD statt und wird deshalb als Vorinterview bezeichnet. Im Falle von Monika Barz' Studie wurde das Material aufbereitet und umfasste dann insgesamt 1.200 thematische Kognitionssequenzen (TKS). Die Ergebnisse: Etwa ein Drittel aller Unterrichtsabschnitte weisen Hinweise auf Denk-Knoten auf, und zwar mehr bei Schüler/-innen als bei Lehrerinnen und Lehrern. Während sich bei den Lehrpersonen vorwiegend Antizipations- und Imperativ-Imperativ-Knoten finden, lässt sich bei den Schülerinnen und Schülern ein starker Anstieg der Antizipationskonflikte beobachten.

Ergebnisse der Studie

Was beschäftigt Mädchen und Jungen sowie leistungsstarke und leistungsschwache Schülerinnen und Schüler im Unterricht? Mehr als ein Zehntel der Schüler-Gedanken kreisen um Fragen des Drankommens („Mangelware" Drankommen), um die damit einhergehenden Frustrationen und um die Strategien, die daraus entstehen, wie „sich dumm stellen", „sich rar machen", „raus-schreien" und so fort bis hin zu „resignieren und verzichten", was einhergeht mit Wut, Selbstzweifeln, Selbstvorwürfen und der Suche nach Erklärungen.

Imperativ	**Realitätswahrnehmung**
Ich muss drankommen, sonst ...	Ich komme nicht dran ...

Rund 200 TKS widmen sich dem Verhältnis oder den **Beziehungen zwischen Mädchen und Jungen**. Monika Barz ordnet diese Aussagen sieben Kategorien zu:

- körperliche Gewalt,
- gegenseitiges Ärgern,
- Ungerechtigkeit,
- sonstige negative Äußerungen,
- positive Äußerungen,
- Klassengemeinschaft oder
- Sonstiges.

Dabei zeigen sich bei Mädchen und Jungen deutliche Unterschiede: Rund die Hälfte der Äußerungen der Mädchen thematisieren, dass sie unter dem Verhalten der Jungen leiden: Sie fühlen sich geärgert, bedroht, geboxt, haben blaue Flecken. Ähnliche Äußerungen der Jungen machen nur knapp ein Zehntel der Inhalte aus.

Ein krasser Unterschied zwischen Jungen und Mädchen wird in Bezug auf die Äußerungen zur **Ungerechtigkeit** deutlich. Jungen beklagen sich in 20 Prozent ihrer Äußerungen über die vermeintliche Bevorzugung der Mädchen. Mädchen berichten nur in zwei Prozent ihrer Aussagen über eine Bevorzugung der Jungen. Trotzdem beschweren sich eher die bevorzugten Jungen und nicht die benachteiligten Mädchen über Ungerechtigkeiten – und dieses Phänomen wird hier über Imperativverletzungen erklärt, die letztlich auch zu den erlebten Gewalttätigkeiten im Klassenzimmer führen.

Der für ein gelingendes Miteinander verhängnisvolle Imperativ lautet: „Jungen müssen besser sein als Mädchen!"

Dieser **Überlegenheitsimperativ** lastet auf den Jungen und führt zu einem zusätzlichen „Sozialisationsstress": Sie müssen praktisch ständig beweisen, dass sie „keine Mädchen" sind. Dieser Last unterliegen Mädchen nicht. Sie müssen sich nicht durch Abgrenzung von Jungen definieren. Im Gegenteil: So zu sein wie ein Junge bedeutet für Mädchen eher einen Aufstieg in der Hierarchie der Geschlechter.
Der Überlegenheitsimperativ wird durch die reale Stärke der Mädchen verletzt. Jungen spüren die Anforderung als Stress. Weil es offenbar unmöglich ist, den Imperativ in Frage zu stellen, verknotet sich das Denken über einen zweiten Imperativ und scheinbare Ungerechtigkeiten. Monika Barz erklärt die innerpsychischen Vorgänge über folgende Muster.

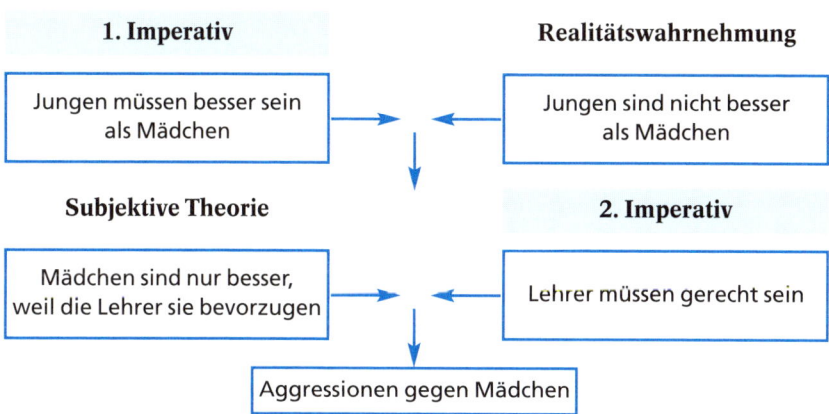

1. Imperativ

Jungen müssen besser sein als Mädchen

Realitätswahrnehmung

Jungen sind nicht besser als Mädchen

Subjektive Theorie

Mädchen sind nur besser, weil die Lehrer sie bevorzugen

2. Imperativ

Lehrer müssen gerecht sein

Aggressionen gegen Mädchen

Hier greift nun eine zweite Verkettung ein, denn für Jungen und Mädchen gelten hier unterschiedliche Imperative: Während Jungen dazu ermahnt werden, Mädchen nicht zu schlagen, nehmen Erwachsene Mädchen oftmals in Schutz und ermuntern sogar: „Wehr dich!". Mädchen reagieren auf aggressive Situationen (zumindest war das in den 1980er-Jahren so) oft hilflos. Sie laufen eher weg, als dass sie sich einer Rauferei stellen – und laden damit zu Verfolgungsjagden ein. Schlagen sie wirklich einmal zurück, werden sie in Schutz genommen oder sogar gelobt.

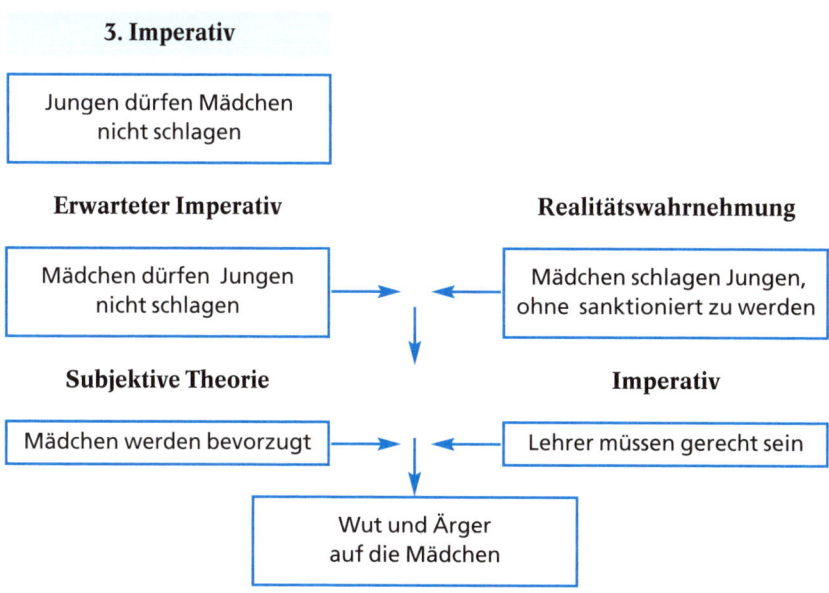

3. Imperativ

Jungen dürfen Mädchen nicht schlagen

Erwarteter Imperativ

Mädchen dürfen Jungen nicht schlagen

Realitätswahrnehmung

Mädchen schlagen Jungen, ohne sanktioniert zu werden

Subjektive Theorie

Mädchen werden bevorzugt

Imperativ

Lehrer müssen gerecht sein

Wut und Ärger auf die Mädchen

Diese Wut entlädt sich in Aggressionen und Übergriffen auf Mädchen. Doch während Jungen die Entstehung einer Rangelei rückverfolgen können („Ich habe ihr das Mäppchen weggenommen, da hat sie mich mit dem Ellenbogen geboxt."), scheint für Mädchen in vielen Situationen die Gewalt vom Himmel zu fallen. Sie schildern das Schlagen der Jungen losgelöst vom vorherigen Kontext. Die Gewalt erscheint unvermittelt.

In Monika Barz' Untersuchung ist die **Imperativverletzung der Auslöser von Aggressionshandlungen**. Jungen wehren sich gegen die Erkenntnis, dass Mädchen nicht dümmer sind als sie, und nehmen die Realität entsprechend verzerrt wahr. Sie stören den Unterricht, wenn sie ihre Aggressionen gegen Mädchen richten, oder sie fallen durch unangepasstes Verhalten gegenüber den Lehrpersonen auf. Das wirkt sich auch auf die eigenen Lernprozesse und damit die Leistungsfähigkeit aus. Monika Barz hat damit schon sehr früh auf diese Zusammenhänge hingewiesen, lange bevor die Mädchen die Jungen im Schulleistungserfolg erreicht oder gar überholt hatten (s. Kapitel „Jungen").

Einordnung der Ergebnisse aus heutiger Sicht

Die Studie von Monika Barz (im Rahmen der Reutlinger Arbeitsgruppe um Angelika Wagner) hat seinerzeit viel Aufmerksamkeit erregt. In methodischer wie in analytischer Hinsicht war sie bahnbrechend und innovativ. Die Ergebnisse lassen sich heute – auch mit Blick auf mögliche ideologische Implikationen bei der Hypothesenbildung – immer noch als valide einstufen. Die Methode des Nachträglichen Lauten Denkens, die in Reutlingen für dieses Forschungsprojekt (weiter-)entwickelt wurde, wird auch in aktuellen Studien immer wieder eingesetzt.

 BARZ, MONIKA: Was Schülern und Schülerinnen während des Unterrichts durch den Kopf geht und wie sich ihr Denken dabei verknotet. In: WAGNER et al (Hg.): Bewusstseinskonflikte im Schulalltag. Denk-Knoten bei Lehrern und Schülern im Kopf erkennen und lösen. Beltz, Weinheim 1984, S. 92–129

Neue Erhebungsverfahren: Standardisierte Befragungen und qualitative Forschung

Neben Studien, die das Geschlechterverhältnis über Unterrichtsforschung aufzuklären versuchen, kamen in weiteren Forschungsprojekten andere Erhebungsverfahren zum Einsatz. Über standardisierte Befragungen sollten schulische Erfahrungen rückblickend eingeschätzt werden und es wurde versucht, durch Befragung von Absolvent/-innen Hinweise auf förderliche schulische Bedingungen zu gewinnen (**Verbleibsstudien**). Dass ehemalige Schülerinnen und Schüler nachträglich zu ihrer Schulerfahrung befragt werden, erklärt sich aus der Tatsache, dass es schwierig ist und zu Verzerrungen führen kann, wenn SchülerInnen bereits während der Schulzeit, also im Alter von sechs bis 19 Jahren, zu ihren Erfahrungen Stellung beziehen sollen. In solchen Fällen muss verstärkt mit „sozialer Erwünschtheit" oder mit Ergebnissen gerechnet werden, die als sehr vorläufig anzusehen sind. Dennoch vermissten einige Forscher/-innen diese Sicht der Betroffenen.

In einer groß angelegten **Aufsatzstudie** wurden Schülerinnen und Schüler aufgefordert, ihre aktuelle schulische Situation einzuordnen und ein Szenario zu antizipieren, in dem das Geschlechterverhältnis anders arrangiert ist.

Im Folgenden stellen wir ausgewählte Studien vor, die mit standardisierten Verfahren arbeiten und entsprechend große Datenmengen erzeugen.

6. Studie – Sigrid Metz-Göckel: CHIKUM

Ein Großteil der empirischen Forschung zu Schule und Geschlechterverhältnissen bedient sich **retrospektiver Verfahren:** Über standardisierte **Fragebögen** oder über **Leitfaden-Interviews** soll die Frage beantwortet werden: Wo lagen die Weichenstellungen?

Eine der ersten Studien mit diesem Forschungsansatz war die CHIKUM-Studie, die am Hochschuldidaktischen Zentrum der Universität Dortmund von Sigrid Metz-Göckel und ihren Mitarbeiterinnen durchgeführt wurde: CHIKUM stand für **Ch**emie- und Informatik-Studentinnen aus **K**oedukations- **u**nd **M**ädchenschulen. Veröffentlicht wurde die Studie 1985.

Fragestellung und Ergebnisse

Bei der Befragung aller Dortmunder Diplom-Chemie- und -Informatikstudentinnen im Jahr 1985 fiel auf, dass mehr als 30 Prozent der Befragten eine Mädchenschule besucht hatten. 1985 lag der Anteil der Mädchenschulen in NRW bei fünf Prozent, bei den Absolventinnen betrug der Anteil derer, die an Mädchenschulen das Abitur gemacht hatten, immerhin 14 Prozent. Die hohe Quote der Absolventinnen aus Mädchenschulen, die anschließend Chemie oder Informatik auf Diplom studierten, legte die Vermutung nahe, dass die Mädchenschule ein technikfreundliches Umfeld bereithielt, in dem die Interessenentwicklung anders verlief als in koedukativen Schulen.

Die anschließende systematische Erhebung an den Universitäten in Paderborn, Aachen und Dortmund ergab, dass die Quote der Mädchenschulabsolventinnen in den genannten Studiengängen noch höher lag (nämlich durchschnittlich bei 40 Prozent, in Aachen sogar bei 60 Prozent) und dass tatsächlich die Mädchenschule intensiv an der Förderung der Mädchen beteiligt war.

Einordnung

Das lag zum einen – so die Studie – an den strukturellen Vorteilen einer Mädchenschule: In jedem Fach, auch in den Naturwissenschaften, sind Mädchen an einer Mädchenschule die besten Schülerinnen. Die Lehrpersonen versuchen, ihre Interessen zu wecken, an ihre Erfahrungshorizonte anzuknüpfen und ihre Lernprozesse gezielt zu unterstützen. Die relative Abwesenheit von Vorurteilen gegenüber Technikkompetenz bei Mädchen und die Tatsache, dass im Klassenraum keine Bühne für männliche Dominanz bereitsteht, sind weitere Faktoren, die sich in der Untersuchung als bedeutsam erweisen. Dem Zugang zu Naturwissenschaften ist ein eigenes Kapitel gewidmet (S. 113 ff.).

Retrospektive Verfahren sind in der empirischen Sozialforschung nicht unumstritten. Wie valide sie einen Sachverhalt aufklären, sollte stets kritisch reflektiert werden. Frage-Items werden in einer bestimmten Weise gestellt. Sie lösen Erinnerungsimpulse aus. Andere Fragestellungen hätten möglicherweise andere Reaktionen hervorgerufen. Das ist die Krux jeder standardisierten Befragung. Die Instrumente werden im Hinblick auf bestimmte Hypothesen entwickelt, die sie bestätigen oder eben nicht. Sie möchten Ursachen aufklären, beziehen aber nicht alle Möglichkeiten ein, sondern nur die, an die die Entwickler im Vorhinein gedacht haben. Das Spektrum ist folglich verengt. Dieses Manko lässt sich nur durch einen Methodenmix beheben. Zu den standardisierten Verfahren kommen andere, qualitative, hinzu. Die Überprüfung der gewonnenen Thesen durch qualitative Verfahren (Interviews oder Gruppendiskussionen) ist angezeigt.

KAUERMANN, JACQUELINE/KREIENBAUM, MARIA ANNA/METZ-GÖCKEL, SIGRID: Formale Gleichheit und diskrete Diskriminierung. Forschungsergebnisse zur Koedukation. In: ROLFF u. a. (Hg.): Jahrbuch der Schulentwicklung, Bd. 5. Weinheim 1989, S. 155–188

7. Studie – Maria Anna Kreienbaum:
Lebens- und Karriereplanung von Abiturientinnen 1972 – 1992

Wie stark prägt die Schulzeit die Lebenswege von Absolventinnen? Im Jahr 1993 will es die Ehemaligenvereinigung des einzig verbliebenen öffentlichen Mädchengymnasiums in NRW wissen. Was ist aus all den Schülerinnen geworden, die in der Zeit seit Schulgründung in Essen-Borbeck das Abitur gemacht haben? In einer standardisierten anonymen Befragung aller Absolventinnen soll diese Frage geklärt werden. Um die Ergebnisse besser einschätzen und vergleichen zu können, wird ein zweites Gymnasium ebenfalls und zeitgleich beforscht, nämlich das erste Gymnasium, das in NRW als koedukatives an den Start ging. Beide Schulen wurden 1967 gegründet und sind zum Zeitpunkt der Befragung 25 Jahre alt. Sie liegen in benachbarten Stadtteilen in Essen-Borbeck und in Mülheim-Broich. Die vergleichende Studie (elektronische Daten-Auswertung über SPSS) gibt Auskunft über die unterschiedlichen Lebenswege junger Frauen, ihre Vereinbarkeitsmodelle, ihre Studienfach- und Berufswahlen, ihre soziale Herkunft und ihre Mobilität.

Hier einige der bemerkenswerten Befunde: Die Absolventinnen der koedukativen Schule (deren männliche Mitschüler nicht einbezogen wurden) sind räumlich mobiler. Fast alle haben ihren Heimatort zu Ausbildungs- oder Studienzwecken verlassen. Ein gut Teil kehrt allerdings später in die Heimat zurück. Die Mädchenschul-Absolventinnen sind eher „bodenständig", allerdings haben sie den Schülerinnen der Vergleichsschulen ansonsten einiges voraus: Sie sind berufs- und aufstiegsorientierter und dabei gleichzeitig familienbezogen. Sie haben durchschnittlich mehr Kinder, sind dabei erwerbstätig und arbeiten häufiger Vollzeit. Ihnen gelingt die Vereinbarkeit von beruflichen und familiären Aufgaben. Sie haben eine höhere Studienquote, eine doppelt so hohe Promotionsquote und sind insgesamt besser ausgebildet als die Koeduaktions-absolventinnen.

KREIENBAUM, MARIA ANNA: Lebens- und Karriereplanung – Eine Absolventinnenstudie. In: BÜTTNER/ENDREJAT/NAUMANN (GEW – Hg.): Koedukation. Texte zur neuen Koedukationsdebatte. Frankfurt a. M. 1994, 1995[2]

8. Studie – Hannelore Faulstich-Wieland und Marianne Horstkemper: „Trennt uns bitte, bitte nicht!"

Ende der 1980er-Jahre wurde die Forderung laut, die Betroffenen selbst zu fragen und Schülerinnen und Schüler zu Wort kommen zu lassen. In einer groß angelegten, 1995 veröffentlichten Studie befragten Marianne Horstkemper und Hannelore Faulstich-Wieland mehr als tausend Schülerinnen und Schüler aller Altersstufen und Schulformen. Sie wählten die Form der Aufsatzstudie, um die Einstellungen der Kinder und Jugendlichen zu gemeinsamem oder getrenntem Unterricht zu erfahren.

Methodisches Vorgehen

Im Jahr 1990 wurden in zwei Grundschulen und je einer Orientierungsstufe, Haupt- und Realschule und in einem Gymnasium, die allesamt in einer niedersächsischen Kleinstadt situiert sind, Schülerinnen und Schüler vom dritten bis 13. Schuljahr animiert, einen Aufsatz zu schreiben, in dem sie schildern sollten, wie sie selbst ihren derzeitigen (koedukativen) Schulalltag erlebten. In einem zweiten Schritt wurden Aufsätze dazu erbeten, wie die Schülerinnen und Schüler sich ein getrenntgeschlechtliches Schulleben vorstellen. Insgesamt kamen so 1.031 Aufsätze zusammen, die transkribiert und mithilfe eines computergestützten Analysesystems ausgewertet wurden.

Am zweiten Teil der Studie (1992) waren 439 Schülerinnen eines Mädchengymnasiums und 264 Schüler eines Jungengymnasiums beteiligt.

Ergebnisse

Die Ergebnisse fassen die Autoren der Studie mit den Aussagen „Ohne Jungs fehlt der Klasse der Pep" (FAULSTICH-WIELAND/HORSTKEMPER 1992, S. 348) oder noch zugespitzter „Trennt uns bitte, bitte nicht!" zusammen. Letzteres ist auch der Titel des Buches, in dem die Forschungsergebnisse dargestellt werden (FAULSTICH-WIELAND/HORSTKEMPER 1995).

Die Autorinnen werten zunächst die generelle **Stellungnahme zur Koedukation** aus und betrachten dann Selbst- und Fremdbild der Jungen und Mädchen. Ergebnis des ersten Forschungsaspekts ist, dass die beteiligten Schülerinnen und Schüler in der überwiegenden Mehrheit – etwa 70 Prozent – den Status quo (also die Koedukation) als normal, angemessen, zuträglich für sie selbst und selbstverständlich erleben. Sie wünschen keine Veränderungen dieses Zustands und empfinden ihren Schulalltag als interessant und abwechslungsreich. 15 Prozent der Schüler/-innen sprechen sich für irgendeine Form des getrennten Unterrichts aus, weitere 15 Prozent äußern sich entweder ambivalent oder vertreten keine eindeutige Position. Insgesamt sind mehr Mädchen als Jungen für die Trennung, wobei die Autorinnen diese Aussage in Bezug zu einer Untersuchung setzen, die in den 1950er-Jahren durchgeführt wurde. Hella Demant fand an Berliner Schulen mit schriftlichen Befragungen, Leistungstests und Soziogrammen (vgl. DEMANT 1955) heraus, dass vergleichsweise wenige Schülerinnen und Schüler sich für die Koedukation aussprachen: Mädchen zu zwei Dritteln, Jungen – besonders die aus Jungenschulen – zu einem Drittel. Gemessen daran ist die Wertschätzung gemeinsamen Unterrichts also insgesamt sehr viel positiver geworden.

Alter und Schulform sind weitere Kriterien, nach denen die Forscherinnen differenzieren. Hier stellte sich heraus, dass Koedukation in der Grundschule überwiegend gewünscht wird, in der Orientierungsstufe (Jungen) sowie in der 9./10. Klasse (Mädchen) am wenigsten, in der gymnasialen Oberstufe ist die Zustimmung am größten. Faulstich-Wieland/Horstkemper führen als Grund für diese Tendenzen die schwierige Phase der Pubertät an, die das Zusammenleben von Jungen und Mädchen zeitweise schwieriger macht und daher auch den Wunsch nach getrenntem Unterricht hervorruft. Betrachtet man die Untersuchungsergebnisse nach Schulformen, so zeigt sich, dass Gymnasiastinnen und Gymnasiasten die Koedukation am häufigsten positiv beurteilen, Realschüler/-innen am seltensten.

Wenn Schülerinnen und Schüler getrenntgeschlechtlichen Unterricht als sinnvoll erachten, dann in den Fächern, in denen eindeutig unterschiedliche Bedürfnislagen festzustellen sind, also zum Beispiel im Sportunterricht. Faulstich-Wieland/Horstkemper weisen allerdings darauf hin, dass die Befragten bezweifeln, dass die Trennung einen Vorteil habe. Vorherrschend ist – zumindest bei den älteren Schülerinnen und Schülern – die Einschätzung, dass getrenntgeschlechtlicher Unterricht nachteilig für die Mädchen wäre.

Was das **Selbst- und Fremdbild** angeht, so ergab die Untersuchung wenige wertende Äußerungen über die Geschlechtergruppen. Dies führen die Autorinnen auf die Tendenz und den Wunsch zurück, Klischees zu vermeiden und eher zu differenzieren. Wertungen, die das eigene Geschlecht betreffen, sind selten positiv. Mädchen schreiben öfter Lobendes über Jungen als Jungen über Mädchen. Kritik der Mädchen an Jungen bezieht sich meist auf deren Gewaltbereitschaft. Die Autorinnen finden überwiegend Aussagen, die das traditionelle Bild – Mädchen sind sozial, hilfsbereit, sorgen für gute Atmosphäre; Jungen sind mutig, interessant, aufmüpfig – spiegeln. Dies gilt sowohl für die Beurteilung der Geschlechtsgenossinnen und -genossen als auch für das andere Geschlecht.

Den Zusammenhang von Selbst-/Fremdbild und genereller Ansicht zur Koedukation betrachtend, formulieren Faulstich-Wieland und Horstkemper: „Bei den für Trennung stimmenden Mädchen entfällt die Relativierung der Kritik an den Jungen durch positive Urteile, sie sehen nur noch Negatives […] Bei Jungen finden sich in entsprechender Weise nur noch Abwertungen der Mädchen." (Dies. 1992, S. 358)

Grundsätzlich ist die positive Eigeneinschätzung der Mädchen zu begrüßen, dennoch weisen die Forscherinnen auf dessen Ambivalenz hin, da sich das Selbstbild der Mädchen in das Geschlechterklischee vom angepassten, braven Mädchen einpasst und sie den Mangel an Aufmüpfigkeit und Kreativität nicht benennen (oder erkennen).

Einordnung der Ergebnisse

Die Studie erhielt große Resonanz, viel Zustimmung, aber auch Kritik. Sie wurde unter anderem 1997 in der Zeitschrift Ethik und Sozialwissenschaften (heute „Zeitschrift für Erwägungskultur") diskursiv behandelt. Kritisiert wurden insbesondere zwei Aspekte der Studie: die methodische Anlage und die etwas einseitige Interpretation der Ergebnisse.

Ein methodisches Problem ist die Formulierung der beiden Schreibaufgaben: 1. „An unserer Schule … werden Mädchen und Jungen gemeinsam unterrichtet und sie benutzen gemeinsam den Pausenhof. Schreibt bitte auf, wie sich die Mädchen und Jungen … in den einzelnen Unterrichtsstunden und in den Pausen verhalte[n]. Was machen die Mädchen, was die Jungen, wie gehen sie miteinander um?"
2. „Stellt euch jetzt vor, … ihr würdet heute getrennt – also nur Mädchen oder nur Jungen in einer Klasse – unterrichtet werden. … Schreibt bitte auf, wie ihr euch den Unterricht in den einzelnen Fächern und die Pausen in einer solchen Schule vorstellt." (Vgl. dies. 1995, S. 261)
Es ist nicht auszuschließen, dass Schülerinnen und Schüler den hypothetischen Charakter der Fragestellung und das Erkenntnisinteresse der Forscherinnen nicht einschätzen konnten. Sie lesen das Wort „Trennung" und reagieren spontan darauf. Der Begriff „Trennung" weckt unangenehme Assoziationen, die spontane Reaktion kann folglich Angstabwehr und damit Ablehnung der These sein. Dies droht insbesondere dort, wo Schüler/-innen keine Erfahrung mit getrenntem Unterricht haben. Kritisiert wird also, dass über die Aufsätze Spontanreaktionen und nicht reflektierte Meinung abgefragt werden.
Bei der **Auswertung** der Studie wurden die kritischen Stimmen als eher unbedeutende Minderheit eingeordnet. Akzeptanzquoten von 75 Prozent der Äußerungen wurden als weitgehende Zustimmung zur Koedukation und als Plädoyer gegen getrennte Angebote gewertet, was sich auch am Titel der Hauptveröffentlichung ablesen lässt. Hier wurde kritisch angemerkt, dass die Interpretation der Daten wie schon die auf Differenz der Geschlechter angelegte Fragestellung selbst Elemente des *Doing Gender* aufweist.

FAULSTICH-WIELAND, HANNELORE/HORSTKEMPER, MARIANNE: „Trennt uns bitte, bitte, nicht!"Koedukation aus Mädchen- und Jungensicht. Leske und Budrich, Opladen 1995

Im Übergang von differenztheoretischen Annahmen zur konstruktivistischen Perspektive

Studien, die auf unterschiedliche Sichtweisen bei Mädchen und Jungen abheben, setzen eine Geschlechterdifferenz voraus, die sie dann auch durch die Untersuchung bestätigt finden. Bei den Interaktionsstudien der 1980er-Jahre lassen sich diese (unreflektierten) Vorannahmen erkennen. Um dieser Gefahr aus dem Weg zu gehen, haben einige Studien den Blick ausschließlich auf Mädchen gerichtet. Vielfalt innerhalb der Gruppe der Mädchen zu entdecken und über die Analysen sichtbar zu machen, den Horizont zu erweitern und Grauzonen aufzuklären, die in kontrastierenden Untersuchungen möglicherweise nicht wahrgenommen worden wären. Einen anderen Weg beschreiten die modernen **ethnografischen Studien**.

Barrie Thorne war eine der ersten, die 1993 mit der Studie *Gender Play* nicht mehr danach gefragt hat, warum Mädchen und Jungen im Schulalltag getrennte Wege gehen. Sie hat umgekehrt versucht herauszufinden, wie es Mädchen gelingt, in Jungencliquen einzudringen und vice versa, in welchen Situationen das Geschlechterverhältnis unbedeutend ist – und an welchen Ereignissen sich eine Dramatisierung und Betonung des eigenen Geschlechts als Differenzlinie festmacht.

Georg Breidenstein und Helga Kelle haben in ihrer Studie einen ähnlichen Weg beschritten. Mit der Studie **Geschlechteralltag in der Schulklasse** stellen wir einen neuen Typ ethnografischer Forschung vor. Einen anderen, ebenfalls ethnografischen Weg gehen Hannelore Faulstich-Wieland und ihre Mitarbeiterinnen. Beiden Forschungen ist gemeinsam, dass sie als Längsschnittstudien angelegt sind und damit Lerngruppen über einen längeren Zeitraum beobachten. Während Breidenstein/Kelle ihre Lerngruppe dabei konstant halten und als Ethnografen mit den Schülerinnen vielfach in Interaktion treten, bleiben die Hamburger Forscherinnen in der zurückhaltenden Beobachtungsposition. Sie beobachten Lerngruppen mit unterschiedlicher Geschlechterzusammensetzung.

9. Studie – Georg Breidenstein und Helga Kelle: Geschlechteralltag in der Schulklasse

Georg Breidenstein und Helga Kelle legten im Jahr 1998 eine empirische Studie vor, die mit ethnografischen Forschungsstrategien erarbeitet worden war. Im Rahmen eines DFG-Forschungsprojektes wurde sie von 1993 bis 1996 an der Laborschule in Bielefeld durchgeführt. Diese Schule ist die staatliche Versuchsschule des Landes Nordrhein-Westfalen an der Universität Bielefeld und wurde Mitte der 1970er-Jahre von Hartmut von Hentig gegründet. Die beiden beobachteten neun- bis zwölfjährige Kinder (Jahrgangsstufe vier bis sechs) mit der Zielsetzung, mehr über die Praxis der Geschlechterunterscheidung unter Gleichaltrigen herauszufinden. Damit lieferten sie einen Beitrag zur Kindheits- und zur Geschlechterforschung, der sich von den bisher bekannten Fakten insofern unterscheidet, als nicht von Geschlechterunterschieden ausgegangen wird. Sie untersuchen vielmehr empirisch, in welchen Situationen die Kinder wie miteinander umgehen und welche Praktiken der Geschlechterunterscheidung dabei zur Anwendung kommen. Ihren Ansatz, die Kinder ihre Vorstellung von Geschlechterunterscheidung selbst äußern zu lassen, empfanden Autor und Autorin als fruchtbar. Es ist bemerkenswert, dass ein Mann und eine Frau diese Studie gemeinsam durchgeführt haben. Ihre eigene Geschlechtersozialisation gab ihnen den Schlüssel, um sich in manche Situationen oder spezielle Handlungsweisen von Jungen und Mädchen einfühlen und diese verstehen zu können.

Fragestellung, theoretischer Hintergrund und Methodik

Breidenstein und Kelle gehen in ihrer Studie der Frage nach, inwiefern Geschlechterunterscheidung unter Schulkindern eine Rolle spielt, auf welche Art und Weise sie konkretisiert wird und wie sie zur Anwendung kommt.
Sie bedienen sich dabei der Methoden der teilnehmenden Beobachtung und der offenen Interviews. Den theoretischen Hintergrund zu dieser Studie bildet zunächst die Annahme, dass Schülerinnen und Schüler in diesem Alter von selbst zur Geschlechterseparation neigen und folglich auch die Geschlechtsidentität in der eigenen Geschlechtsgruppe ausgebildet wird.
Damit setzen sie sich bewusst von einer Forschung ab, die darauf zielt, Unterschiede zwischen Jungen und Mädchen zu konstatieren. Dies sei deshalb problematisch, weil die Person, die den Blick auf die Unterschiede richtet, selbst von einer Geschlechterunterscheidung motiviert sei und nicht mehr unvoreingenommen beobachten könne. Sie wählen von daher einen Zugang, der **die Praxis der Geschlechterunterscheidung** selbst zum Gegenstand macht. Dabei räumen sie ein, dass es für sie als Forschende Schwierigkeiten mit sich bringt, in Schulleben und Verhalten der Kinder einzutauchen und gleichzeitig die nötige kritische Distanz zu wahren.

Ergebnisse

Die Befunde, die die Studie zur Gleichaltrigen-Kultur liefert, teilen die Autoren in drei Bereiche auf. Dabei werden verschiedene Argumentationsstränge der inhaltlichen Auswertung nebeneinander gestellt und so die Fülle und Bandbreite der Erkenntnisse und Beschreibungen wiedergegeben. Großen Raum nehmen die Beschreibungen der beobachteten Situationen und die Kommunikations-Protokolle ein. Sie lenken zum einen den Blick auf **die Ordnung in einer Schulklasse** und beobachten Situationen und Gegebenheiten, in denen sich die Klasse in Untergruppen aufteilt. Zum zweiten analysieren sie Situationen, in denen **Beliebtheits- und Freundschaftsordnungen** entstehen oder festgeschrieben werden. Der dritte Teil behandelt „**Alltagstheorien**", mit denen Auskünfte über die Geschlechterdifferenz gegeben werden.

Um die oben geschilderte Bandbreite der Untersuchungsergebnisse zumindest anzudeuten, sollen im Folgenden kurz einige Bereiche der Auswertung herausgegriffen werden, um so eine Vorstellung davon zu ermöglichen, welche Aufschlüsse sich aus der Breidenstein-Kelle-Studie bezüglich der Praxis der Geschlechterunterscheidung (in der Schule) ergeben.

Der Sexualitätsdiskurs: Die Studie wählt die Perspektive, die Sexualität „als Gegenstand und Produkt sozialer Praxis" (BREIDENSTEIN/KELLE 1998, S. 155) anzusehen. Breidenstein und Kelle identifizieren verschiedene Praktiken unter Schülern und Schülerinnen, das Thema Sexualität aufzugreifen, darauf anzuspielen und mit ihm zu spielen. Begriffe, in denen entfernt Sexuelles anklingt, werden gern benutzt, zum Beispiel statt „Neonstift" – „Neonfick". Alltagsverhalten wird als sexuell symbolhaft gedeutet, etwa bezogen auf körperliche Merkmale oder Kleidungsdetails: „,Simone [hat] heute keine Radlerhose ,unter'... Simone trägt einen kurzen, weiten Rock, Seidenstrümpfe und Stulpen. Sie guckt in einer Art, die eine Mischung zwischen Geschmeichelt- und Genervtsein ausdrückt." (ebd., S. 166). Auch Beleidigungen (Homo, Wichser etc.) zählen zum Sexualitätsdiskurs. Breidenstein und Kelle schreiben: „Es sind letztlich die Wege, beziehungsweise die Umwege, auf denen die Thematisierung des Sexuellen bewerkstelligt wird, die den eigentlichen Reiz ausüben" (ebd., S. 173). Es gelte bei der Thematisierung von Sexualisierung offensichtlich, „die eigene Kunstfertigkeit zu erproben". Ein besonders aussagekräftiges Beispiel ist das Knutschpacken (ein Fangspiel, bei dem derjenige, der gefangen wurde, vom Fänger geküsst werden muss): „Das Schaurig-Schöne an dem Spiel scheint zu sein, dass man seinen Ekel vorm anderen Geschlecht ausdrücken kann und gleichzeitig gezwungen ist, in Kontakt zu kommen." (ebd., S. 178). Den Sexualitätsdiskurs sehen Breidenstein und Kelle als „zentrales Moment in der Konstituierung geschlechtssegregierter und geschlechtsspezifischer Öffentlichkeiten" (ebd., S. 174) an.

Die Ordnung in der Schulklasse: Ein weiterer betrachteter Bereich ist der der **Beliebtheit** – ein Thema, dem sich viele *Peer-culture*-Studien widmen. Auch hier sind Gegenstand ihrer Untersuchung nicht die beliebten und unbeliebten Personen selbst, sondern die Praktiken, mit denen sozial sortiert wird. Dabei stellt sich heraus, dass die durch Beliebtheits- oder Unbeliebtheitsphänomene gekennzeichneten Personen gleichermaßen im Rampenlicht stehen und sich so von den „Ausgeglichenen" unterscheiden. „Sie alle sind ‚öffentliche Personen', an deren Beispiel vielfältige Fragen des Umgangs miteinander, des richtigen Verhaltens wie des Umgangsstils verhandelt werden." (BREITENBACH 2000, S. 170). Die beiden „Außenseitergruppen" unterscheiden sich also in ähnlicher Form von den „Ausgeglichenen" (ebd., S. 94).

Ferner blicken Breidenstein und Kelle auf die unter Mädchen und die unter Jungen Beliebten. Dabei stellt sich heraus: „Wer bei den *eigenen* beliebt ist, ist häufig auch für die anderen attraktiv, jedoch ist die Attraktivität für Angehörige des anderen Geschlechts eben nicht gleichbedeutend mit der für die Angehörigen des eigenen Geschlechts." (Ebd., S. 99) Bezüglich der Beliebtheit existiert jedoch eine altersspezifische Entwicklung, das heißt, im vierten und fünften Schuljahr beziehen sich die Kinder in den Kategorien „beliebt" und „unbeliebt" jeweils auf eine Person ihres eigenen Geschlechts. Mit zunehmendem Alter differenzieren sie immer noch nach Alter, können aber in der jeweils anderen Gruppe auch den/die Beliebteste/n nennen. Cliquenbildung, die ebenfalls in zunehmendem Alter (etwa ab sechster Klasse) hinzukommt, bringt dann neue Dynamik in die „Sortierung", denn hierdurch wird der Klassenrahmen als Bezugsgröße für Spielgruppen und (Zweier-)Freundschaften aufgelöst. Die Cliquenbildung relativiert gewissermaßen das Geschlecht als Unterscheidungsmaßstab.

Unterscheidungen konstruieren Zugehörigkeiten: Breidenstein/Kelle stellen fest, dass jeweils zwischen „uns" (der eigenen Gruppe) und „denen" (der anderen) (BREIDENSTEIN/KELLE 1998, S. 265) differenziert wird. Zugehörigkeiten werden über Cliquen und Freundschaften, Tischgruppen, Schulklassen, aber eben auch das Geschlecht hergestellt. Dazugehören bedeutet einerseits, Pflichten übernehmen zu müssen, andererseits erlebt man auch Entlastung, denn die Zugehörigkeit zu einer Gruppe begrenzt auch die Zuständigkeiten (vgl. ebd., S. 266). Indem man die Zugehörigkeits-Varianten Freundschaft, Tischgruppe und Schulklasse mit der der Geschlechterzugehörigkeit vergleicht, werden die Besonderheiten der Letzteren deutlich:

- Die Zugehörigkeit zu einer Geschlechtergruppe ist „natürlich" und wird nicht in irgendeiner Form erworben, kann aber – je nach Kontext – mit unterschiedlichen Bedeutungen befrachtet werden. Dieses Merkmal findet man übrigens auch bei der Zugehörigkeit zu Tisch- und Klassengruppen.

- Zeitlich und institutionell ist die Geschlechtszugehörigkeit nicht limitiert. Ihr „Gebrauchswert" (ebd., S. 268) ist also hoch.
- Das Geschlecht als indisponibler Faktor „ist eine jederzeit aktivierbare Ressource für Identifikation und Distinktion" (ebd., S. 268). Das eröffnet die Möglichkeit, mit ihr zu spielen (die Autoren beschreiben Situationen im Karneval oder Lästereien).
- Die Zugehörigkeit zum Geschlecht übt durch ihre Eindeutigkeit einen besonderen Reiz der Polarisierung aus, da sie relativ „unverdächtig" ist. Die Autoren beschreiben eine Wechselwirkung zwischen der „Praxis der Geschlechterklassifikation und der Konstituierung von Geschlechts*unterschieden*" (ebd., S. 269) und verweisen in dem Zusammenhang auf Goffmans Begriff der „institutionellen Reflexivität", also Praktiken, die soziale Situationen zur Kulisse für Geschlechtsunterschiede werden lassen. Letztere wiederum werden dazu genutzt, organisatorische Arrangements der Geschlechtertrennung zu begründen. Dies gilt auch oder besonders in Schulklassen: „Schon die jederzeit gegebene Möglichkeit des Vergleichs produziert Unterschiede." (Ebd., S. 269)

Fazit

„Im Vergleich zu anderen Zugehörigkeiten reicht Geschlechtszugehörigkeit in ihrer sozialen Bedeutsamkeit und Identitätsrelevanz viel weiter und ist tiefer verankert [...], für die Kinder erweist sie sich trotzdem (oder deswegen) an vielen Stellen als eine vergleichsweise unproblematische und manchmal sogar recht vergnügliche Zugehörigkeit." (Ebd. S. 270) (Schul-)Kinder müssen also nicht als Opfer der den Geschlechtern zugeschriebenen Stereotype gesehen werden, sondern sie sind durchaus imstande, reflexiv damit umzugehen. Im Schulalltag erweist sich die Geschlechterunterscheidung zudem in vielen Fällen als durchaus praktisch.

BREIDENSTEIN, GEORG/KELLE, HELGA: Geschlechteralltag in der Schulklasse. Ethnografische Studien zur Gleichaltrigenkultur. Juventa, Weinheim/München 1998

10. Studie – Hannelore Faulstich-Wieland: *Doing Gender* im heutigen Schulalltag

Hannelore Faulstich-Wieland und ihre Mitarbeiterinnen erforschten in einer im März 1998 begonnenen Längsschnittstudie, wie unter Schüler/-innen und Lehrer/-innen durch Interaktionen Geschlecht als soziale Kategorie konstruiert wird. Weiterhin machten sie sich auf die Suche nach einer Antwort auf die Frage, welche Interaktionen zur „Neutralisation" beitragen.

Fragestellung, theoretischer Hintergrund und Methodik

Im Rahmen der Interaktionsstudie wurden drei Schulklassen eines Hamburger Gymnasiums beobachtet – eine achte Klasse mit mehr Jungen als Mädchen (16 zu fünf), eine siebte Klasse mit mehr Mädchen als Jungen (15 zu neun) sowie eine siebte Klasse mit etwa gleichem Mädchen- und Jungenanteil (neun zu zehn). Die Jugendlichen werden von den Forscherinnen während des Unterrichts und in den Pausen begleitet, und das jeweils über zwei Jahre hinweg. Insgesamt ist die Studie auf vier Jahre angelegt.

Faulstich-Wieland will mit dieser Forschungsarbeit unter anderem einen Beitrag leisten, die Koedukationsbedatte empirisch besser abzusichern und zu festigen. Sie erkennt einen Paradigmenwechsel in der Frauen- und der Geschlechterforschung, die Geschlecht zunehmend als soziale Konstruktion wertet (vgl. FAULSTICH-WIELAND 1999, S. 98) und nicht mehr allein den Blick auf die Differenzen zwischen den Geschlechtern richtet. Die Forscherinnen-Gruppe stützt sich in ihrem Untersuchungsdesign insofern auf diese Annahme, als sie den als *Doing Gender* bezeichneten Erwerb einer Geschlechtszugehörigkeit (vgl. S. 39) als entscheidenden und allgegenwärtigen Prozess im menschlichen Miteinander ansieht. In ihrer Studie suchen Faulstich-Wieland und ihre Mitstreiterinnen nach dem entgegengesetzten Moment, dem *Undoing Gender*. Diese Aktualisierung oder Neutralisation der Geschlechterdifferenz soll hier begriffen werden als das **Ruhenlassen von Geschlechterdifferenzen**. Ferner beziehen sich die Forscherinnen in ihrer Untersuchung auf **Sex-Ratio-Ansätze**. Sie wählten bewusst Klassen mit ungleichen Mädchen-Jungen-Anteilen, um eine These von Rosabeth Moss Kanter (vgl. FAULSTICH-WIELAND 1999, S. 100) zu überprüfen. Diese besagt, dass in Gruppen, in denen eine Schieflage zwischen den Geschlechtern herrscht – also aus einem Geschlecht jeweils sehr viele oder sehr wenige anwesend sind –, die jeweils in der Minderheit befindlichen besonders pointiert zu betrachten sind, und zwar insofern, als sie „auf Grund ihrer Sichtbarkeit/Unübersehbarkeit Repräsentanten ihrer Gruppe" sind, die „deutlich stereotyperes Verhalten … als in ausbalancierten Gruppen" (ebd., S. 101) an den Tag legen.

Ergebnisse

Den zentralen Ergebnissen ihres Projektes legen die Forscherinnen die Unterscheidung zwischen **Dramatisierung und Entdramatisierung von Geschlecht** (nach GOFFMAN 1994) zugrunde.

- Dramatisierung kennzeichnet ihren Ausführungen zufolge die Position derer, die voneinander getrennte Jungenerziehung und Mädchenerziehung als Lösung der Probleme sehen, die die Koedukationsfrage aufwirft.
- Entdramatisierung halten hingegen jene für den richtigen Weg, die „geschlechterfrei" erziehen, quasi das Geschlecht ausschalten wollen (vgl. FAULSTICH-WIELAND/WEBER/WILLEMS 2004, S. 216).

Freilich weisen die Autorinnen darauf hin, dass formale Gleichberechtigung und das Ignorieren des Geschlechts in der Realität nicht immer im Einflussbereich der Handelnden liegt.

Zwei Beispiele ihrer Beobachtungen seien hier skizziert.

Faulstich-Wieland et al. leiten das erste Beispiel mit dem Hinweis ein, dass Unterrichtssituationen von der Lehrperson definiert werden, die in der Regel darauf achtet, dass im Unterrichtsgespräch die „Sache", um die es gerade geht, im Mittelpunkt steht und bleibt.

In mehreren Fällen beobachten sie jedoch, dass die Lehrperson den Rahmen „Unterricht" verlässt und auf anderes Terrain ausweicht – meist mit der Absicht, eine humorvolle, auflockernde Bemerkung zu machen. In diesen Witzeleien offenbart sich jedoch oftmals ein konkreter Bezug zu Geschlechterstereotypen. Gerade weil hier aus der Routine heraus und womöglich unreflektiert Äußerungen getätigt werden, zeigt sich der „Mechanismus, mit dem [...] Stereotype verstärkt werden" (FAULSTICH-WIELAND 1999, S. 107). Weiterhin weist die Forscherinnen-Gruppe darauf hin, dass es vielfach vermeintlich unspektakuläre Alltagsdinge sind, in denen sich *Doing Gender* offenbart.

So fand sich in einem Protokoll eine Passage, in der ein Mädchen einen Aufsatz vortrug und die Protokollantinnen selbstverständlich davon ausgingen, dass sie ihn aus der Perspektive ihres eigenen Geschlechts geschrieben hatte; sie hatte jedoch aus Jungensicht geschrieben. Auf der einen Seite findet man hier die Forscherin, die wie selbstverständlich davon ausgeht, dass ein Mädchen in der Ich-Form von einem Mädchen oder von sich selbst erzählt. Auf der anderen Seite hat aber die Klassengemeinschaft ihrerseits keinen Zweifel daran, dass hier ein Junge handelt, und zwar deshalb, weil die Aufsatz-Autorin augenscheinlich eindeutig männertypische Verhaltensweisen beschrieben und geschlechtsspezifisch authentisch formuliert hat (sich dieses Sets von Aktionen also detailgenau bewusst war). Dieser „Einblick in sonst unbemerkte Vorgänge der Geschlechterkonstruktion" lässt „erahnen, welche interaktionelle Arbeit notwendig ist, um eine Übereinstimmung der Darstellungen von Geschlechtszugehörigkeit im

Schulalltag für alle Beteiligten stimmig zu machen" (FAULSTICH-WIELAND/GÜ-TING/EBSEN 2001, S. 78). Die Forscherinnen fordern in der Konsequenz, sich mit der eigenen Beteiligung an der Konstruktion von Geschlecht genauer auseinander zu setzen, um so als Fernziel einen veränderten Umgang mit „Geschlecht" herbeizuführen.

Als Fazit ihrer Studie betonen die Forscherinnen, dass „die Dramatisierung von Geschlecht als zentrales Moment feministisch orientierter Schulforschung allein zu kurz greift" (FAULSTICH-WIELAND/WEBER/WILLEMS 2004, S. 222). Alle anderen Faktoren, die Interaktionen hervorrufen oder beeinflussen, müssten ebenso beachtet werden, denn Geschlecht sei kein „omnirelevantes Merkmal" (ebd.) und andere Kriterien sind in bestimmten Fällen ebenso bedeutsam für Interaktionen (die Autorinnen nennen als Beispiele das *doing student* oder andere Formen der Abgrenzung).

Bezogen auf ihre Fragestellung nach den Minderheiten (Sex-Ratio-Ansätze) fanden die Forscherinnen ihre Vermutungen nicht bestätigt. Die Jungenminderheit in einer der untersuchten Klassen beispielsweise verhielt sich eher zurückhaltender, geschlechtstypisches Verhalten zeigte sich schwächer als üblich oder als es nach den Sex-Ratio-Ansätzen hätte der Fall sein müssen. In heutigen Schulen stelle die Koedukation offensichtlich tatsächlich eine Entdramatisierung des Geschlechts dar, vermuten die Forscherinnen (vgl. ebd.).

Einordnung

Hannelore Faulstich-Wieland konzipierte diese Studie, weil sie bisherige Fragestellungen als nicht differenziert genug erachtete. Tatsächlich fördern die Schilderungen des Schulalltags interessante Fassetten zutage. Andererseits ist der Neuigkeitswert der Ergebnisse nicht allzu hoch. Wenn angemerkt wird, dass das Geschlecht (nur) eine von mehreren Strukturkategorien ist, so bestärkt das die bereits in der ersten Bilanz formulierten Aussagen.

Zwischenbilanz

Im Rahmen der Koedukationsdebatte sind zahlreiche Forschungsfragen aufgeworfen, Forschungsdesigns entwickelt und Studien durchgeführt worden. Wir haben mit der Darstellung ausgewählter Projekte versucht, einen Querschnitt zu ziehen und einen Bezug zur Entwicklung der Debatte herzustellen.

Die ersten Studien setzten noch an der Geschlechterdifferenz an, weil die Forscherinnen gegen die Vorstellungen des „Defizitansatzes" argumentieren wollten. Der darin propagierte Differenzansatz griff allerdings ebenso zu kurz. Durch eine konsequente Ausweitung der Forschungsmethoden, durch Reflexion und theoretische Durchdringung der Vorannahmen wurden schließlich neue Wege beschritten. Zunächst nahm man nur noch eine Geschlechtergruppe in den Blick – auf diese Weise zeigten sich die Unterschiede innerhalb der Mädchengruppe und es offenbarte sich eine große Vielfalt.

Die neueren ethnografischen Studien treten nicht mehr an, um Geschlechterunterschiede aufzudecken, sondern um die Praxis der Geschlechterunterscheidungen aufzuklären.

Bei der Auswahl der Studien haben wir diejenigen dargestellt, die im Rahmen der Koedukationsdebatte viel beachtet wurden. Es gab weit mehr als die hier zitierten, die ebenfalls bedeutsam waren. Dieses Kapitel, für das Forschungsprojekte sowohl nach chronologischen Gesichtspunkten als auch unter methodischen Aspekten herangezogen und gegliedert wurden, wird im Folgenden um fachbezogene Forschungen ergänzt. Naturwissenschaftliche Fächer und Sport sind diejenigen, für die Geschlechterfragen in besonderem Maße bedeutsam sind. Für beide stellen wir im Folgenden Forschungserkenntnisse systematisch zusammen.

 FAULSTICH-WIELAND, HANNELORE/WEBER, MARTINA/WILLEMS, KATHARINA: *Doing Gender* im heutigen Schulalltag. Empirische Studien zur sozialen Konstruktion von Geschlecht in schulischen Interaktionen. Weinheim und München 2004.

Fachbezogene Studien: Naturwissenschaften und Technik

Zwischen Mädchen und Jungen gibt es Unterschiede bei der Wahl von Fächern oder Leistungskursen, später auch bei der Berufs- oder Studienwahl. Innerhalb eines Faches zeigen sich in bestimmten Entwicklungsstufen signifikante Leistungsunterschiede. Diesem Phänomen gehen fachbezogene Studien nach.

Wie entsteht „Technikdistanz"?

Die beobachtbare Technik- und Naturwissenschaftsabstinenz von Mädchen, die häufig auch als „Technikfeindlichkeit" charakterisiert wird, war mit Auslöser der neuen Koedukationsdebatte in den 1980er-Jahren. In gemeinsamen Schulen wählten Mädchen signifikant weniger naturwissenschaftliche Fächer für ihre Neigungs- oder Leistungskurse als Jungen, sie wählten seltener technische Berufe und konzentrierten sich stattdessen vornehmlich auf Dienstleistungs- oder Sozialberufe oder auf geisteswissenschaftliche Studienfächer.

Über wissenschaftliche Forschung und Analysen wurde erkennbar, dass mehrere Sozialisationsinstanzen an der Herstellung einer solchen Technikdistanz beteiligt sind. Die *Gesellschaft* sah Technikkompetenz bei Frauen und Mädchen nicht vor, entsprechend wurde in den *Schulen*, den *Familien* wie auch in den *Medien* die Botschaft transportiert, dass für technische Fragen und für die Bedienung technischer Geräte Männer zuständig seien. Die Zuweisung polarer Positionen wurde über Menschen und Vorbilder, in Schulbüchern und in Fernsehserien wie über Spielzeug transportiert (KREIENBAUM/METZ-GÖCKEL 1993). Wir skizzieren einige der Untersuchungen.

IPN-Interessenstudie: Welche Inhalte machen das Fach Physik attraktiver für Mädchen und Jungen?

Alarmiert durch die Entwicklung, dass Physik sich zu einem Fach entwickelte, das bei Jungen kaum und bei Mädchen erst recht nicht beliebt ist, führte das Institut der Pädagogik der Naturwissenschaften (IPN) in Kiel eine aufwändige Erhebung durch (HOFFMANN/LEHRKE 1986). Es sollte ermittelt werden, welche Themen oder Modelle, die im Physikunterricht zur Anwendung kommen (können), Schülerinnen wie Schüler interessieren und für das Fach motivieren. Diese Interessenstudie gibt zahlreiche Hinweise darauf, dass es im Wesentlichen auf den **Anwendungsbezug der Inhalte** ankommt. Ist ein medizinischer oder sozialer Kontext gegeben, fühlen sich nach Hoffmann und Lehrke Mädchen wie Jungen angesprochen. Wird dagegen ein Phänomen am Beispiel eines Automotors demonstriert, so besteht die Gefahr, dass Mädchen abschalten.

Mädchen in Männerberufen – eine bundesweite Kampagne

Mit staatlicher und wissenschaftlicher Unterstützung warben Betriebe um Mädchen zum Beispiel als Auszubildende zur Kfz-Mechanikerin oder als Chemikantin. Die Motive waren dabei vielfältiger Art. Sicher wollte man Mädchen für bislang untypische Berufswege gewinnen und damit auch zeigen, dass ihnen auch andere Berufe zuzutrauen sind als die der Verkäuferin oder Arzthelferin. Nicht zu vernachlässigen ist aber, dass in den 1980er-Jahren geburtenschwache Jahrgänge im Ausbildungsalter waren und viele Betriebe, besonders in der chemischen Industrie, Nachwuchsprobleme hatten. Mädchen ließen sich leidlich auf diese neuen Wege ein, die weißen Kittel reizten sie weiterhin eher als der Blaumann. Wichtig sind aber die Signale, die von solchen Kampagnen ausgehen – hier war die Botschaft klar: „Alles ist möglich!"

Mädchen in Naturwissenschaft und Technik

Mädchen in Naturwissenschaft und Technik (MiNT) so lautet der Name eines schulischen Modellversuchs, der Mädchen Ende der 1980er-Jahre an Neusser Schulen naturwissenschaftliche Fächer nahe bringen sollte. In freiwilligen nachmittäglichen Arbeitsgemeinschaften erkunden Mädchen, welche Geheimnisse der Waldboden preisgibt, stellen flugfähige Bumerangs und Heißluftballons her oder erproben in chemischen Experimenten, nützliche Substanzen selbst herzustellen.

Ob dieser Modellversuch so erfolgreich verlief, weil er schulformübergreifend, projektorientiert und freiwillig war – oder weil Mädchen hier unter sich blieben, das lässt sich nicht hundertprozentig klären. Die beteiligten Mädchen jedenfalls genossen diese besondere Aufmerksamkeit und das Unter-sich-Sein – das zeigte die sozialwissenschaftliche Begleituntersuchung. Mit Aussagen wie „Wenn Jungs hier gewesen wären, wäre ich nicht gekommen, die drängen sich ständig in den Vordergrund" oder „Sie sagen, jetzt lass mal den Chef ran" begründeten die Mädchen, dass die Abwesenheit der Jungen sie motivierte.

Gesellschaftliche Hintergründe: Der Abschied von der Industriegesellschaft

Während der 1980er-Jahre kam gesellschaftlich einiges in Bewegung. Es ließ sich beobachten, wie bislang starre Aufteilungen aufgegeben wurden und manche Gruppen sich neu orientierten. Dabei wurden nicht nur den Mädchen bislang eher versperrte Bildungsbereiche geöffnet. Das Wissen darum, wie die Welt funktioniert, erodierte. Bislang kaum hinterfragte Fixpunkte des deutschen Normsystems gerieten ins Wanken. Wie stets bei Umwälzungsprozessen gab es auch hier unterschiedliche Reaktionen: Tendenzen zu strikter Beharrung auf dem Althergebrachten, „unheilige Allianzen" und Experimente, die auf weit mehr als die genannten Veränderungen abzielten.

Ulrich Beck: Risikogesellschaft

Ulrich Beck veröffentlichte 1986 eine Analyse gesellschaftlicher Veränderungen, die den Titel „**Risikogesellschaft. Auf dem Weg in eine andere Moderne**" trug. Die Katastrophen im Jahr der Veröffentlichung (Atomreaktorunfall in Tschernobyl, Explosion im Chemiewerk Sandoz und des Challenger-Raumschiffs) schienen zu bestätigen, wie zutreffend seine Beschreibung einer Weltlage war, in der die Risiken nicht mehr endgültig kalkulierbar und nicht mehr versicherbar sind. Damit einher geht eine zweite ambivalente Entwicklung, die der Individualisierung der Lebensläufe. Jede und jeder Einzelne hat die Chance, sein oder ihr Leben individuell zu gestalten, zahlt aber für die Freiheiten mit dem Verlust von Sicherheiten.

Merkmale der Industriegesellschaft	Merkmale der Risikogesellschaft
Lineares Fortschrittsdenken und Fortschrittskonsens in der Gesellschaft	Lineares Fortschrittsdenken büßt seinen Rationalitätsanspruch ein.
Verbundenheit des Fortschrittsdenkens mit einem Rationalitätsanspruch	Kontrollansprüche verfallen; der Glaube, den Fortschritt kontrollieren zu können, kann nicht mehr als gerechtfertigt angesehen werden.
Kontrollanspruch und die Auffassung, dass Risiken kontrollierbar sind	Das Individuum wird aus den kollektiven Lebensverhältnissen herausgelöst und ist einer bislang nicht bekannten sozialen Unsicherheit (Risiken) ausgesetzt.
Die soziale Sicherheit des Individuums ist bedingt durch die Einbindung in geordnete Lebensverhältnisse der sozialen Klassen und Schichten, die den Einzelnen umgeben.	Die Verteilung von Risiken zwischen Staat, Wirtschaft, Technik, Wissenschaft und den Menschen wird zunehmend problematisch.

In diesen Jahren vollzog sich ein weiterer Wandel. Waren die Nachkriegsjahre noch solche, in denen mit dem Vorhandenen hausgehalten wurde, in denen in Volkshochschulen und Familienbildungsstätten Schneiderkurse Konjunktur hatten und Verlage mit Büchern wie „Jetzt helfe ich mir selbst" (Auto-Reparaturanleitungen) expandieren konnten, so wurde handwerkliches Wissen immer weniger wertvoll, nachdem das Prinzip des Reparierens durch das Austauschen von „Modulen" oder elektronischen Bausteinen ersetzt wurde. Mit technischem Alltagswissen ließ sich dies nicht bewerkstelligen und der Wert einer Technikkompetenz alten Stils sank. Computerwissen trat an seine Stelle.

Anfang der 1980er-Jahre begann der Computer allmählich seinen Siegeszug. Die ersten PC-Räume in Schulen wurden eingerichtet, erste Lernprogramme geschrieben und erste schülertaugliche Programmierschriften wie Logo entwickelt. Beim viel beachteten Kongress „**Neue Medien und Lernen**", der 1984 vom Institut für Schulentwicklungsforschung an der Universität Dortmund veranstaltet wurde, gab es bereits Klagen über die Abstinenz der Mädchen, sie ließen sich kaum zur Beschäftigung mit dem Computer bewegen. Ein Lösungsvorschlag lautete, den Mädchen Computer-Lehrgänge zu verordnen, damit sie nicht länger hinterherhinken.

In der Folge wurde das Computerverhalten von Mädchen intensiv erforscht und Bedingungen untersucht, die ihrem Lernen förderlich sind. Auch hier wollte man erkunden, ob es an den Inhalten, den Lehrmethoden oder an der Unterrichtssituation liegt, dass Mädchen sich dem PC nur zögerlich nähern.

Computerzugänge und -nutzung von Mädchen und Jungen

In einem breit angelegten Versuch des Hochschuldidaktischen Zentrums an der Universität Dortmund untersuchten Sigrid Metz-Göckel, Jacqueline Kauermann u. a., wie sich Mädchen und Jungen dem Computer nähern, was sie zur Arbeit anregt, was sie hindert.

Einige **zentrale Ergebnisse** ihrer Untersuchung seien hier genannt:

- Die **Wahrnehmung der Lehrer und Lehrerinnen** in den Computerkursen ist durch Geschlechterstereotype getrübt. Sie sehen und suchen Kompetenz eher bei den Jungen – und finden sie entsprechend dort eher. Es hat eine Weile gedauert und setzte intensive Beobachtungs- und Reflexionsprozesse voraus, bevor die wissenschaftlich Begleitenden erkennen, dass die Mädchen (unter sich) anspruchsvolle, wenngleich unspektakuläre Programmierarbeit leisten und dass ihre Fehlertoleranz hoch ist. Während die Jungen sich beim Programmieren oft auf einfache, aber spektakuläre Effekte konzentrieren und bei Fehlern von vorn anfangen, gehen die Mädchen anders vor. Wenn etwa im Verlaufe der Programmierung der Grafik eines Hauses die Tür verrutscht und nicht auf der Grundlinie liegt, so verwerfen sie nicht etwa die bisherige Leistung, sondern bauen das vorhandene Rechteck zum Beispiel als Balkon in die bisherige Zeichnung ein.

- Jungen reklamieren für sich gern den **Status als Experten** und es gelingt ihnen, von den anderen als solche gesehen zu werden. Neben den echten Experten unterscheiden die Forscher/-innen solche, die den anderen nur einige Kenntnisse voraushatten und bald „eingeholt" werden, und jene, die ihren Expertenstatus durch Bluffen zu manifestieren versuchen. Die Mädchen gestehen den Jungen, die sich als Experten ausgeben, diesen Status zu und sind bereit, ihr eigenes Wissen hintanzustellen und deren jeweiligen Programmiervorschläge zu akzeptieren. Sie durchschauen selten, dass die selbsternannten Experten nur bluffen. Die meisten Mädchen brauchen die jungenfreie Gruppe, um überhaupt eigene Versuche anzustellen und sich einen Zugang zu dem unbekannten Gerät zu erarbeiten. Hier haben sich Bedingungen der Versuchssituation (koedukative Gruppe oder reine Mädchengruppe) als für das Gelingen bedeutsam herausgestellt. Die Inhalte eines Kurses (Grafiken erstellen, Programmieren oder Softwareanwendung) erweisen sich als nachrangig.

Strategien zur Überwindung der Technikdistanz

Nachdem die Technikdistanz als Sozialisationsphänomen festgestellt wurde, suchte man nach Strategien zu ihrer Überwindung. Zwei ganz unterschiedliche Wege möchten wir hier vorstellen.

Attribuierung und Re-Attribuierung

Für das Gelingen von Lernprozessen ist es bedeutsam, sich auf das Thema und das zu lösende Problem einzulassen. Ein solches Einlassen ist wahrscheinlicher, wenn sich das Gefühl einstellt, dass eine Aufgabe auch lösbar ist. Die Einschätzung eigener Fähigkeiten hat entscheidenden Einfluss darauf, ob eine zufriedenstellende Lösung gelingt – oder nicht. Wer verzagt ist, eher Misserfolg vermutet oder durch vorhergehendes Misslingen oder negative Rückmeldungen verunsichert ist, neigt dazu, die Auseinandersetzung mit einer Fragestellung zu vermeiden. Fluchtimpulse regen sich und bei den ersten Anzeichen weiterer Scheiterns wird diese Haltung bestätigt und Hilflosigkeit wahrscheinlich.

Von „gelernter Hilflosigkeit" sprechen (Sozial-)Psycholog/-innen wie Carol Dweck und Martin Seligman oder Kurt Heller und Albert Ziegler, wenn solche Attribuierungsmuster sich verfestigen und das Handeln bzw. das Nichthandeln bestimmen. Wer seinen Erfolg auf die eigene Leistungsfähigkeit oder Anstrengungsbereitschaft zurückführen kann, ist leistungsfähiger als jemand, der oder die für das Gelingen den Zufall oder eine leichte Aufgabenstellung verantwortlich macht.

In der Frage, auf welche Weise mit der Technikabstinenz und der dahinter liegenden mangelnden Selbsteinschätzung von Mädchen umgegangen werden soll, empfehlen Heller und Ziegler als vordringliche Intervention eine **Re-attribuierung** durch die Lehrpersonen. Sie sollen auf die sichtbaren Fähigkeiten der Schüler und Schülerinnen verweisen und durch geeignete Rückmeldungen darauf abzielen, deren Selbstvertrauen auszubauen. Heller und Ziegler verstehen ihr Reattribuierungstraining als pädagogisch-psychologische Antwort auf dieses Phänomen. Wenig erfolgszuversichtliche Schülerinnen und Schüler sollen beim erfolgreichen Lösen von bestimmten Aufgaben Rückmeldungen wie die folgenden erhalten:

> Obwohl du nicht sehr zuversichtlich warst, dass du die Aufgabe lösen kannst (Anspielung auf die falsche Erwartung), hast du auch diese Übungsaufgabe wieder vollkommen richtig gelöst (Konsistenzinformation).
> Das Thema „Optik" liegt dir offensichtlich (Fähigkeitszuschreibung).
> (HELLER/ZIEGLER 2001, S. 24)

Von solchen Rückmeldungen erwarten sich die Trainer eine „dauerhafte Verbesserung selbstbezogener Kognitionen für Mädchen" (HELLER/ZIEGLER 2001, S. 25), sie halten diese Effekte für wirksamer als die Effekte getrennten Unterrichts, die insbesondere für den Physik-Anfangsunterricht inzwischen weitgehend befürwortet werden.

Einschätzung des Re-Attribuierungsansatzes

Sicher ist es hilfreich, wenn Lehrerinnen und Lehrer in ihrem Rückmeldeverhalten auf mögliche Attribuierungsmuster achten und durch geeignete Rückmeldungen das Fähigkeitskonzept möglichst aller Schülerinnen und Schüler unterstützen. Über konsequente Anwendung positiver Verstärkung von manchmal nur ahnbaren Kompetenzen lernen vor allem die Lehrpersonen – wollen sie ihre Botschaften glaubhaft übermitteln, so müssen sie von den so betonten Fähigkeiten der Schüler/-innen selbst überzeugt sein. Werden hier Lippenbekenntnisse abgelegt oder wird bei Klassenarbeiten ein anderer Maßstab angesetzt, so verpufft die Wirkung schnell.

Als einzige Maßnahme ist ein bewusstes Attribuierungsverhalten auch deshalb nicht zu empfehlen, weil erstens nicht alle Schülerinnen und Schüler auf diese Fördermaßnahme ansprechen und zweitens Lehrerinnen und Lehrer Menschen sind, die in ihrer Wahrnehmung irren können, die jeweils nur einen Ausschnitt der tatsächlichen Realität und der vorhandenen Vielfalt wahrnehmen können und möglicherweise mit ihrer Reaktion die Realität oder die jeweilige Problemlage verfehlen.

Interventionsstudien

Die Fach- und Berufswahlen in den Naturwissenschaften zu erhöhen, das technische Interesse zu wecken und damit auch die Leistungsbereitschaft von Schülerinnen und Schülern zu steigern ist Ziel unterschiedlicher Interventionsmaßnahmen, die in den letzten zwanzig Jahren entwickelt und erprobt wurden. Neben kleineren, von Einzelpersonen getragenen praktischen Versuchen (WAGNER 1999, KRON-TRAUDT 1999) sind drei „Zentren" hervorzuheben, an denen in sehr systematischer Weise mittels unterschiedlicher Verfahren und Schwerpunktsetzungen Grundlagenforschung betrieben wird. Dies sind

- das bereits mit der Interessensstudie vorgestellte **Institut der Pädagogik der Naturwissenschaften** (IPN) in Kiel mit Dr. **Lore Hoffmann** und anderen Wissenschaftler/-innen,
- die Forschungsgruppen um Prof. Dr. **Bettina Hannover**, die heute an der FU in Berlin einen Lehrstuhl für Unterrichtsforschung innehat, sowie
- die Oldenburger Forschungswerkstatt von Prof. Dr. **Astrid Kaiser**, deren Ziel es ist, eine geschlechtergerechte Grundschule zu konzipieren, und die dabei den Schwerpunkt auf den Sachunterricht legt.

Exemplarisch für die genannten Ansätze und Forschungsergebnisse soll im Folgenden eine Studie der Berliner Wissenschaftlerinnen vorgestellt werden, die antritt, die Ursachen vorhandener Interessen- und Leistungsdivergenzen von Mädchen und Jungen aufzudecken und den Mädchen zu einem Ausgleich, wenn nicht Vorsprung zu verhelfen.

Sozialpsychologische Begründung für zeitweilig getrennten Unterricht

Ende der 1980er-Jahre erforschte die Psychologin **Bettina Hannover** quer durch die Republik das Selbstkonzept von Mädchen und Jungen der neunten Klassen in Bezug auf naturwissenschaftliche Leistungserwartungen und -fähigkeiten. Zuvor war unter anderem vom IPN in Kiel erhoben worden, dass naturwissenschaftliche Fächer, die zu Beginn der Sekundarstufe I noch hoch im Kurs stehen, im Laufe der Jahre von Schülerinnen und Schülern immer seltener als Lieblingsfächer genannt werden. Hannover versucht, diesen Interessenverlust durch **geeignete Intervention** zu verhindern. Er entsteht – so vermutet sie – durch die Unterrichtskonzeption, fehlendes Anknüpfen an den Bedürfnissen, Misserfolg und männliche Dominanz und schlägt sich in der Selbsteinschätzung nieder. Über einwöchige Kurse für Mädchen außerhalb der Schule gelingt es ihr, diese mit technischen Fragestellungen vertraut zu machen und so ein recht stabiles naturwissenschaftliches Selbstkonzept zu erhalten. Der Bruch in der Interessenentwicklung bleibt aus (HANNOVER u. a. 1989).

Die Interessen- und Leistungsentwicklung von Mädchen und Jungen insbesondere in den naturwissenschaftlichen Fächern ist auch weiterhin Hannovers Thema.

Die jüngste Untersuchung aus ihrem Arbeitsbereich hat **Ursula Kessels** vorgelegt. Sie untersucht die Vorteile geschlechtergetrennten Physikunterrichts. Weil Kessels eine so komplexe und in sich stimmige Begründung für die Geschlechtertrennung im Physikunterricht vorlegt, dokumentieren wir ihre Argumentation weitgehend vollständig (KESSELS 2004, S. 90–92):

> Eine weitere Möglichkeit zur Erhöhung der Passung zwischen Selbst und dem Fach Physik besteht darin, eine Situation zu schaffen, in der es den Mädchen nicht so sehr bewusst ist, dass sie selbst Mädchen sind. Wie können wir uns so etwas vorstellen? Personen verfügen über zahlreiche verschiedene Identitätsaspekte (Hannover [1997] bezeichnet dies als das ‚dynamische Selbst'), zum Beispiel verfügen Sie möglicherweise über eine Identität als Lehrer, als Sohn, als Deutscher, als Mann, vielleicht auch als Philologe oder Ornithologe. Je nachdem, in welchem Kontext Sie sich gerade befinden, wird eher Ihre Identität als Lehrer aktiviert (nämlich wenn Sie in der Schule vor einer Klasse ste-

hen), als Sohn (wenn Sie zum Beispiel überlegen, was Sie Ihrer Mutter zum Geburtstag schenken könnten), als Deutscher (wenn Sie im Ausland und/ oder in einer Gruppe Nichtdeutscher sind). Wenn in einer Situation ein persönliches Merkmal besonders hervorgehoben (‚salient') ist, wenn Sie also zum Beispiel in einer Gruppe von Japanern der einzige Deutsche sind, wird in der Regel der mit diesem persönlichen Merkmal verbundene Identitätsaspekt aktiviert (‚ich bin Deutscher' oder ‚ich bin Europäer'). Jeder dieser Identitätsaspekte beinhaltet ganz unterschiedliches **Selbstwissen**. Menschen verhalten sich – automatisch, unbewusst – konsistent mit demjenigen ihrer Identitätsaspekte, der zu einem bestimmten Zeitpunkt gerade aktiviert ist (HANNOVER 1997). So sind Ihr Verhalten und auch Ihre Informationsverarbeitung (zum Beispiel bezüglich der Frage ‚was passt zu mir?') also davon beeinflusst, ob Sie sich gerade eher als Lehrer, als Sohn oder als Mann empfinden. Das Verhalten einer Achtklässlerin im Physikunterricht hängt ebenfalls davon ab, ob gerade ihr Selbstwissen als Mädchen aktiviert ist oder etwa das Selbstwissen ‚Ich in der Schule'. Nur als Mädchen müsste sie sich in besonderem Maße von Physik distanzieren. Wann wird ihr Selbstwissen als Mädchen, also ihre Geschlechtsidentität, besonders wahrscheinlich aktiviert? Besonders wahrscheinlich geschieht dies in einer gemischtgeschlechtlichen Gruppe von Gleichaltrigen. Denn in einer gemischten Gruppe ist die Geschlechtszugehörigkeit ein besonders hervorgehobenes, ‚salientes' Merkmal und aktiviert dadurch die eigene Geschlechtsidentität, wohingegen in einer geschlechtshomogenen Gruppe die eigene Geschlechtszugehörigkeit eher in den Hintergrund tritt. Dass dies tatsächlich der Fall ist, haben wir in einem Experiment nachweisen können, bei dem direkt während des Unterrichts in koedukativen und monoeduaktiven Gruppen die Aktivierung der Geschlechtsidentität gemessen wurde (KESSELS, 2002). An einem Laptop sollten die Jugendlichen geschlechtstypisierte Adjektive (‚feminine' [zum Beispiel weichherzig] und ‚maskuline' [zum Beispiel hartnäckig]) daraufhin beurteilen, ob diese im Moment der Befragung auf sie zutreffen oder nicht. Gemessen wurden die Antworten sowie die Reaktionszeiten, die sie zur Beurteilung der einzelnen Adjektive benötigten. Die Datenanalysen ergaben Folgendes: Werden Jugendliche in reinen Jungen- oder Mädchengruppen unterrichtet, ist ihnen Selbstwissen, das auf ihre eigene Geschlechtsidentität bezogen ist, signifikant weniger ‚zugänglich' (d.h., sie brauchen länger, um es zu beurteilen) als in koedukativen Gruppen. In den koedukativen Gruppen waren nicht nur insgesamt alle geschlechtstypisierten Adjektive zugänglicher als in den monoedukativen Gruppen, sondern es zeigte sich darüber hinaus auch eine mit dem biologischen Geschlecht der Jugendlichen übereinstimmende Polarisierung: Jungen reagierten deutlich schneller auf die maskulinen Adjektive als auf die femininen, Mädchen dagegen waren bei den femininen Adjektiven schneller als bei den maskulinen. In den monoedukativen Gruppen verschwand dieser Unterschied. Daraus können wir schließen, dass in den monoedukativen Gruppen die eigene Geschlechtsidentität weniger stark aktiviert ist als in koedukativen Gruppen. Welche Auswirkung hat dies auf das Engagement von Mädchen im Physikunterricht? Es zeigte sich, dass Mädchen, denen maskuline Eigenschaften in etwa gleich zugänglich waren wie feminine Eigenschaften (wie es in den monoedukativen Gruppen der Fall war), zu einem späteren Erhebungszeitpunkt angaben, im Physikunterricht stärker motiviert zu sein, sich aktiver dort zu beteiligen, und ihre Begabung für Physik höher einschätzten als Mädchen, denen feminine Eigenschaften viel stärker zugänglich waren als maskuline (wie es in den gemischten Gruppen der Fall war). Somit scheint der Schlüssel zum Erfolg der monoedukativen Physiklerngruppen darin zu liegen, dass Mädchen in diesen Gruppen zeitweilig ‚vergessen', dass sie Mädchen sind, und deshalb den maskulin konnotierten Unterrichtsinhalten gegenüber aufgeschlossener sind als in den normalerweise üblichen gemischten Gruppen. Eine ähnliche Entwicklung wäre theoretisch auch für Jungen denkbar: Wenn der Deutschunterricht in einer monoedukativen Gruppe stattfände, wären sie möglicherweise engagierter dabei, wenn Gedichte interpretiert und Aufsätze geschrieben werden. Langfristig könnten solche zeitlich begrenzten Trennungen in ‚Jungenfächer' oder ‚Mädchenfächer' mit dazu beitragen, dass diejenigen Jugendlichen, deren eigene Geschlechtsrolle zu den dort präsentierten Unterrichtsinhalten im Widerspruch steht, sich diesen Fächern dennoch zuwenden und so eine weniger geschlechtstypisierte Interessen- und Leistungsentwicklung zeigen. Dadurch würde sich – sehr langfristig gesehen – auch die Typisierung dieser Fächer als nur zu einem der beiden Geschlechter passend abschwächen.

In dieser wie in weiteren Studien weisen Hannover und Kessels nach, dass monoedukativer Anfangsunterricht in Physik dazu beitragen kann, eine ungünstige Leistungsentwicklung der Mädchen zu verhindern, wie sie etwa in der TIMS (Third International Mathematics and Science)-Studie gefunden worden sind (vgl. BAUMERT u. a. 2000).

> Weil die Schülerinnen koedukativer Gruppen weniger motiviert werden und sich weniger zutrauen, vermeiden sie anspruchsvolle Kurswahlen und fallen in der Folge in ihren Leistungen hinter die ihrer männlichen Klassenkameraden zurück. (HANNOVER/KESSELS 2001, S. 213)

Auch der Bildungsforscher und Leiter des Max-Planck-Instituts Jürgen Baumert teilt die Folgerung, dass monoedukativer Anfangsunterricht die geschlechterbezogene Interessen- und Leistungsentwicklung mildern kann; so äußerte er sich bei der Vorstellung und Diskussion der TIMSS-Ergebnisse an der Universität Dortmund im Februar 2000.

Zusammenfassung und Ausblick

Welche Bilanz lässt sich ziehen? Das „Problemfeld" Naturwissenschaften und Technik ist gut erschlossen. Lehrerinnen und Lehrer wissen heute, dass Technikdistanz ein Sozialisationseffekt ist, dem man mit geeigneten Konzepten entgegenwirken kann.

Der **Grundschule** kommt hier eine Schlüsselfunktion zu. Bezogen auf soziale und fachliche Kompetenzen öffnet sie die Türen und achtet darauf, dass alle die Gelegenheit erhalten, sich mit sachunterrichtlichen Fragestellungen auseinander zu setzen.

In der **Sekundarstufe** hilft eine Themenwahl, die an den Interessen der Mädchen und Jungen anknüpft, eine naturwissenschaftliche Didaktik, die das Experimentieren und Selbermachen fördert, sowie die zeitweilige Trennung, die insbesondere den Mädchen gestattet, einen Zugang zum Fächerkomplex aufzubauen. Darüber hinaus können Lehrerinnen und Lehrer Strategien der Re-Attribuierung erlernen und anwenden, die Schülerinnen und Schüler dabei unterstützt, positive Selbstkonzepte zu entwickeln und Technik- und Naturwissenschaftskompetenz in ihrem Fähigkeitsbild zu integrieren.

Fachbezogene Studien: Sport

In diesem Kapitel werden zunächst die Aufgabe, die besondere Bedeutung und der Stellenwert beschrieben, die das Unterrichtsfach Sport im Lehrplan und im Schulalltag einnimmt. Im zweiten Teil wird der Zusammenhang zwischen Sport und Geschlecht hergestellt.

Das Fach Sport und sein Stellenwert im Schulalltag

Sport ist reguläres Unterrichtsfach an allen Schulen. Als solches ist er stets im Zusammenhang mit außerunterrichtlichem Schulsport zu sehen, der einen weiteren wesentlichen Bestandteil der schulischen Bewegungs-, Spiel- und Sporterziehung ausmacht. Hierzu gehören die sportlichen Aktivitäten, denen Schülerinnen und Schüler in Pausen nachgehen (Gummitwist, Tischtennis, Fang- oder Rennspiele), aber auch Schulsportgemeinschaften, Schulsportfeste, Schulsportwettkämpfe, Sporttage oder Sportwochen sowie Schulfahrten mit sportlichem Schwerpunkt (Ski-Klassenfahrten oder Ähnliches). Zudem steht Sport(-unterricht) an Schulen auch oft in Zusammenhang mit Sport im Verein

– sei es, weil sich ein Teil der Schülerinnen und Schüler hier in der Freizeit wiedertrifft und/oder weil Schulen Kooperationen mit Vereinen im Schulumfeld eingegangen sind.

Sport fördert das Körperbewusstsein

Im Sportunterricht spielt Körperlichkeit naturgemäß eine entscheidende Rolle. Damit zusammenhängende Schwierigkeiten abzufangen und aufzugreifen, ist eine weitere Aufgabe, die Lehrende – abgesehen von den unterrichtsinhaltlichen und didaktischen Anforderungen – meistern müssen. Ungelenkige oder übergewichtige Kinder fühlen sich häufig besonders unwohl, nicht zuletzt in Situationen, wo zum Beispiel die Schülerinnen und Schüler Mannschaften selbst zusammenstellen.

Der Schulsport – so oder ähnlich halten es die Rahmenvorgaben und Lehrpläne für den Schulsport in allen Bundesländern fest – soll die ganzheitliche Entwicklung von Kindern und Jugendlichen fördern. Sie lernen in zunehmender Selbstständigkeit und Selbstverantwortung ihr Handeln im Sport und ihren Umgang mit dem eigenen Körper zu bestimmen, sie entwickeln ein Gesundheitsbewusstsein und verbessern ihre Wahrnehmungs- und Leistungsfähigkeit. Sie lernen, etwas zu wagen und zu verantworten, sich mit anderen zu messen, aber auch mit anderen zu kooperieren und sich zu verständigen. Schulsport schafft Handlungskompetenz und soll junge Menschen motivieren, Sport in vielfältiger Weise in ihre aktive Lebensgestaltung einzubeziehen. Damit leistet der Schulsport auch einen Beitrag zu überfachlichen Erziehungsaufgaben.

Sport fördert die Leistungsbereitschaft

Zu den Erziehungsaufgaben aller Fächer gehört es, die Lern- und Leistungsbereitschaft zu fördern. Im Sportunterricht ist exemplarische Leistungserziehung besonders nahe liegend. Kriterien und Regeln, unter denen Leistungen hier bewertet werden, sind vergleichsweise leicht verständlich, denn die „typischerweise unmittelbare Rückmeldung über das Ergebnis macht im Sport die Erfahrung der eigenen Leistungsentwicklung, aber auch ihrer sozialen Bewertung besonders anschaulich" (vgl. MSWW NRW, 1999, S. 33).

Durch Leistungen im Sport können junge Menschen soziale Anerkennung und Selbstbewusstsein gewinnen. Auf der anderen Seite kann das Selbstwertgefühl aber auch empfindlich beeinträchtigt werden, wenn der Erfolg ausbleibt. Umso deutlicher zeigen sich Diskrepanzen, wenn einige in bestimmten Sportarten durch zusätzliche Aktivitäten in Sportvereinen einen Leistungsvorsprung haben. Die Gestaltung von Leistungssituationen im Sport ist daher insofern eine pädagogisch verantwortungsvolle Aufgabe als individueller Leistungsfortschritt höher bewertet werden sollte als der (wettkampfartige) Vergleich mit anderen. Lehrende sind in diesem Fach gefordert, die „Erfahrung zu vermitteln, was sich durch Anstrengung, Übung, Training und eine angemessene Lebensweise erreichen lässt" (ebd.).

Sport fördert den Zusammenhalt

Leistungserziehung ist aber auch eine Aufgabe sozialen Lernens; sie schließt ein, dass Schülerinnen und Schüler sich der Wirkung von sozialen Verhaltensweisen innerhalb einer Gruppe bewusst werden. Zudem müssen Lehrkräfte dafür Sorge tragen, dass die Erfahrung gemeinsam erbrachter Leistungen ermöglicht wird, denn Sport findet häufig in Gruppen oder Mannschaften statt. Vor bisweilen (zu) große, immer aber heterogene Gruppen gestellt zu sein konfrontiert Lehrerinnen und Lehrer im Sportunterricht mit besonderen Herausforderungen – zum Beispiel, wenn es darum geht, Brücken zwischen verschieden gearteten Interessen, Bedürfnissen und Fähigkeiten zu schlagen oder sich auf Kompromisse zu verständigen. Mancherorts wird dies dadurch gelöst, dass einfach nur Fußball oder eine andere Sportart angeboten wird, weil so der Großteil der Gruppe (vor allem die Jungen) gebändigt werden kann. Diejenigen, die das nicht interessiert, sitzen entweder auf der Bank oder turnen auf den Geräten rum, so das Szenario im ungünstigeren Fall.

Zu all den Hoffnungen und Möglichkeiten, die mit dem Sportunterricht verknüpft sind und die überwiegend positiv konnotiert sind – sich bewegen, den eigenen Körper wahrnehmen, Gelenkigkeit entwickeln, Ausdauer trainieren –, kommen in der Realität einige Hürden und Hindernisse, die Lehrkräfte zu überwinden haben und die ihre Ursache vor allem in der **Heterogenität der Lerngruppen** haben. Zu diesen Herausforderungen gehören auch die Geschlechterverhältnisse im Sportunterricht.

Lehrpläne und Realität

Das Miteinander der Geschlechter im koedukativen Unterricht ist eine der Aufgaben, bei denen Lehrkräfte im Sport besonders sensibel agieren müssen.
Die Debatte, welche Art von Sportunterricht – getrennt oder gemeinsam – Mädchen und Jungen am ehesten gerecht wird, ist noch nicht ausgefochten. Lehrpläne und Rahmenbedingungen an Schulen basieren auf gemeinsamem Unterricht und planen mit Verweis auf die räumlichen und organisatorischen Gegebenheiten getrenntgeschlechtlichen Unterricht nur in Ausnahmefällen wirklich fest ein. In Lehrplänen wird oft differenztheoretisch argumentiert. So wird zum Beispiel die Chance benannt, dass Schülerinnen und Schüler auf diese Art und Weise erkennen könnten, dass es geschlechtsspezifisch jeweils andere Zugangsweisen zu Bewegung, Spiel und Sport gäbe und dass Unterschiede in motorischem und sozialem Verhalten bestünden. Toleranz und gegenseitige Achtung und Wertschätzung könnten Schülerinnen und Schüler

daraus lernen. Koedukativer Sportunterricht – das merkt der rheinland-pfälzische Lehrplan für die Sekundarstufe I an – verstärke bisweilen die „negativen Seiten der geschlechtsspezifischen Rollen" eher, als dass er sie abbaue (MBWW Rheinland-Pfalz 1998, S. 15).

Sport und Geschlecht

Sport ist ein Fach, über das sich viele Mädchen beschweren, weil sie Übergriffe und Anmachen von Mitschülern erleben und bisweilen auch von Lehrern befürchten. Nicht selten umgehen Mädchen den pädagogischen Anspruch ihrer Lehrer/-innen, sie dazu zu bringen, etwas zu wagen, etwas und sich auszuprobieren, indem sie die verlangte sportliche Aufgabe verweigern: „Ich kann das nicht." Dahinter steckt bei Pubertierenden oftmals die Furcht, bei körperlich anstrengenden Übungen wenig attraktiv zu erscheinen oder davor, ihren Körper und sich zu entblößen oder in einem für sie unangenehmen Maße zur Schau zu stellen. Auch der „Trick", eine regelmäßige Auszeit mit dem Hinweis auf „Frauenleiden" – die natürlich schwer nachprüfbar sind – zu nehmen, ist ein Verhalten, das nicht selten auftritt und das oftmals als Versuch der Mädchen gedeutet wird, ein wenig Autonomie für sich zu erobern.

Diese Problemfelder wie auch die Tatsache, dass Jungen und Mädchen sich in einigen Sportarten in Können und Interesse stark unterscheiden, führen zu speziellen Herausforderungen im koedukativen Sportunterricht. Wie sich die wissenschaftliche Debatte um Koedukation im Sportunterricht entwickelt hat, das soll der folgende Abschnitt zeigen.

Koedukation und Sport aus Sicht der Sportpädagogik

Dass Koedukation aus dem Schulleben nicht mehr wegzudenken ist, ist weitgehend unumstritten, auch wenn mehrfach nachgewiesen wurde, dass Geschlechterstereotype im Schulleben noch immer existent sind und durch Schüler-/Lehrer- und Eltern-Verhalten immer wieder manifestiert werden. In kaum einem anderen Fach sind die Argumente von Koedukationsbefürwortern oder -gegnern so einsichtig und nachvollziehbar und nirgendwo sonst ist die Entscheidung pro oder contra geschlechtshomogenen Unterricht so offen.

Die Debatte um Koedukation im Sportunterricht hat eine Tradition, deren Anfänge in etwa **Mitte der 1970er-Jahre** zu terminieren sind. Forscherinnen und Forscher, die sich seinerzeit mit dem Thema befassten (wie Dieter Brodtmann, Jürgen Funke, Helmut Schmerbitz, Claudia Kugelmann) diskutierten, ob sich die „Geschlechter im Sportunterricht bei Spiel und Bewegung in unverfänglicher Weise auch leiblich begegnen und kennen lernen" könnten und ob Sportunterricht antrete, Vorurteile und Geschlechtsstereotype zu überwinden, wie Kugelmann es behauptete (KUGELMANN 1999). Andere, wie Sabine Kröner und

Gertrud Pfister, zweifelten diese Einschätzung an und betonten die Nachteile gemeinsamen Sportunterrichts.

Alle teilten die Forderung, langfristig eine echte Gleichberechtigung im Sportunterricht herzustellen. Erste Versuche waren kompensatorischer Art. Vereinfacht und auf die Spitze getrieben formuliert heißt das, Jungen sollten nur oft genug tanzen und Seilchen springen und Mädchen ans Fußballspiel herangeführt werden, um so auf lange Sicht die jeweiligen Defizite auszugleichen oder ein ausreichendes Verständnis für die jeweilige andere Seite herzustellen. Am Ende sollte ein selbstverständlicher Umgang mit dem anderen Geschlecht im gemeinsamen Sportunterricht stehen.

Kompensatorische Ansätze wie diese gehen von zwei (oder mehreren) homogenen Gruppen aus, die, im Wesentlichen sozialisationsbedingt, bestimmte Defizite haben, die auszugleichen sind. Das ist zu einfach gedacht, denn diese klar markierte Unterschiedlichkeit gegenüber der anderen Gruppe(n) oder die Homogenität innerhalb einer Gruppe existiert nicht!

Anfang bis Mitte der 1980er-Jahre erkannte die Sportwissenschaft, dass kompensatorische Ansätze nicht greifen würden, und man begann, nach überzeugenderen Konzepten zu suchen. Es wurde der Anspruch erhoben, Jungen und Mädchen im Sport differenzierter zu unterrichten und von einem Nebeneinander zu einem Miteinander zu kommen. Gleichzeitig bleiben die Vorschläge einer differenztheoretischen Argumentation verhaftet. So plädierten Brodtmann und Kugelmann dafür, die unterschiedlichen Bewegungskulturen von Mädchen und Jungen zu akzeptieren und den Unterricht so zu gestalten, dass sie die jeweils andere Seite kennen lernen (vgl. BRODTMANN/KUGELMANN 1984). Erneut weisen wir darauf hin, dass Verschiedenheit immer noch in Geschlechtereinheiten und nicht als Offenheit gedacht wird – die Realität sieht anders aus.

Vom heimlichen Lehrplan zur Parteilichkeit

Jungen und Mädchen im Sportunterricht zusammenzubringen und einen zwanglosen Umgang miteinander herzustellen misslang an vielen Schulen. In diesem Zusammenhang wies die feministische Forschung auf das Machtgefälle im Sportsystem hin: Die Leistungsanforderungen zum Beispiel in der Leichtathletik sind für Mädchen und Jungen unterschiedlich: Distanzen bei Sprints und Langstrecken, die Schwere einer Diskusscheibe, das (inzwischen aufgehobene) Verbot für Mädchen, bestimmte Sportarten auszuüben wie Stabhochsprung, Hindernisrennen, Dreisprung und andere sowie die nach Geschlechtern unterschiedlichen Punktwertungen für die gleiche Leistung sind hierfür Indikatoren. Sie verhindern, dass sich Mädchen und Jungen miteinander messen können und – je nach Perspektive – schmälern oder vergrößern sie die erbrachte Leistung.

Pädagogisches Handeln erfolgt stets in einem Spannungsfeld, in dem paradoxe Anforderungen gestellt werden. Geschlechtergerechter Sportunterricht ist keine Ausnahme. Dabei kommt es **nicht** immer darauf an, **was** man tut, **sondern mit welcher Absicht** etwas getan wird und welche Einstellung dabei spürbar ist. Sportunterricht exklusiv für Mädchen kann zum Beispiel als Entwicklungsraum oder als Schonraum interpretiert werden: als *Entwicklungsraum*, um ihnen Erfahrungen zu ermöglichen, die sie unter koedukativen Bedingungen (wegen einer vermuteten Überlegenheit der Jungen und damit zu erwartender Unterlegenheit im Wettkampf) seltener machen würden. In der wissenschaftlichen Auseinandersetzung zum Sportunterricht wird für diese Haltung meist der Begriff der „**Parteilichkeit**" eingeführt (SCHEFFEL/THIES 1990).
Wird getrennter Unterricht als *Schonraum* interpretiert und wird diese Interpretation (unbewusst) in eine Haltung (Körpersprache, Kommunikation, weniger Aufmerksamkeit) übersetzt, so mag das Konzept nicht aufgehen. Es hängt tatsächlich viel von der Einstellung der Lehrperson ab und von dem Lernklima, das sie im Unterricht herzustellen vermag. Risikobereitschaft hochzuhalten, das kann durchaus im gemeinsamen Sportunterricht gelingen – und auf der anderen Seite im getrennten Unterricht misslingen.
Machen Mädchen oder Jungen im getrennten Unterricht die Erfahrung des Gelingens, so zeigen die Forschungserfahrungen (im Sport wie im Physikunterricht), dass sie anschließend bereit sind, dies auch im gemeinsamen Unterricht zu zeigen. Und das ist nicht verwunderlich, denn es gehört zu den Grundbedürfnissen jedes Menschen, zeigen zu wollen, was er oder sie in besonderer Weise leisten kann.

Gemeinsamer oder getrennter Unterricht: Schüler/-innen-Perspektive

Bezüglich der Jungen und ihrer Positionierung im Unterricht hatte man zunächst befürchtet, sie könnten im gemeinsamen Sportunterricht mit Mädchen unterfordert und daher unzufrieden werden. In der Folgezeit und mit zunehmenden Forschungs-Erkenntnissen stellte sich jedoch heraus, dass auch die reinen Jungengruppen zwar geschlechtshomogen waren, dass aber in der Binnenstruktur erhebliche Unterschiede in Leistung und Selbstbewusstsein herrschten. „Gleichberechtigte Interaktionen im Sportunterricht lassen sich nicht unbedingt durch geschlechtshomogene Gruppen erreichen, denn mitunter sind die Unterschiede bei den motorischen Leistungen innerhalb des Geschlechts größer als zwischen den Geschlechtern." (SCHULZ 1997, S. 43) Der Druck, den die männliche Sozialisation im Spannungsfeld zwischen dem „Männlichkeitswahn" der Gesellschaft und der eigenen Unsicherheit sowie den eigenen Schwächen mit sich bringt, ist schon an anderer Stelle ausführlicher thematisiert worden (vgl. Kapitel „Jungen", S. 55–68). Im Sportunterricht ist dem besonderes Gewicht beizumessen. SchülerInnen bestätigen diese

Beobachtungen, wenn sie selbst zu den Vor- und Nachteilen der Koedukation befragt werden, wie dies in der Studie von Schulz (SCHULZ 1997) der Fall war: Allein unter Jungen sei der Unterricht bisweilen zu hart, zu verbissen, aber dass man weniger Rücksicht auf die Mädchen nehmen müsse, habe seine Vorteile, waren typische Bemerkungen der Jungen. Ein eindeutiges Votum für den getrenntgeschlechtlichen Unterricht lässt sich auch hier nicht ableiten (vgl. SCHULZ 1997, S. 44).

Problembewusstsein ist gewachsen

Heute ist klar: Weder der geschlechtergetrennte noch der koedukative Unterricht hat sich in der Diskussion als „Sieger" herauskristallisiert. Vielmehr fordern auch hier die einen wie die anderen – wie es aus anderen Bereichen bekannt ist, die sich mit Koedukations-Fragen befassen –, dass genauer hingeschaut und bewusster unterrichtet werden muss.

Der Großteil der Studien, die zum Schulsport durchgeführt wurden, kommt zu dem Ergebnis, dass zumindest teilweise getrennter Unterricht Jungen und Mädchen neue Erfahrungshorizonte eröffnen kann. Dies wird im Übrigen auch durch Befragungen von Schülerinnen und Schülern – vor allem in der Mittelstufe – untermauert (vgl. LSW Soest 1998, S. 88 ff.). Sportpädagog/-innen wissen um die Chancen eines zeitweilig getrennten Sportunterrichts. Firley-Lorenz stellt fest, dass organisatorische Bedingungen getrennte Angebote erschweren. Mädchenbedürfnisse werden in „Schlupflöcher", zum Beispiel in AGs oder andere außerunterrichtliche Bereiche verschoben (ebd., S. 107). Da gemeinsamer Unterricht allen gerecht werden soll, hat man die Curricula der Kurse bewusst erweitert. Elemente der Selbstbehauptung und -verteidigung wurden ebenso integriert wie Yoga und Tanz.

Vielfach wird aus Experimenten, Versuchen und Studien das Fazit gezogen, dass Sportunterricht in geschlechtshomogenen Gruppen lediglich als *eine* methodische Variante zu betrachten sei, und dies nur unter bestimmten Voraussetzungen: Die Schülerinnen und Schüler sollten in den Entscheidungsprozess mit einbezogen werden, ferner sollten sie frühzeitig an diese Unterrichtsform gewöhnt werden, damit man zum Zwecke eines getrenntgeschlechtlichen Unterrichts nicht erst die Schülerinnen und Schüler aus ihrem sozialen Zuhause reißen muss (vgl. SCHULZ 1997).

„Sportunterricht kann, wenn er pädagogisch und geschlechtersensibel inszeniert wird, zum Ort für die konstruktive Auseinandersetzung mit den Geschlechterverhältnissen werden." (Hier zitiert aus dem Internetbeitrag „Koedukation im Sportunterricht oder: Mädchen und Jungen gemeinsam in Spiel, Sport und Bewegung unterrichten – ein altes Thema neu betrachtet", vgl. KUGELMANN 1999). Diese Aussage unterschreibt der überwiegende Teil derjenigen, die sich dem Verhalten und den Bedürfnissen von Mädchen und Jungen im

Sportunterricht befasst haben. Geschlechtergetrennter Unterricht bedeute „Verzicht auf pädagogische Chancen", sei „Ausdruck einer deutlich reduzierten Zielorientierung" (BLUMENTHAL 1993, S. 303). Vielmehr sei erstrebenswert, „sowohl Raum zu geben zur Entfaltung und Befriedigung vorhandener geschlechtsspezifischer Bedürfnisse in geschlechterdifferenzierten Handlungsräumen als auch immer wieder Möglichkeit und Anreiz zu bieten zur ‚ungestörten' Hineinqualifikation in die bevorzugten Handlungsfelder des je anderen Geschlechts" (ebd.).

Die Rolle der Lehrkräfte

Wie in allen anderen Fächern kommt der Lehrkraft und ihren Kompetenzen im Sportunterricht eine besondere Rolle zu. Auch hier gilt es, sich seines eigenen (stereotypen) Geschlechtsrollenverhaltens und der dadurch geprägten Erwartungen an die Schülerinnen und Schüler bewusst zu werden, denn dadurch werden diese Konstruktionen aufrecht erhalten. Lehrerinnen und Lehrer „müssen lernen, sich selbst als Person, als Frau oder Mann, wahrzunehmen, reflexive Distanz zu sich herzustellen und sich gegebenenfalls zu verändern. Das erfordert Mut, aber auch die Möglichkeit einer praxisnahen und persönlichkeitsbildenden Aus- und Fortbildung." (KUGELMANN 1999)

Michaela Firley-Lorenz weist darauf hin, dass sich Sportlehrerinnen und -lehrer in einer besonderen Situation befinden: Sie beschreibt die inneren und äußeren Diskriminierungen und Begrenzungen, denen Sportlehrerinnen ausgesetzt sind. Als **äußere Begrenzungen** stellt sie unter anderem Übergriffe (besonders) durch Schüler fest, die sich verbal, in Gesten oder sogar durch körperliche Konfrontation äußerten (vgl. LSW Soest 1998, S. 96 f.). Hinzu komme eine „Unterminierung der Fachkompetenz" (ebd., S. 97), wie sie zum Beispiel auftritt, wenn Lehrerinnen als Schiedsrichterinnen agieren und damit eine Rolle einnehmen, die traditionell eher Männern vorbehalten ist.

Innere Beschränkungen sieht Firley-Lorenz dort, wo Lehrerinnen ein gespaltenes Verhältnis zu der Machtposition haben, die ihr Beruf mit sich bringt. Viele Sportlehrerinnen setzten eher auf Werte wie Harmonie und Gleichrangigkeit, was in Konfliktsituationen nicht immer vorteilhaft ist (vgl. ebd., S. 102).

Eine Bedingung für einen konstruktiven Umgang mit Koedukation im Sportunterricht ist, dass dieser „von der Schule und ihren Lehrkräften wirklich gewollt und als pädagogische Herausforderung akzeptiert" (BLUMENTHAL 1993, S. 302) wird.

Reflexive Koedukation:
Die Forschungsergebnisse umsetzen

In Schulen und im Bildungswesen ist formale Gleichheit weitgehend erreicht. Nicht überall sind damit auch die „diskreten Diskriminierungen" aufgehoben. Sie werden immer dort sichtbar, wo eine Gruppe wenig erfolgreich ist, nicht mitmacht oder einen Sonderstatus reklamiert. Das können Mädchen oder Jungen sein, die Differenzlinien verlaufen aber ebenso entlang sozialer Schichten, ethnischer Zugehörigkeiten oder Ähnlichem. Lösungen für die Geschlechterfrage in der Schule müssen dies alles mit im Blick haben. Es reicht nicht, das Verhältnis oder die Zugangschancen von Mädchen und Jungen halbwegs auszubalancieren.
Es kann nicht darum gehen, eine Gruppe gegen eine andere auszuspielen oder zu privilegieren. Gute Konzepte richten sich gegen jede Art von Festlegungen, Vorurteilen oder Benachteiligungen. Einige werden in diesem Kapitel vorgestellt.

Auf Heterogenität reagieren

Eine reflektierte oder aufgeklärte Pädagogik wird immer bemüht sein, Vorurteile und Benachteiligungen zu vermeiden. Ist sie konkret auf Geschlechterverhältnisse bezogen, spricht man von „Reflexiver Koedukation". Reflektiert wird, inwieweit Strukturen, Muster, Interaktionen und Einstellungen dazu beitragen, ein bestimmtes Verhalten hervorzurufen. Themen oder Aufgabenstellungen können zum Beispiel heimliche Botschaften transportieren, die das Lernen behindern oder fördern. Lehrerinnen und Lehrer sind klug beraten, ihre Angebote darauf abzuklopfen, ob sie hinreichend offen für alle sind.

Neben Vorurteilen und individuellen Diskriminierungen bilden **innere Barrieren** Hemmschwellen. Die Bildungsforschung hat sie zum Beispiel bei Frauen entdeckt, die sich das Amt der Schulleiterin nicht zutrauen, oder bei Schülern oder Schülerinnen, die sich auf bestimmte Fächer, etwa Physik oder Französisch, nicht einlassen mögen. Solche inneren Barrieren können überall dort abgebaut werden, wo sich Modelle finden, wie die scheinbar versperrten Wege zu bewältigen sind. Innere Barrieren sind dann schädlich, wenn die eigene Verzagtheit projiziert und daraus Fremdverschulden abgeleitet wird. Mit Ermutigung (BAMBACH 1994) oder Re-Attribuierung (HELLER 2001) kann der Verzagtheit begegnet werden.

Obwohl sich auf der (sozial-)wissenschaftlichen Ebene die Erkenntnis durchgesetzt hat, dass den Geschlechtern Merkmale zugeschrieben werden und dass der Prozess des Rollenerwerbs unterschiedlich verlaufen kann, werben pseudowissenschaftlich begründende, populäre Veröffentlichungen nach wie vor mit griffigen differenztheoretischen Thesen: „Warum Männer nicht zuhören und Frauen schlecht einparken", „Männer sind vom Mars, Frauen von der Venus" und viele andere mehr.

> Die Koedukationsforschung und die Schulpraxis zeigen, dass ein Zusammendenken aller weiblichen oder männlichen Individuen in *die* Mädchen und *die* Jungen der vorhandenen Vielfalt nicht gerecht werden kann.

Auch wenn heute mehr Jungen als Mädchen zu den „Risikogruppen" und damit zu den Sorgenkindern gezählt werden, kann es nicht darum gehen, nun andere differenztheoretische Konzepte zu entwickeln, die zum Ziel haben, Jungen über Themen und Methoden gezielt anzusprechen und zur Leistung bereitzumachen. Statt jeweils im Unterricht auf eine Hauptzielgruppe zu fokussieren, muss mit **didaktischer Differenzierung** auf die Heterogenität der Lerngruppe und die damit verbundenen Herausforderungen reagiert werden. Es geht darum, den Unterricht für alle Beteiligten gut zu machen, und nicht darum, einen Unterricht speziell auf Mädchen oder Jungen auszurichten oder für sie anzubieten.

Dialektische Spannungen aushalten

Pädagogisches Handeln findet immer in einem Spannungsfeld statt, es ist durch gegensätzliche Anforderungen gekennzeichnet, die sich scheinbar ausschließen und doch beide erfüllt werden müssen: Nähe suchen und Distanz wahren, Individualität beachten und Zugehörigkeit zu einer Gruppe fördern, wachsen lassen (Natur) und erziehen (Kultur) und so fort. Solche Situationen sind **paradox**, weil es Handlungsalternativen gibt, die sich gegenseitig ausschließen und doch beide zugleich erfüllt werden müssen. Das macht die Aufgaben einer/-s Lehrenden schwierig, aber reizvoll. Es kommt zumeist darauf an, Balance zu halten. Die in einer Klasse immer vorhandene Vielfalt kann nicht reduziert werden, das muss eine Lehrerin, ein Lehrer akzeptieren. Die dialektischen Spannungen, die dadurch entstehen, müssen ausgehalten und positiv gewendet werden. Das zieht sich durch alle Aufgaben des Lehrerberufs: Unterrichten, Erziehen, Beurteilen, Beraten und Innovieren.

Dass Heterogenität beachtet werden muss, hat auch etwas **Entlastendes**: „Auch die beste Lehrerin, und sei sie noch so geschickt, kann nicht *lernen machen*", hat Hilbert Meyer betont (1997, S. 135), „lernen kann nur die Schülerin selbst". Für die eigenen Lernprozesse sind Schülerinnen und Schüler selbst verantwortlich. Lehrkräfte können den Raum vorbereiten, zum Lernen anregen und die Lernenden unterstützen. Für die Organisation der Lernprozesse müssen sie die konstruktivistischen Erkenntnisse beachten.

Lernen als Ziel und als Weg verstehen

Die Frage, was guter Unterricht ist und welche Bedingungen das Lernen fördern, wird heute anders beantwortet als vor zwanzig Jahren. Fand man früher Zuhören und Mitdenken wichtig, so treten jetzt Eigenverantwortlichkeit und Selbsttätigkeit in den Vordergrund.
Die Koedukationsdebatte lief parallel und in Verschränkung mit Diskussionen über notwendige pädagogische Reformen und ein neues Lernverständnis. Der **Lernbegriff** und seine Bedingungen wurden reflektiert und neu bestimmt.
HEINZ KLIPPERT (2002) und NORM GREEN (2005) sind zwei der bekanntesten Vertreter eines anderen Lernkonzepts. Tatsächlich gehören beide Entwicklungen zusammen. Der Didaktiker WOLFGANG KLAFKI (1991) betont die Wechselbeziehungen in Lehr-/Lernprozessen. Wenn Lernen gelingt, dann lernen auch die Lehrenden von ihren Schülern. Solche Offenheit für Prozesse und eine Bereitschaft, sich auf die jeweilige Gruppe einzulassen, müssen Lehrer mitbringen.

Entsprechend verändert sich die Aufgabe der Lehrkräfte von Wissensvermittlern zu Initiatoren und Koordinatoren von Lernprozessen und zu Lernbegleitern und -beratern.

Lehrerinnen und Lehrer haben den gesetzlichen Auftrag zu unterrichten *und* zu erziehen und sie nehmen diesen doppelten Auftrag zunehmend an. Im Zuge der Bewegung zu mehr Gestaltungsautonomie hat sich eine Debatte um zeitgemäße Erziehungsziele und pädagogische Leitbilder entwickelt.

Erziehung braucht Ziele

Erziehung muss vorrangig die Persönlichkeit entwickeln, ihre Ziele sind:
- selbstbewusste unabhängige Persönlichkeiten mit eher hoher Toleranzschwelle gegenüber Frustrationen, die zum Beispiel aushalten, dass manches gar nicht oder nicht sofort zu ändern ist;
- verständige und interessierte Menschen, die neugierig sind und etwas herausfinden wollen, die ihre eigenen Potenziale entdecken und ausbauen möchten, die sich an ihre Grenzen herantasten und sie zu überwinden suchen und die dabei
- das Risiko, Fehler zu machen oder zu scheitern, eingehen,
- die immer wieder neue Wege gehen und nicht nur ausgetretene Pfade,
- die lernen, mit Fremdheit, die zum Grenzen-Überschreiten gehört, umzugehen, aber nicht, indem sie einfach drauflosmarschieren oder rücksichtslos vorgehen,
- die lernen, die Folgen des eigenen Handelns abzuschätzen, die Realität zu prüfen, die „probehandeln" und in einem Moment des Zögerns die Konsequenzen ihres Tuns überdenken und die Verantwortung dafür übernehmen.

Diese Eigenschaften fasst Regina Becker-Schmidt in ihrer **Definition sozialen Lernens** zusammen:

„Soziales Lernen ist die Fähigkeit, mit sich, seinen Mitmenschen und seiner Umwelt auszukommen, ohne Schaden zu nehmen oder anderen Schaden zuzufügen." (BECKER-SCHMIDT 1987, S. 15)

Lehrerinnen und Lehrer führen die Schüler an ihre individuellen Grenzen heran und begleiten sie auf neuen Wegen. Sie unterstützen und ermuntern sie darin, dass sich das Risiko lohnt, Fehler zu machen und zu scheitern, denn daraus kann man lernen. Lehrer/-innen helfen dabei, Strategien zu entwickeln, mit Fremdheit umzugehen, die immer dann eintritt, wenn Grenzen überschritten und Neuland betreten wird: Wie macht man sich Fremdes vertraut.

Die eigenen Lernstrategien erforschen

Einige knappe Aussagen zum Wissen über das Lernen zeigen, wie vielschichtig Lern-Prozesse sind:

- Die Lernenden sollen über schulische (und außerschulische) Lernprozesse zu **Expert/-innen für das eigene Lernen** werden.
- Sie sollten ihr Lerntempo kennen, wissen, wie sie sich am besten konzentrieren, in welcher Umgebung, mit welcher Körperhaltung dies gut gelingt, was ihre Lernprozesse stören kann.
- Sie sollen über Strategien der Informationsaufnahme und -verarbeitung verfügen, wissen, mit welchen Techniken das Behalten gelingt, und auch erproben, in welchen Situationen sie gut allein oder besser mit anderen lernen können.
- Sie müssen wissen, über welche für die Aufgabenstellung notwendigen Informationen sie bereits verfügen und wo man gezielt weitere Informationen abrufen kann.
- Sie müssen Problemstellungen verstehen und in Handlungslogiken übersetzen können.

Die gegebene **Komplexität** zu erkennen und auszuhalten ist also eine der Schlüsselqualifikationen. Gleichgerichtetes Vorgehen für alle Beteiligten kann dieser Realität nicht gerecht werden.

Den Lernprozess positiv gestalten

Lernen ist ein unsichtbarer, ein **innerer Prozess**, der auf vielfältige Weise irritiert und gestört werden kann. Lernen braucht deshalb Rückmeldung und Struktur. Die Visualisierung von Lernprozessen und -ergebnissen ist ein guter Weg, der Unsicherheit vorzubeugen. Dazu später mehr.

Weil **Lernen kontextabhängig** ist, ist es wichtig, Lernkontexte zu wechseln. Lehrerwechsel können belebend sein, aber auch modifizierte Klassenzusammensetzungen können eine Lerngruppe stimulieren, zum Beispiel kann eine koedukative Lerngruppe gelegentlich oder systematisch in Mädchen- und Jungengruppen aufgeteilt werden. Wo immer sich bestimmte Rollenzuweisungen in einer Lerngruppe verfestigt haben, können Gruppendynamik und (Lern-)Verhalten einzelner neue Impulse erhalten. Deshalb werden wir neben didaktischen Ansätzen für guten gemeinsamen Unterricht auch **organisatorische Modelle** zur Lernförderung vorstellen. Ebenso wenig, wie gefordert werden kann, jede Form des Unterrichts koedukativ anzubieten und damit Kocdukation zum

Dogma zu erheben, kann die Lösung in der grundsätzlichen Trennung der Geschlechter beim Lernen gesucht werden.

Der **Beziehungsdimension** kommt beim Lernen große Bedeutung zu. Damit ist gleichermaßen das Klima innerhalb der Schulklasse und die Beziehung zur jeweiligen Lehrperson gemeint. Jakob Muth hat im Anschluss an Friedrich Herbart und Elisabeth Blochmann in einer kleinen Abhandlung das Konstrukt „Pädagogischer Takt" entwickelt.

Jakob Muth: Pädagogischer Takt und die Nichtplanbarkeit der Erziehung und des Unterrichts

Beim Pädagogischen Takt geht es um die Bestimmung des Verhältnisses von Theorie und Praxis. In den didaktischen Debatten war es zunächst um das „Was?", die Bildungsinhalte, gegangen, dann um das „Wie?" der Vermittlung. Mit dem pädagogischen Takt kommt die Beziehungsdimension hinzu, und zwar sowohl zwischen den Lernenden als auch die Beziehung zwischen Lehrer/-in und Schüler/-innen.

Takt ist nicht dem planenden Willen des Lehrers unterworfen. Taktvolles Handeln wird in den Situationen realisiert, die von Planung offen gelassen werden mussten, es transzendiert die Planung, indem es sich von dem Unvorhersehbaren in Anspruch nehmen lässt.

Der pädagogische Bezug als Verhältnis eines Erziehers zu einem Kind ist ein mitmenschlicher Bezug. Es geht um ein Verständnis, das einen hierarchischen, herrschaftsorientierten Abstand zwischen Lehrer und Schüler, zwischen Erzieher und Kind ausschließt. An die Stelle einer hierarchischen Distanz tritt im Verständnis einer Didaktik, in der die Beziehungsdimension akzentuiert wird, die Gemeinsamkeit des Handelns im Unterricht und in außerunterrichtlichen pädagogischen Situationen auf der Basis gegenseitigen Vertrauens. Das hierarchische Verständnis eines Lehrers zu einem Schüler destruiert die mögliche pädagogische Beziehung.

Weiterlesen in: JAKOB MUTH: Pädagogischer Takt. In: Neue deutsche Schule, Essen 3. A. 1962

Zwei Generationen im Klassenzimmer

Wenn von der Beziehung zwischen Lehrenden und Lernenden die Rede ist, so ist zu beachten, dass hier zwei Generationen aufeinander treffen. Daraus ergeben sich **Generationenprobleme**: Wissen die Älteren wirklich, was gut für die Jüngeren (in deren Zukunft) ist?

Generationen werden in Kindheit und Jugend geprägt, und diese verliefen in den 1960er- oder 1980er-Jahren erheblich anders als im beginnenden 21. Jahrhundert. Die folgenden Antworten treffen beide zu, obwohl sie polarisieren:

● Lehrer/-innen wissen, was für Schüler/-innen gut ist, *und* sie wissen es zugleich nicht.

● Es gehört zu ihren vordringlichsten Aufgaben, kulturelles Erbe und Tradition zu vermitteln, doch zugleich auch auf noch Unbekanntes vorzubereiten und damit „Überlebenswissen" zu schaffen.

Ob Lehrer überblicken, was für die kommende Generation „gut" ist, hängt mit davon ab, ob sie die Lebenserfahrungen und den Horizont der Lernenden, ihre Interessen, ihre Fragen kennen und verstehen.

Beide Fragen sind zu stellen:

● Was will die ältere Generation von der jüngeren? Und:

● Was will die jüngere Generation von der älteren?

Junge Menschen suchen einerseits Orientierung, wollen aber keinesfalls immer nur hören, wie wunderbar die längst Erwachsenen ihre Aufgaben gelöst haben. Sie meiden bevorzugt die „guten Ratschläge" und die ausgetretenen Pfade. Sie nehmen die Problemstellungen ihrer Zeit als ganz anders gelagert wahr. Erfahrungen lassen sich nicht einfach weitergeben, die Jüngeren müssen ihre generationsadäquaten Lösungen selbst suchen und finden dürfen. Das gelingt umso besser, je mehr man ihnen zutraut und vertraut und sie begleitet.

Raum und Ordnung

Schulisches Lernen ist in „Klassen" organisiert. „Klasse" meint Raum und Lerngruppe zugleich. Beides muss gestaltet werden.

In der Pädagogik wird der **Raum** gern als „dritter Pädagoge" neben Lehrperson und Mitschüler/-innen bezeichnet. Der Raum soll eine „vorbereitete Umgebung" (Montessori) sein, die zum Lernen benötigtes Material bereithält, der geordnet ist, denn „Ordnung zu schaffen ist [...] ein anthropologisches Grundbedürfnis" (MEYER 1997, S. 160). Das Konzept der „Guten Ordnung" nach Annedore Prengel haben wir bereits skizziert (vgl. S. 54).

Geordnet muss es auch in den Interaktionen der **Lerngruppe** zugehen. Aus einem „Haufen" von 20 oder 30 Kindern oder Jugendlichen eine Klasse zu machen ist die vordringlichste Aufgabe der Klassenlehrerinnen und -lehrer. Versäumt er oder sie es, die nötigen Gruppenprozesse anzustoßen, das Kennenlernen zu unterstützen und über gemeinsame Aktivitäten das Gruppengefühl zu stärken, so kommt es vermehrt zu Konflikten, Aggressivität oder Desinteresse, zu negativen Normen und Ähnlichem und das Lernen wird behindert. Feste Regeln des Zusammenlebens, deren Einhaltung beachtet werden, sind eine gute Basis, damit die Konzentration auf das Lernen gelingen kann.

Aktivierung erübrigt Kontrolle

Zur „alten Lehrerrolle" gehörte die Allzuständigkeit und die permanente **Kontrolle**. Dem modernen Lernverständnis folgend verschieben sich die Aktivitäten: Schülerinnen und Schüler sollen selbst tätig werden und Eigenverantwortlichkeit aufbauen. Die „neue Lehrerrolle" sieht die Lehrperson als Organisator von Lernprozessen und als Lernberater und -begleiter. Wer sich dieses neue Verständnis zu Eigen machen will, muss einen Teil des Kontrollbedürfnisses aufgeben. Im Zuge der TIMS-Studien haben Bildungsforscher erkannt, dass in deutschen Schulen das Lernen und die Lernerfolgskontrolle nicht in voneinander getrennten Phasen ablaufen. Die Erstbegegnung mit einem Thema, das Sich-Annähern und Zu-Eigen-Machen sollte nicht unbeachtet, aber unbenotet bleiben. Bewertungsdruck lenkt von der Aneignung eines Inhalts ab oder macht aus einem sonst vielleicht spannenden Thema „Schulstoff", der behandelt, dann „abgehakt" und baldmöglichst vergessen wird.

Das Kontrollbedürfnis der Lehrpersonen steht einem Aktivwerden der Schüler/-innen entgegen. Die „zeigen" sich erst, wenn sich der Einsatz erkennbar lohnt. Sie wollen weder bloße Stichwortgeber noch Echo sein: Mehr Selbstständigkeit bringt höhere Lernerfolge und mehr Identifikation mit den Themen.

Kontrolle zurücknehmen heißt Vertrauen aufbauen – und das ist Ausgangspunkt jeder Pädagogik.

Fazit – gute Bedingungen für Lernprozesse:
- angstarme Räume schaffen, ein gutes Klassenklima und den Gruppenzusammenhalt fördern,
- Lern-, Erarbeitungs- und Übungsphasen von den Benotungszeiten trennen,
- Sicherheit bieten (Spielregeln einhalten, Transparenz herstellen),
- handlungs- und produktionsorientierte Arbeitsformen einsetzen,
- Lernen als Herausforderung begreifen: Neugierde wecken als leitendes Prinzip, auch wenn die Motivationsphase ein Viertel der veranschlagten Arbeitszeit ausmacht.

Gemeinsamer Unterricht von Mädchen und Jungen: Wie es nicht geht

Weil pädagogisches Handeln in einem Spannungsfeld stattfindet und von Paradoxien gekennzeichnet ist, ist eines sicher: Fehler werden immer gemacht. Drei Vorgehensweisen, das haben unsere Ausführungen gezeigt, sind ungeeignet, um Geschlechtergerechtigkeit zu verwirklichen. Sie lassen sich im Schulalltag einzeln und in Kombination antreffen.

1. Differenztheoretische Vorstellungen und Modelle greifen zu kurz.
2. Kompensatorische Ansätze verkennen die immer vorhandene Vielfalt.
3. Das Geschlechterverhältnis zum Thema zu machen ist kontraproduktiv.

Beginnen wir mit dem letzten Punkt.

Zum Thema machen

Als die Kritik an den Nebenwirkungen der Koedukation aufkam, hatte das Thematisieren der Unterschiede Konjunktur. Absicht war, den Blick zu schärfen, genau hinzusehen, überkommene Vorstellungen zu hinterfragen und alle Beteiligten zu sensibilisieren. Zwei sehr beliebte Verfahrenweisen würde man aus heutiger Sicht als Umwege oder sogar Irrwege bezeichnen:

- Im Unterrichtsgespräch wollen Lehrer/-innen wissen: „Was meinst du als Junge (du als Mädchen) dazu?" Das führt zu „unechten" Dialogen: Die Schülerinnen und Schüler erahnen, wie sie antworten sollen, und verhalten sich konform zu den „Schülerrollen-Erwartungen". Einsicht oder Verhaltensänderung stellen sich so nicht ein.
- Jedes Thema wird zusätzlich unter Geschlechteraspekten problematisiert. Dies ist ebenfalls nur gut gemeint: Auf diesem Weg werden Geschlechterunterschiede konstruiert und nicht aufgeklärt. Außerdem führt penetrante Thematisierung dazu, dass Geschlechterfragen als monoton erlebt und zunehmend abgelehnt werden.

Kompensatorische Erziehung und differenztheoretische Zuschreibungen

Kompensatorische Erziehung als Konzept hat ein löbliches Anliegen: Da, wo Defizite ausgemacht werden, wird gezielt versucht, diese zu beheben. Dabei bleiben zwei Bedingungen für gelingendes Lernen außer Acht. Einerseits ist der Anlass für die Lernförderung ein negativer, zum Beispiel: „Kinder aus sozial schwachen Schichten werden bildungsfern groß – also bieten wir ihnen ein attraktives Lernfernsehen an, die ‚Sesamstraße'", oder „Mädchen sind weniger gut in Physik – also erhalten sie besonderen Physikunterricht."

Diese Art von Unterstützung hat einen sehr wahrscheinlichen Effekt: Weil der Grund für die Förderung eine negative Auslese ist, werden die Angebote nicht genutzt – zumindest nicht von denen, für die sie gedacht waren. Andererseits besteht bei Pauschalierungen immer die Gefahr, die falschen zu treffen. Die Annahme, Mädchen seien nicht gut in Physik und brauchten Extra-Unterricht, „Mädchen-Physik" oder einen Schonraum, wird auch auf ausgesprochen naturwissentlich interessierte Mädchen angewendet. Wer sich nicht „erkannt" fühlt, wendet sich ab und schaltet ab.

Gut gemeint ist nicht automatisch gut gemacht

Es gibt zwei gängige Formeln des pädagogischen Alltags, über die weitgehender Konsens besteht: Die Schüler/-innen solle man „dort abholen, wo sie stehen" und man möge „voneinander lernen".

An mehreren Stellen – und besonders im Kapitel über Jungen (S. 55 – 68) – haben wir aufgezeigt, dass mit dem „Abholen, wo sie stehen" zwar eine löbliche Absicht formuliert ist. Detaillierte Nach-Fragen, wo dieser Ort denn sei, um wie viele Orte es sich handele und woran sich erkennen lasse, dass dort jemand steht, sind aber ungleich schwerer zu beantworten. So einleuchtend und einfach die Formel klingt, so schwierig ist die Umsetzung. Ihrem Gelingen geht in jedem Fall voraus, dass ein sehr differenzierter Blick auf die Lerngruppe geworfen wird, die im Übrigen – als Gruppe wie als Summe ihrer Individuen – nicht statisch beschrieben werden kann, sondern sich dynamisch entwickelt.

Einmaliges (An-)Erkennen von Unterschiedlichkeit genügt nicht. Es ist wichtig, alle Entwicklungsmöglichkeiten mitzudenken und sich zu vergegenwärtigen, dass der größere Teil einer Persönlichkeit für Lehrerinnen und Lehrer in der Regel nicht sichtbar ist.

Mit dem „voneinander Lernen" verhält es sich ähnlich: Die Verschiedenheit zweier Individuen oder Gruppen wird vorausgesetzt. Solche Verschiedenheit entlang der Differenzlinien Geschlecht, Ethnie und Begabung wird aber oft eher konstruiert und in ihrer Wirksamkeit überschätzt. Andere Eigenschaften, die lernförderlich sein können, werden im Gegenzug womöglich übersehen und ausgeblendet.

Dennoch hat die Aufforderung des „voneinander Lernens" immer noch Aktualität. Bloßes Zuhören und Nachvollziehen führt nicht zu sicherem Wissen. Intensiver ist das Lernen, wenn man sich ein Thema, einen Sachverhalt aneignet und sein neues Wissen an andere weitergibt. Dabei muss der Gegenstand strukturiert und veranschaulicht werden. Die Rückfragen der Mitschüler/-innen führen oft erst dazu, wirklich zu verstehen, um was es beim jeweiligen Inhalt geht. „Lernen durch Lehren" ist also die effektivste Unterrichtsmethode: Wir greifen sie im Konzept der „einbeziehenden Erziehung" noch einmal auf.

Exklusive Angebote

Ansätze kompensatorischer Erziehung galten eine Zeit lang als geeignet, in koedukativen Lerngruppen geschlechterbezogene Defizite auszugleichen. Neben besonderen Angeboten in einzelnen Fächern, die vor allem den Defiziten der Mädchen begegnen sollten, ist das Beispiel vom **Haushaltspass** und **Handwerkspass** aus den 1980er-Jahren berühmt geworden (vgl. BIERMANN 1997, KOCH-PRIEWE 2002)

Zwei Angebotsrichtungen sind denkbar: Mädchen brauchen den Handwerkspass, weil sie kaum Erfahrungen mit Werkzeug haben. Jungen brauchen den Haushaltspass, weil ihnen die elementaren Kompetenzen der Haushaltsführung wie Putzen und Kochen fehlen.

Solche Angebote sind differenzorientiert und offenbaren ihre Einseitigkeit schnell, sie gehören inhaltlich zu dem Erfahrungsbereich der Elterngeneration. Die Idee, allen Schülerinnen und Schülern beide Erfahrungen zu möglichen, weil Haushalt und Handwerk zum „Überlebenswissen" gehören, hat jedoch nicht ausgedient.

Wenn für alle dasselbe Angebot gemacht wird, weil für ein selbst bestimmtes Leben beide Kompetenzbereiche notwendig sind und die Erfahrung lehrt, dass pubertierende Jugendliche etwa in der achten Klasse für solche praktischen Angebote gut zu gewinnen sind, verschiebt sich der Akzent minimal, aber in seiner Wirkung wesentlich. Alle Schülerinnen und Schüler erhalten wichtige und kulturspezifische Ausbildungsangebote. Wenn sie die Techniken beherrschen, wird es sie alltagstauglich und vielleicht sogar stolz machen. Auf diese Weise verliert das Lernangebot die Zuordnung als kompensatorisch, denn es ist Lerngelegenheit für alle. In Küche und Werkstatt zu arbeiten bietet die Chance, mehr von den Individuen wahrzunehmen als im traditionellen Fachunterricht. Hier zeigt sich, wer die Übersicht behält, wer gut strukturiert, wer sich mannschaftsdienlich einbringt, wer gründlich arbeitet ...

Diese Kurse geben zugleich Anlass für andere als die üblichen Kommunikationsformen und: Nicht zuletzt und im Nebenbei offenbaren sich Interessen und Fragen der Heranwachsenden.

In diesem Zusammenhang ist die Frage nach der Verbindlichkeit von Unterrichtsinhalten zu stellen. „Geschlechterreviere des Wissens" entstehen immer da, wo **Wahlfreiheit** herrscht. Dass gewählt werden kann, ist ein hohes Gut und soll nicht generell in Frage gestellt werden. Für welches Projekt man sich entscheidet, welcher Lernweg, welches Tempo, welche der angebotenen Alternativen gewählt wird, soll nach Interesse und Vermögen bestimmbar sein.

Geht es um **Kernbestände des Wissens**, so sollte ein anderer Weg beschritten werden. Statt Fächer abwählen zu lassen, weil der Zugang manchen schwer fällt, muss an der Didaktik gearbeitet werden. Zum Beispiel physikalische Zusammenhänge zu verstehen, ist Welterschließung und damit unverzichtbar. Die Debatte um Kerncurricula ist in der Frage der Verbindlichkeit hilfreich. Allerdings ohne einen Rückschritts in Richtung Kanonisierung.

Erfolg versprechende Ansätze

Drei Ansätze guter, geschlechterbewusster Pädagogik möchten wir vorstellen. Sie knüpfen an ein anderes Unterrichtsverständnis an, betrachten Schüler/-innen als Subjekte in Lernprozessen und verstehen sich deshalb als übergreifend. Sie wurden entwickelt und erprobt, um die Geschlechterfrage in der Schule zu lösen und um das Lernen zu verbessern. Sie zielen auf unterschiedliche Dimensionen des Schullebens ab. Unter dem Titel **Aktivieren und Sensibilisieren** firmiert ein Ansatz, der nicht in erster Linie das Geschlechterverhältnis betrifft, aber das Lernen und damit alle Individuen fördert. Jeder Lehrer, jede Lehrerin kann ein solches Konzept in ihren Unterricht einbringen.

Die **Zufällige methodische Trennung** ist ein Konzept, das auf der organisatorischen Ebene ansetzt, die Lerngruppe nach Geschlechtern trennt, also etwas ,Dramatisches' tut – um im Folgenden, wenn Mädchen und Jungen jeweils unter sich sind, eine ,undramatische' Situation zu ermöglichen. **Einbeziehende Erziehung** ist ein didaktisches Verfahren, das dem Prinzip des „Lernens durch Lehren" verpflichtet ist und das Einfühlen in andere Menschen – und dies schließt das andere Geschlecht ein – fördert.

Aktivieren und Sensibilisieren

Das Ziel weist zugleich den Weg einer angemessenen Beschäftigung mit dem Thema. In den folgenden Abschnitten werden beispielhaft Konkretionen einer unterrichtlichen Arbeit vorgestellt, die Schüler/-innen motivieren soll, genauer hinzusehen und unterschiedliche Lesarten von Texten zu entdecken.

Die eigene Wahrnehmung schärfen

Die Psychologie erforscht Denkweisen und Motive von Menschen. Dabei konfrontiert sie gern mit Unverhofftem. Bekannt sind die schwarz-weißen Vexier-Bilder: Sie zeigen in einer Darstellung eine junge oder eine alte Frau, einen Leuchter oder zwei einander zugewandte Gesichter. Über die doppelte Lesart des Bildes erweitern sich die Perspektiven. Man lernt, mehr zu sehen, und stellt fest, dass nicht nur die von der eigenen Befindlichkeit geprägte Sichtweise gültig ist. Eine solche Funktion übernimmt auch die folgende Geschichte, abgedruckt in KREIENBAUM 2000, S. 82:

Über mich

Der Tag, an dem ich geboren wurde, war für meinen Bruder der erste Schultag, meine Schwester war damals 15 Monate alt.
Mein Vater ist Tontechniker, meine Mutter ist beim Kinderschutzbund für Öffentlichkeitsarbeit zuständig.
Früher hat sich mein Bruder gern mit uns jüngeren Geschwistern beschäftigt. Ihm ist es zu verdanken, dass ich schon zu Beginn der Grundschule lesen konnte. Meiner Schwester gegenüber fühle ich mich aber oft zurückgesetzt.
Radfahren und Schwimmen lernte ich erst recht spät. Im zweiten Schuljahr hat meine Mutter mich zum Klavierunterricht angemeldet. Da das Üben oft ausfällt, sind die Fortschritte nicht immer erkennbar. Der Klavierlehrerin gelingt es aber immer wieder, mich über die Auswahl der Musik zu motivieren. „Für Elise" gehört zu meinen absoluten Lieblingsstücken, das sitzt schon ziemlich gut nach nur drei Übungswochen.
Ich bin stolz darauf, bei Spielfilmen, die der Mutter die Tränen in die Augen treiben, keine Miene zu verziehen.
Ich stehe auf „Wir sind Helden"*, Inlinerfahren und Computer. Ich bin jetzt zehn Jahre alt. Eine ganz dicke Freundschaft habe ich im Moment nicht. Doch fast jeden Tag ruft ein Kind aus der 4 b an, um eine Verabredung zu treffen, und zum nächsten Geburtstag muss ich eigentlich 14 Kinder einladen, wenn alle die kommen sollen, bei denen ich eingeladen war. Das erlaubt die Mutter aber nicht.
Ich habe ein bisschen Angst vor dem Schulwechsel. Meine Schwester besucht das Gymnasium, aber ich weiß, dass sie vieles besser weiß und kann. Ob das nur daran liegt, dass sie älter ist?
Manchmal ziehe ich mich in mein Zimmer zurück und bastle. Zum letzten Weihnachtsfest habe ich einen Bausatz für ein Haus bekommen, in dem man Lichtleitungen verlegen kann. Das funktioniert tatsächlich prima.
Beantworte:
● Welches Geschlecht hat die erzählende Person?

● Aus welchen Beschreibungen schließt du, dass die erzählende Person ein Mädchen (oder ein Junge) ist? Unterstreiche im Text.
● Wo kannst du an deine eigenen Erfahrungen anknüpfen?

* Hier sind Aktualisierungen angebracht: Statt der „Helden" könnten es kurzfristig die „Bandits" oder sonst jemand sein, nur nicht z. B. Ramstein oder auf der anderen Seite Tokio Hotel o. Ä., weil sich so eine recht eindeutige Geschlechterzuordnung herstellen lässt.

Über solche Übungen entstehen Dialoge, die den Schülerinnen und Schülern neue Einsichten in die Wahrnehmung der anderen Gruppenmitglieder ermöglichen. Die Erfahrung, dass die eigene Lesart nicht die einzig mögliche ist, mag zunächst irritieren, öffnet aber längerfristig allen Beteiligten das Spektrum an Deutungen.

Schüler/-innen aktivieren

Es gibt Arbeitsformen, die sich in besonderer Weise dazu eignen, stille Schülerinnen und Schüler aus der Reserve zu locken, und die dazu beitragen, dass alle sich aktiv am Unterrichtsgeschehen beteiligen (können): Das sind **Methoden, die alle gleichzeitig ans Reden bringen** oder zur konstruktiven Mitarbeit auffordern. Einige dieser Methoden möchten wir vorstellen.

Am Anfang einer Unterrichtsreihe sollte die Lehrperson versuchen herauszubekommen, wie weit der Reflexionsstand der Gruppe entwickelt ist. Ein geeigneter Weg, um dies herauszubekommen, sind so genannte Stumme Dialoge.

Stumme Dialoge

Vorgehensweise: Auf großen Wandzeitungen (zum Beispiel eine pro Wandfläche), Tapeten oder Flipcharts, die auf den Tischgruppen ausliegen, stehen provozierende Aussagen. Alle Schülerinnen und Schüler gehen von Zeitung zu Zeitung und schreiben ihre Meinung zur Ausgangsthese oder zu den Gedanken der Mitschüler/-innen mit dicken Filzstiften auf. Nach ca. 20 Minuten werden die Dialog-Blätter an die Wand gehängt, laut vorgelesen und diskutiert.
Soll über die eigenen Lernstrategien nachgedacht werden, so können die Aussagesätze zum Beispiel so lauten:

- *Texte lesen ist doof!*
- *Ich lerne am liebsten allein.*
- *Wenn ich blockiert bin, dann ...*
- *Für die schwersten Aufgaben habe ich ein gutes Rezept.*

Da alle sich gleichzeitig im Raum bewegen und auf die Wandzeitungen schreiben, kann der Lehrer, die Lehrerin nicht kontrollieren, wer was aufschreibt, jede/r Einzelne ist also relativ anonym. Das senkt die Schwelle und ermuntert dazu, etwas aufzuschreiben und zur „Gruppendiskussion" beizutragen. Anfangs mögen dies noch recht unausgegorene Statements, Banalitäten oder Vorurteile sein, vielleicht aber bald auch reflektierte Meinungen.
(DANY/KREIENBAUM 1995, S. 5)

Die Wandzeitungen bleiben (wie alle weiteren Visualisierungen) als – erstes – Arbeitsergebnis an den Wänden hängen. Im Laufe der Unterrichtseinheit lässt sich so der Lernzuwachs an den Produkten ablesen.

Als zweiten Schritt empfehlen wir eine Karusselldiskussion. Auch dies ist eine Methode, die alle gleichzeitig ans Reden bringt und damit die Schwelle zur Beteiligung für die Einzelnen senkt.

Karusselldiskussion

Vorgehensweise: Acht bis 14 Sätze stehen auf einem Thesenpapier, das an alle verteilt wird.

Nach dem ersten, stillen Durchlesen bilden die Schülerinnen und Schüler ein Diskussionskarussell mit Innen- und Außenkreis. Die Schüler/-innen im Innenkreis stehen mit dem Rücken zueinander, die im Außenkreis mit dem Gesicht nach innen, so haben alle ein Gegenüber.

Die Lehrperson gibt ein akustisches Signal, die Diskussion beginnt. Die Schüler/-innen wählen aus der Liste eine der Thesen aus, schlagen sie dem Gegenüber vor, stimmen der These zu oder lehnen sie ab, finden Belege und Beispiele oder widerlegen die Aussagen.

Nach jeweils einiger Zeit (ca. drei Minuten) ertönt ein akustisches Signal. Die Schüler/-innen im Außenkreis gehen einen Schritt nach links und schlagen dem neuen Partner vor, welche These nun zu diskutieren ist.

Je nach Gruppengröße und Thema werden vier bis fünf Diskussionsrunden durchgeführt, das Vorschlagsrecht wechselt von den Mitgliedern des Innen- zum Außenkreis und zurück. Die Länge der Zeitintervalle sollte sich steigern, da in der Regel die Gespräche intensiver werden.

Tipp: Wenn Diskussionsclübchen entstehen, lassen sie sich dadurch entzerren, dass statt um einen Platz um drei oder vier Plätze bei der Neuzuordnung der Gesprächspartner fortgeschritten wird.

Auswertung: Die Thesen zur Karusselldiskussion stehen auf einer Wandzeitung. Hier wird nun durch Strichliste festgehalten, welche These wie häufig diskutiert worden ist.

Dann gilt es zu klären: Waren die ausgewählten Thesen, die so genannten Favoriten, die spannendsten, die brisantesten oder nur die am leichtesten zu diskutierenden? Waren die, die mehr oder weniger unter den Tisch gefallen sind, nicht relevant oder zu schwierig? Was hat uns bei den Diskussionen überrascht, besonders interessiert, wo haben wir uns festgebissen, was wollen wir vertiefen?

Die **Zusammenstellung der Thesen** kann unterschiedlichen Prinzipien folgen. Sie lassen sich aus einem Text herausziehen, der Grundlage einer Erarbeitung sein soll. Es hängt vom Fach und vom Thema ab, ob Meinungen der Lerngruppe (in Ethik-Unterricht etwa zum Kopftuchverbot oder zu Kopfnoten im Zeugnis) gesammelt und so zur Diskussion gestellt werden oder ob bisheriges Wissen, auf dem aufgebaut werden soll (etwa bereits erarbeitete Regeln im Mathematikunterricht), in Thesenform zusammengefasst werden. Die anschließende Diskussion hat die Aufgabe, Ergebnisse zu sichern oder aufzuspüren, über welchen Wissensstand die Einzelnen verfügen. Soll in ein neues Gebiet eingeführt werden, dient die Auswahl vielleicht der Dokumentation des bisher Gelernten, an das später angeknüpft wird.

In einer Unterrichtseinheit zum Thema „Hunger in Afrika" könnte folgendes Thesenpapier Grundlage für eine Karusselldiskussion sein.

Thesenpapier: Wie Hunger gemacht wird

500 Millionen Menschen leiden Hunger, 40 Millionen Menschen sterben jährlich daran.
Und doch gibt es auf der Welt viel mehr Nahrung als nötig.

Staudämme als Hungermacher
Durch einen Staudamm steigt beispielsweise das Wasser des Nigers nicht mehr an, der Fluss tritt nicht mehr jährlich über die Ufer. Den Feldern fehlt Wasser, die Erde trocknet aus. Die Böden werden schlechter, irgendwann können sie nicht mehr bebaut werden.

Hunger durch Überweidung
In Entwicklungsprojekten wurden tiefe Wasserbrunnen gebaut, wodurch in den betreffenden Gegenden genug Wasser für alle da war. Dies gibt den Familien die Sicherheit, ihre Herden zu vergrößern. Folge: Es gibt zu viele Tiere. Deren Nahrungsbedarf führt zu Überweidung.

Hunger durch Niedrigpreise
Regierungen wollen billige Nahrungsmittel, um die Bevölkerung zufrieden zu stellen. Durch Preisfestsetzungen oder billige Importe werden heimische Bauern ihre Produkte nicht mehr zu angemessenen Preisen los. Als Folge bauen sie weniger an. Es kommt zur Nahrungsmittelknappheit und die Menschen hungern.

Hunger durch Nahrungsmittelhilfe
In manchen Ländern hat sich die Bevölkerung weitgehend daran gewöhnt, dass internationale Hilfe im Krisenfall schon dafür sorgen wird, dass Wei-

zen, Mais oder Reis ins Land kommen. Deshalb baut man nicht in ausreichendem Maße Grundnahrungsmittel an. Bleibt die rechtzeitige Hilfe in Krisenzeiten aus, sind Hungerkatastrophen die Folge.

Die beispielhaften Thesen in dieser Aufstellung informieren und sensibilisieren für eine Fragestellung. Sie dienen auch als Entscheidungshilfe: Mit welchen Aspekten des Themas wollen wir uns weiterhin beschäftigen? Dann werden Gruppen gebildet und Aufgaben verteilt. Das Material stellt die Lehrperson bereit oder es wird von den Schüler/-innen selbst recherchiert.

Wird in Gruppen gearbeitet, so muss schon zu Anfang geklärt werden, wie die Arbeitsergebnisse aufbereitet und später präsentiert werden. Erstellen die Schülerinnen und Schüler Wandzeitungen, so bereiten sie gleichzeitig eine Gruppenpräsentation vor. Werden die Ergebnisse vorwiegend mündlich wiedergegeben, so empfiehlt es sich eine zweiphasige Gruppenarbeitsmethode.

„Zufällige methodische Trennung" als schulorganisatorisches Konzept

Zentral für das Prinzip der „Zufälligen methodischen Trennung" (KREIENBAUM 1996) ist die Erkenntnis, dass nur da, wo beide Geschlechter zusammentreffen, das Geschlecht überhaupt eine Rolle spielt. Mädchen und Jungen erinnern sich gegenseitig daran, dass ein ungeschriebener Geschlechtercode gilt. Der beeinträchtigt, das hat Ursula Kessels (2004) anschaulich beschrieben, das Lernen.

Bewusste Koedukation als ein Baustein im Schulprogramm

„Wir freuen uns, dass Sie Ihre Töchter und Söhne auf unserer Schule angemeldet haben", begrüßt ein Schulleitungsmitglied die Eltern beim Informationsabend für zukünftige fünfte Klassen. „Wir sind stolz auf unser Modell einer bewussten Koedukation, das gleichzeitig ein wichtiger Baustein unseres Schulprogramms ist. Zehn Fächer stehen auf dem Stundenplan, neun davon werden im Klassenverband unterrichtet, das heißt, alle Kinder lernen gemeinsam. In einem Fach ist das anders. Die Klassen 5 a und b haben zur selben Zeit ihre Deutschstunden. In diesen Deutschstunden trennen wir Mädchen und Jungen. Zwar ist Koedukation – also der gemeinsame Unterricht von Mädchen und Jungen – eine Errungenschaft der jüngeren Zeit, die zu mehr Chancengleichheit geführt hat, und niemand möchte zurück zu Mädchen- oder Jungenschulen, aber es hat sich gezeigt, dass der nach Geschlechtern getrennte Unterricht auch Vorzüge hat. Unsere Schule erprobt deshalb einen neuen Weg. Wir nennen ihn die zufällige methodische Trennung."

So oder ähnlich könnte ein Elternabend beginnen. Eine wichtige Voraussetzung für das Gelingen wäre damit gegeben: Wenn die Schulleitung den Eltern das Anliegen erläutert, stellt sie sich damit klar hinter diesen Baustein des Schulprogramms und zeigt so, dass die Schulgemeinde insgesamt das Konzept trägt.

Das Prinzip der zufälligen methodischen Trennung versucht, den multikausalen Zusammenhang zu berücksichtigen und den notwendig komplexen Bedingungen durch **Flexibilität** und **Kontinuität** gerecht zu werden. Es erlaubt ein variables und vorsichtiges Vorgehen, denn es kann gleichzeitig auf alle Klassen angewandt oder zunächst in einen Jahrgang oder auch nur in wenigen Klassen erprobt werden. Der Begriff **zufällig** verweist darauf, dass nicht festgelegt ist, in welchem Fach eine Lerngruppe getrennten Unterricht erhält. Die Auswahl treffen die Lehrer/-innen, die eine Klasse unterrichten, gemeinsam.
Das **methodische** Element liegt darin, dass die Entscheidung für eine partielle Trennung in (mindestens) einem Fach erfolgt und damit den Mädchen und Jungen das Erfahrungsfeld einer geschlechtshomogenen Lerngruppe systematisch eröffnet wird.

Innerhalb der Koedukation ist die zufällige methodische Trennung eine **begrenzte Intervention**, denn pro Halbjahr wird in einem Fach getrennter Unterricht angeboten, alle anderen (acht bis zehn) Unterrichtsfächer finden koedukativ statt. Dies mag im ersten Halbjahr der fünften Klasse der Deutschunterricht, im zweiten Halbjahr Biologie sein, in der sechsten Klasse folgen Englisch und Physik und so fort.
Anders als in den bereits üblichen Verfahren der Geschlechtertrennung in bestimmten Fächern oder Themengebieten wie Sport oder Informatik verlangt die zufällige methodische Trennung keine besonderen fachlichen Voraussetzungen. Sie begründet sich nicht in fachlichen Erwägungen wie unterschiedlichem Technikzugang. Sie ist vielmehr ein Weg, innerhalb der Koedukation bewusst unterschiedliche Geschlechter- und Lernarrangements einzusetzen und zu nutzen. Damit erkennt dieses Prinzip zunächst einmal die Vorteile des gemeinsamen Unterrichts von Mädchen und Jungen an. Dies ist zum Beispiel die realistische Einschätzung des jeweils anderen Geschlechts, das im täglichen Miteinander erlebt wird.

Merkmale: Flexibilität, Kontinuität und Reflexion

Neben Flexibilität (das Fach wird regelmäßig gewechselt) und Kontinuität (in jedem Fach bleibt das Lernarrangement für jeweils ein Schulhalbjahr erhalten) ist Reflexion bestimmendes Merkmal der zufälligen methodischen Trennung.

Schülerinnen und Schüler berichten sich gegenseitig über ihre Erfahrungen, beraten darüber (getrennt und gemeinsam) und diskutieren, ob und welche der Effekte, die sie in einem der beiden Kontexte beobachten, sie sich für das schulische Lernen insgesamt wünschen (oder verändern möchten). Sie klären, welche Bedingungen dafür notwendig sind, und vereinbaren, die neuen Standards zu erproben.

Auch für Lehrerinnen und Lehrer stehen Veränderungen an, die im Kollegium reflektiert werden müssen: Erfahrungen mit Geschlechtertrennung zeigen, dass Mädchen lebhafter und selbstbewusster auftreten, wenn sie unter sich sind. Es ist anzunehmen, dass solche Beobachtungen auch auf Gruppen mit anderen Strukturmerkmalen zutreffen. Deshalb gilt es, innerhalb eines Kollegiums oder in der Gruppe derjenigen, die getrennte Lernangebote machen, die Erfahrungen auszutauschen, die Veränderungen darzustellen und zu überlegen, wie dies gegebenenfalls in den allgemeinen Unterricht einfließen kann.

Das Konzept der zufälligen methodischen Trennung wurde von Maria Anna Kreienbaum 1996 entwickelt und publiziert. Seitdem ist es in mehreren Realschulen und Gymnasien in München und im Ruhrgebiet erprobt und in Zusammenarbeit mit der Schulforscherin evaluiert worden. Lehrerinnen und Lehrer der beteiligten Schulen berichteten während der Evaluationsseminare von positiven Erfahrungen. Dabei blieb offen, ob die Verbesserungen auf die besondere organisatorische Veränderung oder auf die Tatsache zurückzuführen sind, dass ein innovatives Konzept erprobt wurde.

Einbeziehende Erziehung

Das Konzept der einbeziehenden Erziehung kommt aus Amerika und ist dokumentiert in dem Band „Brave Mädchen – Starke Mädchen" von Peggy Orenstein (1996, vgl. S. 85–86).

Das Curriculum sollte für die Lernenden sowohl ein Spiegel als auch ein Fenster sein, fordert die Autorin. Die Lernenden sollen in der Lage sein, dadurch in unterschiedliche Welten zu sehen und gleichzeitig die Spiegelungen ihrer eigenen ethnischen Gruppe, ihres Geschlechts, ihrer sozialen Schicht in den Lerngegenständen zu entdecken. Einbeziehende Erziehung ist ein Konzept des Lernens von innen nach außen.

Um zu erklären, wie einbeziehende Erziehung funktioniert, schildert Orenstein ein Beispiel. Schüler/-innen einer sechsten Klasse arbeiten zu den Biografien von berühmten Afroamerikaner/-innen. Die Ziele des Unterrichts sind vielfältig. Sie schließen ein, dass **Empathie geübt** wird, indem alle Mädchen und Jungen jeweils in die Rolle einer Frau und eines Mannes schlüpfen.

Schülerinnen und Schüler sammeln alle verfügbaren Informationen über deren Lebensweg und Leistungen. In einem **dramatischen Monolog** versetzen sie sich zum Beispiel in die Rolle von Martin Luther King und Angela Davies und erzählen deren Leben in der ersten Person: „Um den Blues zu verstehen, muss man die schwarze Geschichte verstehen. Als wir Sklaven waren, konnten wir unseren Schmerz nur mit Singen ausdrücken, deshalb begannen wir, über Rassismus und über Liebe zu singen. Um den Blues zu singen, muss man diese Dinge leben, und ich bin dafür ein Beispiel. Mein Name ist Etta James." So beginnt der Monolog eines Jungen. (ORENSTEIN 1996, S. 260 f.)

Es ist wichtig für alle Kinder der sechsten Klassen, dass sie in beiden Rollen agieren müssen: als Mann und als Frau. Solange es ihnen freigestellt war, nur zu einer Person zu arbeiten, berichtet Orenstein, wählten alle Jungen einen Mann und arbeiteten zu seiner Biografie. Mädchen suchten sich entweder eine Frau oder einen Mann. Es kommt aber gerade darauf an, dass deutlich wird, dass Bedeutsamkeit und Leistung nicht an ein Geschlecht gebunden wird.
Im Laufe der Unterrichtsschilderungen wird deutlich, dass mehr als biografische Informationen verarbeitet werden. Die gewählten Personen sind oft schillernd, sie feiern nicht nur Erfolge, sie erleiden Schicksalsschläge und Diskriminierungen – weil die Gesellschaft so ist oder weil sie selbst es so herbeiführen. Zum Lernprozess gehören deshalb nicht nur die inhaltliche Aufarbeitung der Lebenswege und das Wissen darüber. Es ist besonders wichtig, sich auch in ambivalente Personen hineinzufühlen. Das setzt voraus, dass in der Klasse ein Klima geschaffen wird, durch das es möglich wird, Risiken einzugehen: Als Junge in einer Frauenrolle aufzutreten und sich die Gefühle zu vergegenwärtigen, die zu den geschilderten Situationen gehören und sie authentisch zu spielen, das ist eine Herausforderung. Subthema – neben den Namen, Daten und Lebensstationen – sind die Lebensthemen, die Klafki (1991) als **epochale Schlüsselprobleme** klassifiziert: Umgang mit Sexualität, die Endlichkeit des Lebens, Beziehungen und Familie, Krieg und Frieden, Umweltproblematik und so weiter. Sie werden nicht abstrakt vermittelt, sondern gelangen über die Beschäftigung mit konkreten Personen ins Blickfeld.
Wenn es gelingt, in Personen aufzugehen und zum Beispiel im Literaturunterricht als Henning Mankell und Nadime Gordimer aufzutreten und allmählich zu verstehen, was diese Menschen an- und umtreibt, lernen Schülerinnen und Schüler mehr. Sie bereiten die Reden selbstständig vor, planen den Einsatz von Medien, die ihre Botschaften unterstützen, und tragen ihre Monologe in angemessener Weise vor. So haben sie allen Grund, stolz auf sich und ihre Leistungen zu sein.

Einbeziehende Erziehung als Berufsorientierung

Das Konzept der Einbeziehenden Erziehung eignet sich nach unserer Einschätzung besonders gut, um neue Wege in der Berufsorientierung und Berufserkundung einzuschlagen.

Folgende Vorgehensweise bietet sich an:
In Klasse sechs erarbeiten sich die Schülerinnen und Schüler zum Beispiel Handwerksberufe. Sie erkunden Merkmale der jeweiligen Berufe (Tätigkeiten, Anforderungen, Arbeitsalltag, Verdienst- und Aufstiegsmöglichkeiten etc.) und suchen sich zwei Personen, in deren Rolle sie den Beruf in der Klasse vorstellen. Natürlich sollen dies ein Mann und eine Frau sein.
Wichtig ist dabei der persönliche Bezug: Da mit dem Beruf eine Person vorgestellt wird, deren Berufsfindungsgeschichte, deren Ausbildungsweg und Arbeitsalltag erzählt wird, deren mögliche Unterbrechungen der Berufstätigkeit durch Familiengründung, deren eventueller Firmenwechsel, Aufstieg oder Betriebsgründung mit erzählt wird, erfährt jedes Kind viel mehr als blanke Daten. Welche Schwierigkeiten tauchten auf und wie wurden sie überwunden? Welche reizvollen Seiten hat der Beruf, welche Chancen bietet er? Solche Fragen sind ebenso wichtig wie die nach den formalen Aspekten.
Werden in Klasse sieben zum Beispiel Dienstleistungsberufe erarbeitet, in Klasse acht soziale Berufe, in Klasse neun technische Berufsfelder, erweitert sich Schritt für Schritt das Spektrum. Wichtig ist es zu beachten, dass alle Berufsbilder sowohl über Sachinformationen als auch über konkrete Personen eingeführt werden. Hier lassen sich Eltern, Bekannte und ehemalige Schülerinnen und Schüler als Expert/-innen in den Unterricht einbinden. Werden sie befragt, so erfahren Schülerinnen und Schüler, wie man die Schwierigkeiten, die einem auf Berufs- und Lebenswegen begegnen, ausräumen kann. Wichtig ist das **Prinzip der doppelten Geschlechtlichkeit**, das verlangt, sich jeweils mit einem Mann und einer Frau und deren Berufen auseinander zu setzen und sich in diese hineinzufühlen.

Ausblick

- Formale Gleichheit (gleiche Zugangschancen zu Bildungswegen und Parität in Funktionen) ist wichtig.
- Unterrichtsinhalte und -modelle, die beiden Geschlechtern gerecht werden und die Leistungen von Frauen und Männern einbeziehen, sind es ebenso.
- Grundsätzlich vorauszusetzen ist ein Verständnis von Unterrichts- und Erziehungsprozessen, die Selbstverantwortlichkeit unterstützen und die Kontexte bieten, in denen Schülerinnen und Schüler sich ausprobieren können, inklusive der Erkundung von Fremdheit und fremden Territorien. Dazu

brauchen sie Lehrerinnen und Lehrer, die sie in eigenständigen Lernprozessen unterstützen und die sie ermutigen, das Risiko des Ausprobierens auf sich zu nehmen und sich selbst auf die Spur zu kommen.

In einer guten Schule zählt das Individuum und weder Geschlecht noch ethnische oder soziale Herkunft entscheiden über den Lernerfolg.
In einer guten Schule entstehen Klassengemeinschaften, die als (Lern-)Gruppen funktionieren, die sich stützen und gegenseitig herausfordern.
Die Lerninhalte werden so ausgewählt, dass vielfältige Interessen einbezogen werden. Auf die Offenheit der Lernwege und die Unterstützung der „eigenen" Wege wird geachtet.

Wie viel Beachtung braucht das Geschlechterverhältnis?

Die Antwort auf die Frage, wie viel Beachtung das Geschlechterverhältnis braucht, kann pädagogisch nur so lauten: So wenig Aufmerksamkeit wie möglich und so viel wie nötig. Im aktuellen Unterricht darf das Geschlecht vernachlässigt werden und unbeachtet bleiben, also „entdramatisiert" oder „latent" sein. Wenn der Unterricht alle Beteiligten in den Blick nimmt, ihre Interessen und Bedürfnisse einbezieht, fördert und fordert und das Konzept aufgeht, dann darf die Geschlechterfrage – als explizit gestellte – ruhen.
Aber im Sinne einer aufgeklärten Heterogenität oder reflexiven Koedukation muss die Gültigkeit der Annahme, dass in einer Klasse niemand benachteiligt wird, immer wieder überprüft werden, damit keine Schieflagen entstehen.

Gleiches gilt übrigens auch für den Umgang mit Multi-Ethnizität. Die Bildungsstudien zeigen, dass die Integration ausländischer Kinder und Jugendlicher noch lange nicht selbstverständlich gelingt. Hier liegen besondere Herausforderungen. Die Grundsätze einer Pädagogik der Vielfalt, wie wir sie in diesem Kapitel entwickelt haben, gelten so auch für interkulturelle Lerngruppen.
Alle an Schule Beteiligten, und hier vor allem Lehrerinnen und Lehrer, müssen ihre Haltungen konsequent auf Vorurteile überprüfen.

Wir sollten uns vergegenwärtigen:
Beste Lernerfolge werden erzielt, wenn Lehrpersonen davon überzeugt sind, eine kluge Klasse vor sich zu haben.
Lehrerinnen und Lehrer müssen also lernen, die „Klugheit" jedes einzelnen Kindes – unabhängig vom Geschlecht oder der sozialen oder ethnischen Herkunft – zu sehen und zu fördern.

Literatur

Alltag und Biografie von Mädchen. Veröffentlichungsreihe zum sechsten Jugendbericht im Verlag Leske und Budrich, Opladen
BAMBACH, HEIDE: Erfundene Geschichten erzählen es richtig. Lesen und Leben in der Schule. Vorw. v. HANS BRÜGELMANN. Libelle, Lengwil 1993
BAMBACH, HEIDE: Ermutigungen. Nicht Zensuren. Libelle, Lengwil 1994
BARZ, MONIKA: Was Schülern und Schülerinnen während des Unterrichts durch den Kopf geht und wie sich ihr Denken dabei verknotet. In: WAGNER u. a. (Hg.): Bewusstseinskonflikte im Schulalltag. Denk-Knoten bei Lehrern und Schülern im Kopf erkennen und lösen. Beltz, Weinheim 1984, S. 92–129
BAUMERT, JÜRGEN/BOS, WILFRIED/LEHMANN, RAINER (Hg.): TIMSS/III. Dritte Internationale Mathematik- und Naturwissenschaftsstudie. Mathematische und naturwissenschaftliche Bildung am Ende der Schullaufbahn. Leske und Budrich, Opladen 2000
BAUMERT, JÜRGEN (Hg.): PISA 2000. Grundlagen, Methoden und Ergebnisse. Leske und Budrich, Opladen 2002
BECK, ULRICH: Risikogesellschaft. Auf dem Weg in eine andere Moderne. Suhrkamp, Frankfurt a. M. 1986
BECKER, RUTH/KORTENDIEK, BEATE (Hg.): Handbuch Frauen- und Geschlechterforschung. Theorie, Methoden, Empirie. VS, Wiesbaden 2004
BECKER-SCHMIDT, REGINA/KNAPP, GUDRUN-AXELI: Geschlechtertrennung – Geschlechterdifferenz. Suchbewegungen sozialen Lernens. Bonn 1987
BERGER, MANFRED: Frauen in der Geschichte des Kindergartens: Henriette Schrader-Breymann. In: TEXTOR, MARTIN R.: Kindergartenpädagogik – Online-Handbuch, www.kindergartenpaedagogik.de (August 2005)
BIERMANN, CHRISTINE (Hg.): Kritische Koedukation: Mädchen und Jungen in der Laborschule. Werkstatthefte Nr. 10, Bielefeld 1997
BILDEN, HELGA: Geschlechtsspezifische Sozialisation. In: HURRELMANN, KLAUS/ULICH, DIETER (Hg.): Handbuch der Sozialisationsforschung. Beltz, Weinheim 1980, S. 777–812
BILDEN, HELGA: Geschlechtsspezifische Sozialisation. In: HURRELMANN, KLAUS/ULICH, DIETER (Hg.): Neues Handbuch der Sozialisationsforschung. Beltz, Weinheim 1991, S. 281–303
BILDEN, HELGA: Geschlechtsidentitäten – angstvolles oder lustvolles Ende der Eindeutigkeit? Vortrag im Rahmen des Forums „Berliner Wissenschaftlerinnen stellen sich vor" an der Zentraleinrichtung zur Förderung von Frauen- und Geschlechterforschung der FU Berlin. Berlin 1999
BILDEN, HELGA: Feministische Theorie(n) und feministische psychosoziale Arbeit. Vortrag gehalten am feministischen Frauentherapiekongress, Plön, 18.–20. Juni 2000, S. 1–23, Internet: http://www.lrz-muenchen.de/~Reflexive_Sozialpsychologie/Bilden/
BILDEN, HELGA: Die Grenzen von Geschlecht überschreiten. In: Dekonstruktive Pädagogik. Erziehungswissenschaftliche Debatte unter poststrukturalistischen Perspektiven. Leske und Budrich, Opladen 2001, S. 137–148
Bildungskommission NRW: Zukunft der Bildung – Schule der Zukunft. Luchterhand, Neuwied 1995
BLOMBERG, CHRISTOPH: Jungs und Schule: ohne geschlechtersensiblen Blick geht es nicht. In: inform, 2, 2005, S. 3–9
BLUMENTHAL, EKKEHARD: Koedukativer Sportunterricht – Chance sozialer Erfahrungen oder Erfahrung ungleicher Chancen? In: sportunterricht, 42, 7, 1993
BÖHNISCH, LOTHAR/WINTER, REINHARD: Männliche Sozialisation. Bewältigungsprobleme männlicher Geschlechtsidentität im Lebenslauf. Juventa, Weinheim 1993
BOLDT, ULI: Jungen stärken. Materialien zur Lebensplanung (nicht nur) für Jungen. Schneider, Hohengehren, Baltmannsweiler 2005
BREHMER, ILSE (Hg.): Sexismus in der Schule. Der heimliche Lehrplan der Frauendiskriminierung. Beltz, Weinheim 1982

Bräu, Karin/Schwerdt, Ulrich (Hg.): Heterogenität als Chance. Vom produktiven Umgang mit Gleichheit und Differenz in der Schule. Lit, Münster 2005

Breidenstein, Georg/Kelle, Helga: Geschlechteralltag in der Schulklasse. Ethnografische Studien zur Gleichaltrigenkultur. Juventa, Weinheim 1998

Breitenbach, Eva: Georg Breidenstein/Helga Kelle: Geschlechteralltag in der Schulklasse. Ethnographische Studien zur Gleichaltrigenkultur (Rezension). In: Feministische Studien. Geschlechterstreit um 1900, 1, 2000, S. 168–170

Brodtmann, Dieter/Kugelmann, Claudia: Mädchen und Jungen im Schulsport. In: sportpädagogik, 2, 1984

Bundestagsdrucksache 10/1007: Sachverständigenkommission, Sechster Jugendbericht: Verbesserung der Chancengleichheit von Mädchen in der BRD. Bonn–Bad Godesberg 1984

Buschmann, Matthias: Jungen und Koedukation. Zur Polarisierung der Geschlechterrollen. In: Die Deutsche Schule, 2, 1994, S. 103–125

Büttner, Ujo/Endrejat, Helga/Naumann, Britta (GEW) (Hg.): Koedukation. Texte zur neuen Koedukationsdebatte. Frankfurt a. M. 1994, 1995[2]

Büttner, Christian: Mehr Jungenprojekte braucht das Land! Jungenarbeit in NRW. In: Neue Deutsche Schule, 7/8, 2005, S. 10

Clarricoates, Katherine: Classroom interaction. In: Whyld, Janie: Sexism in secondary education. London 1978

Connell, Robert/Wedgwood, Nikki: Männlichkeitsforschung: Männer und Männlichkeiten im internationalen Forschungskontext. In: Becker/Kortendiek (Hg.): Handbuch Frauen- und Geschlechterforschung. Theorie, Methoden, Empirie. VS, Wiesbaden 2004, S. 112–121

Dahrendorf, Ralf: Bildung ist Bürgerrecht. Plädoyer für eine aktive Bildungspolitik. Hamburg 1965

Dany, Sigrid/Kreienbaum, Maria Anna: Von Lehr- und Lernzielen. Seminararbeit mit Studierenden, statt für sie. In: Handbuch Hochschullehre (Loseblattsammlung). Raabe, Stuttgart 1995

Demant, Hella: Koedukation oder getrennte Erziehung? Vergleichende Untersuchungen über Leistungen, Interessen, soziale Beziehungen sowie Einstellungen von Schülern und Lehrern in reinen und in Koedukationsklassen. Frankfurt a. M. 1955

Deutscher Bildungsrat: Empfehlungen der Bildungskommission. Strukturplan für das Bildungswesen. Klett Verlag, Stuttgart 1970

Diefenbach, Heike/Klein, Michael: „Bringing Boys Back In". Soziale Ungleichheit zwischen den Geschlechtern im Bildungssystem zuungunsten von Jungen am Beispiel der Sekundarschulabschlüsse. In: Zeitschrift für Pädagogik, 6, 2002, S. 938–958

Die Vorgeschichte der Berger Volksschule, 1985. Zitiert nach http://www.berg-pfalz.com/historie/his5chronik.html

Donning, Irene: Koedukation im 20. Jahrhundert. Hintergründe einer Debatte. In: Pädagogische Rundschau, 51. Jahrgang, 1997

Dweck, Carol u. a.: Sex differences in learned helplessness IV: an experimental and naturalistic study of failure generalization and its mediation. In: Journal of Personality and Social Psychology, 38, 1980, S. 441–452

Eichhorn, Cornelia: Im Dienste des Gemeinwohls. Frauenbewegung und Nationalstaat. Zitiert nach www.nadir.org (August 2005)

Enders-Dragässer, Uta/Fuchs, Claudia: Interaktionen der Geschlechter. Sexismusstrukturen in der Schule. Eine Untersuchung an hessischen Schulen im Auftrag des Hessischen Instituts für Bildungsplanung und Schulentwicklung. Weinheim 1989

Erxleben, Dorothea: Gründliche Untersuchung der Ursachen, die das weibliche Geschlecht vom Studieren abhalten. efef, Dortmund 1992

Faulstich-Wieland, Hannelore: Koedukation – enttäuschte Hoffnungen? WVG, Darmstadt 1991

Faulstich-Wieland, Hannelore: Soziale Konstruktion von Geschlecht in schulischen Interaktionen in der Sekundarstufe I. In: Ginsheim, Gabriele von/Meyer, Dorit (Hg.): Geschlechtersequenzen. Dokumentation des Diskussionsforums zur geschlechtsspezifischen Jugendforschung. Berlin 1999

FAULSTICH-WIELAND, HANNELORE/HORSTKEMPER, MARIANNE: „Ohne Jungs fehlt der Klasse der Pep!" Koedukation aus der Sicht von Schülerinnen und Schülern. In: Die Deutsche Schule, 3, 1992, S. 348–360

FAULSTICH-WIELAND, HANNELORE/HORSTKEMPER, MARIANNE: „Trennt uns bitte, bitte nicht!". Koedukation aus Mädchen- und Jungensicht. Leske und Budrich, Opladen 1995

FAULSTICH-WIELAND, HANNELORE/HORSTKEMPER, MARIANNE: 100 Jahre Koedukationsdebatte – und kein Ende. In: Ethik und Sozialwissenschaften (EuS). Streitforum für Erwägungskultur, 7, Heft 4, 1996

FAULSTICH-WIELAND, HANNELORE/GÜTING, DAMARIS/EBSEN, SILKE: Einblicke in „Genderism" in schulischem Verhalten. In: Zeitschrift für Pädagogik, 1, 2001

FAULSTICH-WIELAND, HANNELORE/WEBER, MARTINA/WILLEMS, KATHARINA: *Doing Gender* im heutigen Schulalltag. Empirische Studien zur sozialen Konstruktion von Geschlecht in schulischen Interaktionen. Juventa, Weinheim 2004

FICHERA, ULRIKE: Die Schulbuchdiskussion in der BRD – Beiträge zur Neugestaltung des Geschlechterverhältnisses. Lang, Frankfurt a.M. 1996

FRANDSEN, DOROTHEA: HELENE LANGE. Herausgegeben von der Niedersächsischen Landeszentrale für Politische Bildung. Hofmann, Seesen 1974

FRASCH, HEIDI/WAGNER, ANGELIKA C.: „Auf Jungen achtet man eigentlich mehr". Eine empirische Untersuchung zu geschlechtsspezifischen Unterschieden im Lehrer/innenverhalten gegenüber Jungen und Mädchen in der Grundschule. In: BREHMER, ILSE (Hg.): Sexismus in der Schule. Der heimliche Lehrplan der Frauendiskriminierung. Beltz, Weinheim 1982, S. 260–278

FRÄNZ, PETER/SCHULZ-HARDT, JOACHIM: Zur Geschichte der Kultusministerkonferenz 1948–1998. Auszug aus: Einheit in der Vielfalt. 50 Jahre Kultusministerkonferenz 1948–1998. Herausgegeben vom Sekretariat der Kultusministerkonferenz. Luchterhand, Neuwied 1998, S. 177–227

GARBE, CHRISTINE: Geschlechterspezifische Zugänge zum fiktionalen Lesen. In: Lesezeichen. Mitteilungen des Lesezentrums der PH Heidelberg, 12, 2002, S. 35–52

GLÜCKS, ELISABETH u. a. (Hg.): Geschlechtsbezogene Pädagogik. Votum, Münster 1996

GOFFMAN, IRVING: Interaktion und Geschlecht. Campus, Frankfurt a.M. 1994

GREEN, NORM/GREEN, KATHY: Kooperatives Lernen im Klassenraum und im Kollegium. Kallmeyer, Berlin 2005

HAGEMANN-WHITE, CAROL: Sozialisation: weiblich – männlich? Leske und Budrich, Opladen 1984

HANNOVER, BETTINA u. a.: Mehr Mädchen in Naturwissenschaft und Technik. Abschlussbericht des gleichnamigen Projekts, gefördert von der Stiftung Jugend forscht. Berlin 1989

HANNOVER, BETTINA: Das dynamische Selbst. Zur Kontextabhängigkeit selbstbezogenen Wissens. Huber, Bern 1997

HANNOVER, BETTINA/KESSELS, URSULA: Monoedukativer Anfangsunterricht in Physik in der Gesamtschule. Auswirkungen auf Motivation, Selbstkonzept und Einteilung in Grund- und Fortgeschrittenenkurse. In: Zeitschrift für Entwicklungspsychologie und Pädagogische Psychologie, 34 (4), 2002, S. 201–215

HAUG, KATJA: Geschlechtbewusst zur Leselust. Jungen erlangen Lesekompetenz anders als Mädchen. In: inform, 2, 2005, S. 10–12

HELLER, KURT A./ZIEGLER, ALBERT: Mit „Reattributionstraining" erfolgreich gegen Benachteiligung. Mädchen und Mathematik, Naturwissenschaft und Technik. In: Profil, September 2001

HERRLITZ, HANS-GEORG/HOPF, WULF/TITZE, HARTMUT: Deutsche Schulgeschichte von 1800 bis zur Gegenwart. Eine Einführung. Mit einem Kapitel über die DDR von ERNST CLOER. Juventa, Weinheim 2001³

HOBECK, DOROTHEA: Die Unterrepräsentanz von Frauen in Schulleitungen. Mögliche Ursachen aus naturwissenschaftlich-anthropologischer Perspektive. Lang, Frankfurt a.M. 2005

HOFFMANN, BENNO: Fehlt Jungen- und Männerforschung? Zur Theorie moderner Geschlechtersozialisation. In: Zeitschrift für Pädagogik, 6, 1997

HOFFMANN, LORE/LEHRKE, MICHAEL: Untersuchung über Schülerinteressen an Physik und Technik. Zeitschrift für Pädagogik 32, 1986, S. 189–204

HORSTKEMPER, MARIANNE/WAGNER-WINTERHAGER, LUISE (Hg): Mädchen und Jungen – Männer und Frauen in der Schule. 1. Beiheft 1990 der Zeitschrift „Die Deutsche Schule"

HORSTKEMPER, MARIANNE/KRAUL, MARGRET (Hg.): Koedukation. Erbe und Chancen. Deutscher Studien Verlag, Weinheim 1999

HURRELMANN, BETTINA/GROEBEN, NORBERT: Lesekompetenz. Bedingungen, Dimensionen, Funktionen. Juventa, Weinheim 2002

JACOBI, JULIANE: Geistige Mütterlichkeit. In: HORSTKEMPER, WAGNER-WINTERHAGER (Hg.): Mädchen und Jungen – Männer und Frauen in der Schule. 2. Beiheft von „Die Deutsche Schule". Weinheim 1990, S. 204–224

KAISER, ASTRID: Die Arbeitswelt aus Mädchen- und Jungenperspektive. In: Ev. Akademie Hofgeismar (Hg.): Protokoll 223/1985, S. 173–190

KAISER, ASTRID: „Arbeiten" – ein Thema für Jungen und Mädchen im Grundschulalter? In: Zeitschrift für Berufs- und Wirtschaftspädagogik, 2, 1986, S. 132–147

KAISER, ASTRID (Hg.): Koedukation und Jungen. Soziale Jungenförderung in der Schule. Deutscher Studien Verlag, Weinheim 1997

KAISER, ASTRID: Lernvoraussetzungen und Geschlecht. Vorstellungen von Jungen und Mädchen über die Arbeitswelt. In: Die Deutsche Schule, 1, 1998, S. 27–36

KAISER, ASTRID/NACKEN, KAROLA/PECH, DETLEF: Mädchenstunden und Jungenstunden. Geschlechterbewusste Pädagogik in der Praxiserprobung. In: Die Deutsche Schule, 4, 2001, S. 429–443

KAUERMANN, JACQUELINE/KREIENBAUM, MARIA ANNA/METZ-GÖCKEL, SIGRID: Formale Gleichheit und diskrete Diskriminierung. Forschungsergebnisse zur Koedukation. In: ROLFF u. a. (Hg.): Jahrbuch der Schulentwicklung, Bd 5, Weinheim 1989, S. 155–188

KELLE, HELGA: Mädchen: Zur Entwicklung der Mädchenforschung. In: BECKER/KORTENDIEK (Hg.): Handbuch Frauen und Geschlechterforschung. Theorie, Methoden, Empirie. VS, Wiesbaden 2004, S. 360–369

KESSELS, URSULA: Mädchenfächer – Jungenfächer? Geschlechtertrennung im Unterricht. Friedrich Jahresheft XXII. Seelze 2004, S. 90–94

KLAFKI, WOLFGANG: Neue Studien zur Bildungstheorie und Didaktik. Beltz, Weinheim 1991

KLEINAU, ELKE: Bildung und Geschlecht. Eine Sozialgeschichte des höheren Mädchenschulwesens in Deutschland vom Vormärz bis zum Dritten Reich. Dt. Studien-Verlag, Weinheim 1997

KLEINAU, ELKE/OPITZ, CLAUDIA (Hg.): Geschichte der Mädchen- und Frauenbildung, Band 2: Vom Vormärz bis zur Gegenwart. Campus Verlag, Frankfurt 1996

KLEMM, KLAUS: Einführung in die deutsche Schulgeschichte. Knappe Zusammenfassung zur Vorlesung, 2001. Zitiert nach: www.uni-duisburg-essen.de/agklemm/lehre/ pdf/deutsche-schulgeschichte.pdf (August 2005)

KLIPPERT, HEINZ: Methoden-Training. Beltz, Weinheim 2002[14]

KMK-Bericht: Bedarfsfeststellung 1961–1970. Dokumentation, hg. vom Sekretariat der Ständigen Konferenz der Kultusminister in der Bundesrepublik Deutschland. Klett, Stuttgart 1963

KOCH-PRIEWE, BARBARA (Hg.): Schulprogramme zur Mädchen- und Jungenförderung. Die geschlechterbewusste Schule. Beltz, Weinheim 2002

KOTTHOFF, HELGA: Problemgruppe Jungen? Neue Fragen für die Kinder und Jugendforschung, Ethnografie der Schule und die Gesprächsanalyse. In: Der Deutschunterricht, 2, 2003, S. 85–88

KRABEL, JENS, et al. (Hg.): Müssen Jungen aggressiv sein? Eine Praxismappe für die Arbeit mit Jungen. Verlag an der Ruhr, Mülheim an der Ruhr 1998

KRAUL, MARGRET: Zwischen Weiblichkeit und Chancengleichheit – Einhundert Jahre Gymnasialbildung für Mädchen. In: Pädagogik, 4, 1989, S. 33–36

KREIENBAUM, MARIA ANNA: Erfahrungsfeld Schule. Koedukation als Kristallisationspunkt. Deutscher Studien Verlag, Weinheim 1992

KREIENBAUM, MARIA ANNA: Lebens- und Karriereplanung – Eine Absolventinnenstudie. In: BÜTTNER/ENDREJAT/NAUMANN (GEW) (Hg.): Koedukation. Texte zur neuen Koedukationsdebatte. Frankfurt a.M. 1994, 1995

KREIENBAUM, MARIA ANNA: Bewährt, aber reformbedürftig. Ansätze für eine zeitgemäße Koedukation. In: Beiträge für eine feministische Theorie und Praxis, Band 43/44, Köln 1996

KREIENBAUM, MARIA ANNA (Hg.): Schule lebendig gestalten. Reflexive Koedukation in Theorie und Praxis. Kleine, Bielefeld 1999

KREIENBAUM, MARIA ANNA: Koedukation reflexiv gestalten, In: BÖTTCHER, WOLFGANG/PHILIPP, ELMAR (Hg.): Mit Schülern Unterricht und Schule entwickeln, Vermittlungsmethoden und Unterrichtsthemen für die Sek. I. Beltz, Weinheim 2000, S. 72–88

KREIENBAUM, MARIA ANNA/METZ-GÖCKEL, SIGRID: Koedukation und Technikkompetenz von Mädchen. Der heimliche Lehrplan der Geschlechtererziehung und wie man ihn ändert. Juventa, Weinheim 1993

KREIENBAUM, MARIA ANNA/METZ-GÖCKEL, SIGRID: Alle Menschen sind Schwestern. Frauenstudien: Schweigende Minorität, kämpferische Vorhut, feministische Erneuerung. In: HUBER, LUDWIG u. a. (Hg): Über das Fachstudium hinaus. Berichte zu Stand und Entwicklung fachübergreifender Studienangebote, Weinheim 1993, S. 290–313

KREIENBAUM, MARIA ANNA/OECHSLE, MECHTILD: Passion und Profession im Lehrerberuf. Erste Ergebnisse einer Gruppendiskussionsstudie. In: MALZ TESKE, REGINA (Hg.): Gestern, Heute, Morgen. Kleine, Bielefeld 2004, S. 152–164

KRON-TRAUDT, ULRIKE: Neue Wege im Physik- und Chemieunterricht – ein Gymnasium erprobt den getrennten Unterricht. In: KREIENBAUM (Hg.): Schule lebendig gestalten. Reflexive Koedukation in Theorie und Praxis. Bielefeld 1999, S. 125–151

KUGELMANN, CLAUDIA: Koedukation im Sportunterricht oder: Mädchen und Jungen gemeinsam in Spiel, Sport und Bewegung unterrichten – ein altes Thema neu betrachtet. In: http://www.sportpaedagogik-online.de/koedu.htm (August 2005, letzte Aktualisierung 1. Februar 1999)

Landesinstitut für Schule und Weiterbildung (Hg.): Koedukation in der Schule. Reflektieren, weiterentwickeln, neu gestalten. Eine Handreichung zur Gestaltung der koedukativen Schule. Kettler, Bönen 2002

Landesinstitut für Schule und Weiterbildung (Hg.): Mädchen und Jungen im Schulsport. Landesweite Fachtagung im Rahmen des Landesprogramms der Landesregierung NRW „Mehr Chancen für Mädchen und Frauen im Sport". Dokumentation. Kettler, Bönen 1998

LANGE, HELENE: Die höhere Mädchenschule und ihre Bestimmung (Gelbe Broschüre) (1887). In: LANGE: Kampfzeiten I. Berlin 1928

LANGE, HELENE: Kampfzeiten Band I und II, Aufsätze und Reden aus vier Jahrzehnten. Berlin 1928

LENGERKE, CHRISTIANE VON, u. a.: Verführung zur Ohnmacht. Koedukation. In: Courage 1980, Heft 9, S. 33–37

LÜHRIG, MARION: „Der Mensch ist der Bruder des Schimpansen und der Vetter des Orang-Utan". Diskriminierung von Frauen und Mädchen in Sprache, Audiovisuellen Medien und Schulbüchern. In: HEMPEL, MARLIES (Hg.): Verschieden und doch gleich. Schule und Geschlechterverhältnisse in Ost und West. Klinkhardt, Bad Heilbrunn 1995, S. 286–295

MACCOBY, ELEANOR E./JACKLIN, CAROL N.: The Psychology of Sex Differences. Stanford University Press 1974

MAHONY, PAT: Schools for the boys? Co-education re-assessed. London 1985

MALZ-TESKE, REGINA/REICH-GERICKE, HANNELORE (Hg.): Frauen und Schule. Gestern, heute, morgen. Kleine, Bielefeld 2004

Manndat, Geschlechtspolitische Initiative: Petition II – Jungenbildung: Gebt Jungen eine Zukunft (Pet 3-15-17-2162-020464), 2004. Zitiert nach: www.manndat.de/typo3/index.php?id=3 (August 2005)

MATHIAE, ASTRID: Von der faden Anna und dem pfiffigen Peter. Geschlechterstereotype in Kinder- und Jugendbüchern. Fischer, Frankfurt a.M. 1987

METZ-GÖCKEL, SIGRID: Licht und Schatten der Koedukation. In: Zeitschrift für Pädagogik, 33, 1987, S. 455–474

METZ-GÖCKEL, SIGRID/KAUERMANN-WALTER, JACQUELINE: Geschlechterordnung und Computerbildung. Forschungsergebnisse zur Koedukation und unterschiedliche Umgangsformen mit dem Computer. In: KREIENBAUM/METZ-GÖCKEL: Koedukation und Technikkompetenz von Mädchen. Der heimliche Lehrplan der Geschlechtererziehung und wie man ihn ändert. Juventa, Weinheim 1992, S. 71–92

MEUSER, MICHAEL: Junge Männer: Aneignung und Reproduktion von Männlichkeit. In: BECKER/KORTENDIEK (Hg.): Handbuch Frauen und Geschlechterforschung. Theorie, Methoden, Empirie. VS, Wiesbaden 2004

MEYER, HILBERT: Schulpädagogik I. Cornelsen, Berlin 1997

Ministerium für Bildung, Wissenschaft und Weiterbildung Rheinland-Pfalz (Hg.): Lehrplan Sport. Sekundarstufe I (Klassen 5–9/10) – Hauptschulen, Realschulen, Gymnasien, regionale Schulen, Gesamtschulen. Sommer, Grünstadt 1998

Ministerium für Schule und Weiterbildung, Wissenschaft und Forschung des Landes Nordrhein-Westfalen (Hg.): Richtlinien und Lehrpläne für die Sekundarstufe II – Gymnasium/ Gesamtschule in Nordrhein-Westfalen Sport. Ritterbach, Frechen 1999

MISSFITS: Feminispräch auf der CD „Zwischentöne" (Track 9). Indigo, Tacheles Hamburg 1999

MÖBIUS, PAUL JULIUS: Über den physiologischen Schwachsinn des Weibes. Marhold, Halle a. S. 19018.

MUTH, JAKOB: Pädagogischer Takt. Neue Deutsche Schule Verlagsgesellschaft, Essen 1962

NYSSEN, ELKE: Schule im Nationalsozialismus. Heidelberg 1979

ORENSTEIN, PEGGY: Starke Mädchen – brave Mädchen. Campus, Frankfurt a.m. 1996

OTTEMEIER-GLÜCKS, FRANZ GERD: Wie ein Mann gemacht wird. Grundzüge männlicher Sozialisation. In: GLÜCKS, ELISABETH/OTTEMEIER-GLÜCKS, FRANZ GERD (Hg.): Geschlechtsbezogene Pädagogik. Votum Verlag, Münster 1996, S. 77–91

PECH, DETLEF: Man(n) denkt. Zum Werdegang des anderen Mannes. In: http://www.qualitative-sozialforschung.de (Mai 2000)

PFISTER, GERTRUD: Zurück zur Mädchenschule? Centaurus, Pfaffenweiler 1988

PICHT, GEORG: Die deutsche Bildungskatastrophe. Walter-Verlag, Olten 1964

POHL, ROLF: Feindbild Frau. Männliche Sexualität, Gewalt und die Abwehr des Weiblichen. Zitiert nach: www.offizin-verlag.de/aufsaetze/41b703445df8e/1.phtml (2001)

PRENGEL, ANNEDORE: Pädagogik der Vielfalt. Leske und Budrich, Opladen 1993

PRENGEL, ANNEDORE: Vielfalt durch Gute Ordnung im Anfangsunterricht. Leske und Budrich, Opladen 1999

PRENGEL, ANNEDORE: Heterogenität in der Bildung – Rückblick und Ausblick. In: BRÄU/SCHWERDT (Hg.): Heterogenität als Chance. Lit, Münster 2005, S. 19–35

RAGNITZ, HEINZ: Grafschafter Schulgeschichte. Ohne Jahr, zitiert nach: http://www.gbiu.de/Schulgeschichte/Bad%20Bentheim/C.html (11/2005)

RATZKI, ANNE: Schulleiterin in einer Männerwelt. In: KREIENBAUM (Hg.): Frauen Bilden Macht. Dokumentation des 7. Fachkongresses Frauen und Schule. Barbara Weißbach Verlag, Dortmund 1989, S. 132–138

RICHTER, SIGRUN/BRÜGELMANN, HANS: Mädchen lernen anders lernen Jungen. Geschlechtsspezifische Unterschiede im Schriftspracherwerb. Libelle, Lengwil 1994

SCHEFFEL, HEIDI/THIES, WILTRUD: Parteilichkeit im koedukativen Sportunterricht: Schritte zur Selbstbestimmung von Mädchen! In: ENDERS-DRAGÄSSER/FUCHS (Hg.): Frauensache Schule. Aus dem deutschen Schulalltag: Erfahrungen, Analysen, Alternativen. Fischer, Frankfurt a. M. 1990, S. 353–366

SCHENK, MICHAEL: Emanzipatorische Jungenarbeit im Freizeitheim. Zur offenen Jungenarbeit mit Unterschichtsjugendlichen. In: WINTER/WILLEMS (Hg.): Was fehlt, sind Männer! Neuling Verlag, Schwäbisch Gmünd und Tübingen 1991, S. 99–124

SCHMERBITZ, HELMUT/SEIDENSTICKER, WOLFGANG: Sportunterricht und Jungenarbeit. In: sportpädagogik, 6, 1997, S. 18–22

SCHNACK, DIETER/NEUTZLING, RAINER: Kleine Helden in Not. Jungen auf der Suche nach Männlichkeit. Rowohlt, Reinbek bei Hamburg 1990

SCHNÖBEL, MARCUS: Lesekompetenz, Medien und Geschlecht. Diagnosen und Konsequenzen aufgrund der PISA-Studie. In: Lernwelten, 1, 2003

SCHULZ, GERHILD: Sport, nach Geschlechtern getrennt: eine Chance für Jungen? In: sportpädagogik, 6, 1997

SEYBOLD, KATRIN: Ihnen fehlt die Distanz … Frauen als Filmemacherinnen. In: MÜHLEN-ACHS, GITTA (Hg.): Bildersturm. Frauen in den Medien. Frauenoffensive, München 1990, S. 107–120

SIELERT, UWE: Jungenarbeit. Praxishandbuch für die Jugendarbeit. Juventa, Weinheim 2002

SPENDER, DALE: Frauen kommen nicht vor. Sexismus im Bildungswesen. Fischer, Frankfurt a. M. 1985

STADELHOFER, CARMEN: Frauen im Aufbruch. Ein Beitrag zur Geschichte der Frauen-emanzipation in Deutschland – Vergessene Lektionen aus der Geistes- und Sozialgeschichte des 19. Jahrhunderts. Vortragsmanuskript, zitiert nach: www.lill-online.net/3.0/D/frauen/imAufbruch/aufsatz.html (August 2005)

STALMANN, FRANZISKA: Die Schule macht die Mädchen dumm. München 1992

STANAT, PETRA/KUNTER, MAREIKE: Geschlechtsspezifische Leistungsunterschiede von 15-Jährigen im internationalen Vergleich. In: ZfE, 1,2002, S. 28–48

STANWORTH, MICHELLE: Gender and Schooling. A study of sexual divisions in the classroom. Hutchinson, London 1983

STEHLE, LUDWIG: STURZENHECKER, BENEDIKT/WINTER, REINHARD: „Praxis der Jungenarbeit". Juventa, Weinheim 2002

STUTZER, ERICH: Frauen mit Courage und Weitblick – Erfolge einer über 100-jährigen Ent-wicklung. In: Statistisches Monatsheft Baden-Württemberg, 10, 2004

TERHART, EWALD: Konstruktivismus und Unterricht. Eine Auseinandersetzung mit theoreti-schen Hintergründen, Ausprägungsformen und Problemen konstruktivistischer Didaktik. Reihe Curriculumentwicklung NRW, Soest 1999

TEWORTE-DODT, GERTRUD: Getrud Bäumer und ihre Zeit. Ein Beitrag zur Frauengeschichte der 1. Hälfte des 20. Jahrhunderts. In: KREIENBAUM, MARIA ANNA, u. a. (Hg.): Was ist eine gute Schule? Deutscher Studien Verlag, Weinheim 1993

THIES, WILTRUD/RHÖNER, CHARLOTTE: Erziehungsziel Geschlechterdemokratie. Interaktions-studie über Reformansätze im Unterricht. Juventa, Weinheim 2000

THORNE, BARRIE: Gender Play. Girls and Boys in School. New Brunswick, Rutgers University Press 1993

VON LUTZAU, MECHTHILD: Aufstiegsbereitschaft und Aufstiegsbedingungen und Arbeitsplatz-gestaltung von Schulleiterinnen (bisher unveröffentlichte Dissertation). Veröffentlichung: voraussichtlich 2006

WAGNER, ANGELIKA C. u. a. (Hg.): Bewusstseinskonflikte im Schulalltag. Denk-Knoten bei Lehrern und Schülern erkennen und lösen. Beltz, Weinheim 1984

WAGNER, DORA: Getrennt oder gemeinsam: Physikunterricht. In: KREIENBAUM (Hg.): Schule lebendig gestalten. Reflexive Koedukation in Theorie und Praxis. Bielefeld 1999, S. 47

WEIMER, HERMANN/JACOBI, JULIANE: Geschichte der Pädagogik. WALTER DE GRUYTER, Berlin, 19., völlig neu bearbeitete Auflage 1992

WESEMANN, DORETTE: „Erste Frauenbewegung" (1848–1914): Der zähe Kampf um politische und bürgerliche Rechte. In: Grundkurs Menschenrechte 3, Vertiefungsthema Frauenrechte, UNESCO Bildungsserver D@dalos. Zitiert nach: www.dadalos-d.org (September 2005)

WETTERER, ANGELIKA/GILDEMEISTER, REGINE: Wie Geschlechter gemacht werden. Die soziale Konstruktion der Zweigeschlechtlichkeit und ihre Reifizierung in der Frauenforschung. In: KNAPP, GUDRUN-AXELI/WETTERER, ANGELIKA (Hg.): TraditionenBrüche. Entwicklungen feministischer Theorie. Kore, Freiburg i. Br. 1992, S. 201–254

WINTER, REINHARD/WILLEMS, HORST (Hg.): Was fehlt, sind Männer! Ansätze praktischer J-ungen- und Männerarbeit. Neuling Verlag, Schwäbisch Gmünd 1991

WINTERHAGER-SCHMIDT, LUISE (zusammen mit ANKE PAUSELIUS, UTE HILLER, MARTINA TRENN): Berufsziel Schulleiterin – Professionalität und weibliche Ambition. Juventa, Weinheim 1997

ZIESKE, ANDREAS: Der geschlechterdifferente Blickwinkel eröffnet neue Perspektiven. In: KAISER, ASTRID: Koedukation und Jungen. Soziale Jungenförderung in der Schule. Deutscher Studien Verlag, Weinheim 1997